Malte Herwig

Die Flakhelfer

Malte Herwig

Die Flakhelfer

Wie aus Hitlers jüngsten Parteimitgliedern
Deutschlands führende Demokraten wurden

Deutsche Verlags-Anstalt

Stefan Heym, *Eine wahre Geschichte* (S. 32 f.), wird zitiert mit freundlicher Genehmigung von Inge Heym; © 1953 by Stefan Heym. Bertolt Brecht, »An die Nachgeborenen« (S. 7), wird mit freundlicher Genehmigung zitiert aus Brecht, *Werke*. Große kommentierte Berliner und Frankfurter Ausgabe, Bd. 12. *Gedichte 2*. © Bertolt Brecht-Erben / Suhrkamp Verlag 1988.

Verlagsgruppe Random House FSC® N001967
Das für dieses Buch verwendete FSC®-zertifizierte Papier
Munken Premium Cream liefert Arctic Paper Munkedals AB, Schweden.

1. Auflage
Copyright © 2013 by Deutsche Verlags-Anstalt, München,
in der Verlagsgruppe Random House GmbH
Alle Rechte vorbehalten
Lektorat: Andreas Wirthensohn, München
Fotografie im Vorsatz: Marco Urban, Berlin
Typografie und Satz: Brigitte Müller/DVA
Gesetzt aus der Minion
Druck und Bindung: GGP Media GmbH, Pößneck
Printed in Germany
ISBN 978-3-421-04556-0

www.dva.de

Inhalt

Prolog **9**

Einleitung: Die Engagierten **15**

1 Der Scheiterhaufen **29**

2 Karteigenossen **59**

3 Jungen, die übrig blieben **77**

4 Das Vorleben der Anderen **123**

5 Im Safe von Mr Simon **165**

6 Letzte Tänze, letzte Tinte: Günter Grass **211**

7 »Das Buchstabierenmüssen unserer
   Existenz«: Martin Walser **243**

8 Das Ende der Geschichte **285**

Anmerkungen **295**

27
FÜR
MEINEN
VATER
72

»Ihr, die ihr auftauchen werdet aus der Flut
In der wir untergegangen sind
Gedenkt
Wenn ihr von unseren Schwächen sprecht
Auch der finsteren Zeit
Der ihr entronnen seid.«

BERTOLT BRECHT, AN DIE NACHGEBORENEN

Prolog

Dies ist keine Familiengeschichte, aber es könnte eine sein. Unser aller Familiengeschichte, die wir in der alten Bundesrepublik aufgewachsen sind. Noch ist es nicht zu spät, Fragen zu stellen. Noch leben die letzten Angehörigen der Flakhelfer-Generation. Es sind unsere Väter und Großväter, und sie haben die Bundesrepublik geprägt: als Künstler, Wissenschaftler, Politiker, Journalisten, Juristen.

Beginnen wir also doch mit einer Familiengeschichte. Die Flakhelfer sind mir nah. Mein Vater, Jahrgang 1927, war einer. Heute ist er 86, so alt wie Günter Grass, Hans-Dietrich Genscher, Martin Walser. Mein Großvater Walter Herwig wurde 1880 in Kassel geboren, fast hundert Jahre vor mir. Lauter späte Väter. So haben die Herwigs eine Generation übersprungen, und ich wurde in Hörweite des 19. Jahrhunderts geboren.

Mein Vater kam in der Weimarer Republik zur Welt, aber sein Elternhaus war nicht nur politisch in den Koordinaten des Kaiserreichs verankert. Die großbürgerliche Siebenzimmerwohnung lag direkt am Kaiserplatz im Hohenzollernviertel der ehemaligen Residenzstadt Kassel. Mein Großvater konnte sich zwar nicht mehr »Kaiserlicher Hofspediteur« nennen, da es mit dem deutschen Kaiser – der früher gern auf Schloss Wilhelmshöhe und im Kasseler Staatstheater Hof gehalten hatte – zu seinem Bedauern längst vorbei war. Aber das Speditionsgeschäft florierte auch dank der Firmenbeziehungen nach Übersee, die Walter Herwig 1929 den Titel eines Honorarkonsuls von Peru eingebracht hatten. Bevor Hakenkreuzflaggen in Mode kamen, schmückte der Konsul seine

Prolog

Maybach-Limousine am peruanischen Nationalfeiertag mit den Standarten des südamerikanischen Landes und der Weimarer Republik.

Es war eine friedliche Zeit. Vom Fenster im dritten Stock konnte mein Vater als Kind den Klängen der ehemaligen Militärkapelle lauschen, die im Konzertpavillon vor dem Haus »heitere und leichte Tonschöpfungen« spielte.[1]

Sie spielte bis 1934. Dann zogen die neuen Machthaber andere Saiten auf. Die Nationalsozialisten rissen den Pavillon ab, um Platz für eine Tribüne zu schaffen. Fortan wurden dort am Reichskriegertag Paraden abgehalten. Es schien nur folgerichtig, dass die zukünftigen Kriegsherren den Kaiserplatz 1938 nach einer Schlacht benannten und ihn zum Skagerrakplatz umtauften.

So stand mein Vater mit einem Bein noch in der Kaiserzeit, während er mit dem anderen schon ins »Dritte Reich« marschieren musste. Ein Foto aus den 1930er Jahren zeigt den kleinen Günter Herwig auf der Straße, wie er brav in die Kamera lächelt und den rechten Arm zum Hitlergruß hebt. Darunter hatte meine Großmutter ins Album geschrieben: »Zum ersten Mal ›Heil Hitler‹«. Wusste er, was das bedeutet?

Am 1. Dezember 1937 wurde der Zehnjährige ins Jungvolk aufgenommen. Dort sollten aus kleinen Jungen Hitlers Helden gezüchtet werden. Aber mein Vater war kein Heldenmaterial. Er war zu faul und selbstgenügsam, um sich für das mit Marschieren und Indoktrinieren beschäftigte »Dritte Reich« zu begeistern. 1938 informierte das Gymnasium meine Großmutter in einem blauen Brief, ihr Sohn sei selbstzufrieden und träge, seine Anteilnahme lasse in jeder Hinsicht zu wünschen übrig: »Meist sitzt er rosig und satt in seiner Bank und scheint mit allem zufrieden. Ermahnungen erschüttern ihn nicht weiter.« Gezeichnet: »Heil Hitler! Der Klassenleiter«.[2]

Nicht, dass der junge Günter einen inneren Widerspruch zur herrschenden Ideologie spürte. Sie kümmerte ihn einfach nicht. Auch am Marschieren fand mein Vater keinen Gefallen und kam 1943 vor ein Gericht der Hitlerjugend, weil er sich beim Abmarsch nach einem Appell ohne Erlaubnis verdrückt hatte. Theater gefiel ihm, aber nicht das Theater der Braunhemden. Dem Strafbescheid der Hitlerjugend Kurhessen zufolge gab er als Entschuldigung an, sich bei einem Laienspiel den Fuß verstaucht und deshalb aus der Marschformation ausgeschert zu sein. Sein eigenmächtiger Abmarsch wurde glimpflich geahndet: Verwarnung »für die Dauer des Krieges«.

Dieser Krieg hätte ihn um ein Haar noch erwischt, wenn er länger gedauert hätte. Nach Reichsarbeitsdienst und Flakhelferzeit bekam mein Vater im Januar 1945 einen Brief, der ihn zur Aufnahmeprüfung als Reserveoffiziersbewerber der Kriegsmarine nach Wien beorderte. Der Untergang des Deutschen Reichs war nur noch eine Frage von wenigen Monaten, die deutschen Armeen zogen sich an allen Fronten zurück, und Wien lag nicht einmal an der Küste. Aber auf dem Marinekommando II, erzählte mir mein Vater, hätten die Offiziere noch im Frühjahr 1945 auf die Tischmanieren der jungen Rekruten geachtet, die das Reich retten sollten.

Als man ihm in Wien schließlich seinen Marschbefehl in die Hand drückte und befahl, sich damit auf der zuständigen Stelle zu melden, tat mein Vater das ihm einzig sinnvoll Erscheinende: Er zerknüllte den Zettel und verdrückte sich.

Trägheit ist eine starke physikalische Kraft, die gern unterschätzt wird. Auch von Diktaturen. Wären alle so gewesen wie mein Vater, der Volksstaat wäre vielleicht bald aus Mangel an Interesse der Beteiligten zusammengebrochen. Doch es kam anders, und das »Dritte Reich« hätte mehr Helden gebraucht

Prolog

als die wenigen Studenten, Arbeiter und Offiziere, die ihr Leben im mutigen Kampf gegen das Unrecht verloren und seitdem als Alibi für das »andere Deutschland« herhalten müssen. Brecht hat recht: »Unglücklich das Land, das Helden nötig hat.«

Für die »geradezu lächerlich deutsche Sehnsucht nach Vorbildern«, von der Margarete Mitscherlich einmal sprach, taugt mein Vater nicht als Exempel – weder vor 1945 noch danach. Nein, mein Vater war kein Held und wollte keiner werden. Weder für Hitler noch für den Widerstand. Der Hitlerjunge Herwig war weder zäh wie ein Wiesel, noch flink wie ein Windhund, noch hart wie Kruppstahl. Stattdessen war er: rosig, satt und selbstzufrieden. So richtete sich mein Vater in einer gänzlich unheroischen Form des passiven Widerstands im »Dritten Reich« ein, der die Machthaber wenig entgegensetzen konnten. Offener Rebellion begegneten sie mit Repressalien, KZ und Todesurteilen. Aber mit lauter faulen Volksgenossen wie ihm war kein Staat zu machen, erst recht kein »Tausendjähriges Reich«.

Mit der Vergangenheit hat sich mein Vater ungern beschäftigt, aber sie beschäftigte ihn. Wenn im Fernsehen etwas über Hitler oder den Holocaust kam, wurde es »weggedreht«. Lieber Tierfilme. Den Krieg an der Front hat er nicht erleben müssen. Dafür die Zerstörung seiner Heimatstadt Kassel, die 1943 von alliierten Bombern in Schutt und Asche gelegt wurde. Die Leichen auf der Straße vor dem Bunker am Weinberg. Die Sirenen. Den Feuersturm.

Oft habe ich ihn nach seinen Erinnerungen an die damalige Zeit gefragt. Wusste er als Jugendlicher, was mit den Juden geschah? »Die wohnten in einem anderen Viertel«, lautete die Antwort. Aber er erzählte auch, wie er sich wunderte, als sein jüdischer Kinderarzt von einem Tag auf den anderen verschwand.

Heute scheint es mir, als hätte ich mitunter die falschen Fragen gestellt – oder die richtigen nicht gestellt. Ich war skeptisch, als mir mein Vater erzählte, der Großvater habe einen jüdischen Mitarbeiter in der Spedition geschützt. Zu oft hatte man solche Erzählungen in der Schule als Schutzbehauptungen entlarvt. Also suchte ich den Mann, und er bestätigte mir, dass mein Großvater ihn durch die Beschäftigung im Familienbetrieb tatsächlich gerettet habe. Der Konsul sei ein wirklich feiner Mensch gewesen, sagte mir der Mann kurz vor seinem Tod, und er denke bis heute mit Dankbarkeit und Achtung an ihn.

Falsche Frage, richtige Antwort? Denn was wusste ich wirklich über meinen Großvater? Von »den Nazis« habe man im Hause Herwig keine hohe Meinung gehabt, die Eltern seien bürgerlich-nationalkonservativ gewesen, hatte mir mein Vater immer erzählt. Ich war 37, als ich ihn zum ersten Mal fragte, ob der Großvater denn in der NSDAP gewesen sei. Es war eine Frage, die ich so direkt nie gestellt hatte (auch wenn sie in unseren Gesprächen oft gemeint war) und die mir mein Vater umstandslos beantwortete: Ja, der Großvater sei in der NSDAP gewesen, denn er leitete mit seinem Bruder das Familienunternehmen. Der Bruder aber war Freimaurer, und »einer musste doch in die Partei«.

Richtige Frage, falsche Antwort? Meinen Großvater konnte ich nicht mehr fragen. Er war im August 1944 an einem Herzanfall zu Hause in Kassel gestorben. So lernte ich spät, dass die alten Geschichten noch lange nicht vorbei sind. Dass alles, was wir in der Schule über die Verdrängung in der Adenauerzeit erfahren hatten, uns Geschichtsbewältigte noch viel unmittelbarer betraf, als wir glaubten.

Vier Wochen nach dem plötzlichen Tod meines Großvaters im August 1944 heulten über Kassel wieder die Sirenen. Mein

Prolog

Vater und seine Schwester mussten meine Großmutter in den Luftschutzkeller zerren, so untröstlich war sie über den Tod ihres Mannes. »Sie wollte sterben, und sie wäre gestorben, wenn wir sie nicht mitgenommen hätten«, erzählte mir mein Vater. Eine Bombe fiel in sein Kinderzimmer und zerstörte die ganze Wohnung. Mutter, Schwester und Sohn krochen durch einen Durchbruch in den Nachbarkeller und überlebten.

»Auch wenn das seltsam klingt: Es war ein Gottesglück für deine Großmutter, dass wir ausgebombt wurden«, sagte mein Vater: »Mit dem Haus waren auch alle Erinnerungen an das Leben davor zerstört.« Tagelang noch suchte meine Großmutter in den Trümmern.

Dann geschah etwas, das mein Vater noch heute als Wunder bezeichnet. Unter Schutt und Asche hatte ausgerechnet ein Stück Papier die Zerstörung überdauert. Es war der letzte Brief, den Walter Herwig seinem Sohn geschrieben hatte: »Nochmals alles Gute, mein lieber Günter, für Dein neues Lebensjahr und viele herzliche Grüße. In Liebe, Dein Vater«.

Einleitung
Die Engagierten

Wäre die Erinnerung ein Konzert – so könnte es klingen, das Jüngste Gericht über die deutsche Vergangenheit: »Ein In- und Aufeinander von Schreckensgetön aus der Kindheit, Erinnerungen an Marschlieder und Hymnen, Gassenhauer und Gemeinheiten, Suff. Blitzlichtklänge aus dem Riefenstahl'schen Nazi-Nürnberg beleidigen uns, den Fanfarenzügen entfährt grelle Ignoranz, das doofe Dur der Angepassten und Mitlaufenden.«

Mit seinem 1993 uraufgeführten *Requiem* wollte der Komponist Hans Werner Henze ein Zeichen gegen das »doofe Dur der Angepassten« setzen. Er selbst hatte sich in seinen Memoiren als Gegner des NS-Regimes dargestellt, dem er als 18-jähriger Wehrmachtssoldat gedient hatte. 2009 entdeckte ich bei Recherchen im Bundesarchiv, dass die Wahrheit nicht ganz so einfach war: Der Mann, der nach 1945 als Modernisierer zum Übervater der Neuen Musik wurde, war noch 1944 in die NSDAP eingetreten. Die Entdeckung seiner Mitgliedskarte sorgte für Furore, aber Henze wiegelte ab. Es müsse sich um eine »Finte« der Nazis handeln, eine Fälschung. Er sei ohne eigenes Wissen als »Geburtstagsgeschenk der Gauleitung« an Hitler in die Partei aufgenommen worden, behauptete Henze. Viele deutsche Medien übernahmen diese Schutzbehauptung unkritisch, ignorierten die Karteikarte oder verwarfen seine NSDAP-Mitgliedschaft als »unbewiesene Behauptung«. Als der berühmte Komponist 2012 verstarb, beschränkten sich die Nachrufe auf die Wiedergabe seiner offiziellen Biogra-

Einleitung

fie. Schließlich galt Henze längst als »eine jeder Kritik ent-
hobene künstlerische Autorität«.[1] Dass ausgerechnet er, der
sich immer kritisch mit den Gräueln der NS-Zeit auseinandergesetzt hatte, selbst in Hitlers Partei gewesen sein sollte, passte
einfach nichts ins Bild.

Henze war nicht der einzige Angehörige der sogenannten Flakhelfer-Generation, deren Jugend im »Dritten Reich«
heute in neuem Licht erscheint. Seit 1994 die NSDAP-Mitgliederkartei von den USA an das Bundesarchiv übergeben wurde,
tauchen immer mehr bekannte Namen auf. Es sind Politiker
und Künstler, Wissenschaftler und Journalisten, Linksliberale
und Konservative. Nur eines haben sie alle gemeinsam: Sie
haben ihre Jugend im »Dritten Reich« verbracht und sind
nach dem Krieg zu prominenten Intellektuellen und Wort-
führern der jungen Bundesrepublik aufgestiegen. Man braucht
nur die Namen aufzuzählen, und schon hat man ein politisch-
kulturelles Pantheon der deutschen Nachkriegszeit vor Augen:
Martin Walser, Dieter Hildebrandt, Siegfried Lenz, Hans-Dietrich Genscher, Horst Ehmke, Erhard Eppler, Hermann Lübbe,
Niklas Luhmann, Tankred Dorst, Erich Loest, Peter Boenisch,
Wolfgang Iser – eine ganze Generation von Übervätern geriet
in den letzten Jahren trotz tadelloser Nachkriegslebensläufe
ins Zwielicht, weil sie vor 1945 im Nationalsozialismus mitgemacht hatte. Allerdings: Mit Ausnahme von Eppler wollte
sich keiner der noch lebenden Betroffenen erinnern können,
jemals einen Aufnahmeantrag unterschrieben zu haben. Die
NSDAP – ein Verein von Zufallsmitgliedern? Die Öffentlichkeit war verwirrt, die Betroffenen mauerten und fühlten sich
missverstanden.

Doch je mehr Namen auftauchen, desto fragwürdiger werden die Versuche, die Parteimitgliedschaft als zufällig oder
unwissentlich darzustellen. Angesichts der »im Ganzen wenig

belastbaren Quellen- und Faktenlage«, hoffte die *FAZ* im Fall Hans Werner Henze, würden die »bösen Geister« bald wieder in der Versenkung verschwinden.[2] Der Komponist habe es einfach nicht verdient, fand auch die *Süddeutsche Zeitung*, dass sein lebenslanges künstlerisches und politisches Engagement »wegen einer unbewiesenen Behauptung«[3] zur Bußübung degradiert werde.

Es ist eine neue Schlussstrich-Debatte, mit der hier von einer jüngeren Generation auch nur der leiseste Zweifel an der biografischen Geradlinigkeit ihrer Vorbilder vom Tisch gewischt werden soll. Eine Schwarz-Weiß-Welt, in der es die bösen Nazis gab und die guten Bundesrepublikaner, die mit ihnen aufräumten. Dass auch gebrochene Biografien lehrreich und vorbildlich sein können, passt nicht ins Dogma dieser nachgeborenen Hohepriester bundesdeutscher Vergangenheitsbewältigung.

Was sich da auf der großen Bühne der bundesdeutschen Intelligenzia abspielte, setzte sich in ganz normalen deutschen Familien fort: Glaubte man den Erzählungen, dann kam Hitler 1933 so plötzlich über die Deutschen, wie er 1945 wieder verschwand, ohne dass die eigenen Verwandten irgendetwas damit zu tun gehabt hätten. Das »Dritte Reich«, das waren Hitler und Himmler, Goebbels und Göring. Aber Opa war kein Nazi, und dass Oma mit ihren Freundinnen beim BDM den Führer anschmachtete, hat sie im Lichte späterer Erkenntnisse natürlich nie so erzählt.

Oder haben wir einfach nicht gut genug hingehört, wir Kinder und Enkel der Flakhelfer – jener heute 85-jährigen letzten Zeitzeugen des »Dritten Reichs«, die in der NS-Diktatur aufwuchsen, mit 17 Jahren in den Krieg geschickt wurden und nach dem Zusammenbruch 1945 die Bundesrepublik mit aufbauten und bis heute prägen? Liegt es vielleicht auch

Einleitung

an uns, wenn wir über sechzig Jahre nach Kriegsende immer noch erstaunt sind zu erfahren, wie weit die Verstrickungen im totalitären Herrschaftssystem des »Dritten Reichs« gingen?

Die große öffentliche Aufregung, die die Studien über die institutionelle Beteiligung des Auswärtigen Amts am Holocaust oder die alliierten Abhörprotokolle deutscher Soldaten in Kriegsgefangenschaft auslösten, macht deutlich, wie tief der Graben geworden ist, der die Lebenserfahrungen der letzten Zeitzeugen vom sanktionierten Geschichtsverständnis der heutigen Gesellschaft trennt. Nur so ist auch zu erklären, warum die NSDAP-Mitgliedschaft prominenter Bundesbürger wie Martin Walser oder Hans-Dietrich Genscher nicht nur von den Betroffenen gerne verdrängt wird und solche Enthüllungen immer wieder für Kontroversen sorgen.

Seit der Goldhagen-Debatte in den 1990er Jahren ist in Deutschland kaum ein historisches Thema so erregt in der Öffentlichkeit diskutiert worden wie die Frage, ob man ohne eigenes Zutun und Wissen Mitglied in der NSDAP werden konnte. Sie rüttelt am klaren Verhältnis von Gut und Böse, das heute unser »aufgeklärtes« Geschichtsbild vom »Dritten Reich« prägt: Weiße Rose und Schwarzer Orden, Stauffenberg und Hitler, Widerstand und Mittäter.

Auch mehr als sechs Jahrzehnte nach dem Verbot der NSDAP ranken sich in Deutschland immer noch allerlei Mythen um die Hitlerpartei, die ihren Ursprung in der unmittelbaren Nachkriegszeit haben. Tatsächlich waren nur etwa 15 Prozent der Deutschen Mitglieder der NSDAP. Angesichts dessen klingt es wie blanker Hohn, wenn heute immer wieder kolportiert wird, beim Entschluss zum Parteieintritt habe allein Zwang, nie Opportunismus die entscheidende Rolle gespielt. Überhaupt: Warum sollte eine Partei Interesse daran haben, Leute ohne deren Wissen als Mitglieder zu führen, wenn sie zeitweise sogar Aufnahmestopps verhängen musste? In Wirklichkeit war die NSDAP weit populärer, als heute zugegeben wird. Einerseits wollte kein Deutscher nach 1945 etwas mit der Partei zu tun gehabt haben, andererseits wird noch heute die Legende gepflegt, dass der Parteieintritt halber Jahrgänge ohne deren Wissen heimlich vollzogen wurde. Die amerikanischen Besatzer wussten es besser: Durch pures Glück war ihnen im Herbst 1945 ein riesiger Datenschatz in die Hände gefallen. Eigentlich hätten die mehr als zehn Millionen Karteikarten in den letzten Tagen des »Dritten Reichs« noch schnell vernichtet werden sollen. Ein SS-Kommando hatte die 50 Tonnen Naziakten im April 1945 bei einer Papiermühle in München abgeliefert. Doch der Besitzer weigerte sich, den Papierberg zu vernichten, und übergab den braunen Sondermüll an die amerikanischen Militärbehörden, die das Berlin Document Center einrichteten. Schon 1947 stellten die Amerikaner mit Hilfe der Kartei fest, niemals sei eine NS-Organisation komplett in die NSDAP überführt worden, auch HJ und BDM nicht.

2003 stellte Michael Buddrus, der beste Kenner der Geschichte der Hitlerjugend, in einem Gutachten fest, dass es keine automatischen korporativen Parteiaufnahmen von Angehörigen einzelner Geburtsjahrgänge oder NS-Verbände gegeben hat. Alles andere seien »Legenden, die ihren Ausgangspunkt in Entlastungsbemühungen der unmittelbaren Nachkriegszeit hatten und durch häufige Kolportage zu einem gern bemühten ›Allgemeingut‹ avancierten, das mit der historischen Wirklichkeit allerdings nichts zu tun hat«.[4]

Auch der Historiker Armin Nolzen, ein ausgewiesener Kenner der NSDAP-Geschichte, wundert sich über die Diskussion: »Kennen Sie überhaupt eine historische Partei, die Kollektivaufnahmen vornimmt?« Das Argument von Kollek-

Einleitung

tivaufnahmen sei eine Schutzbehauptung der Nachkriegszeit, um die Kollektivschuldthese abzuwehren. Für eigenmächtige Anmeldungen durch HJ-Führer gebe es, so resümiert Nolzen in dem Sammelband *Wie wurde man Parteigenosse?* den Stand der Forschung, »bislang keinen einzigen empirischen Beweis«. Auch sei bis heute aus keiner einzigen zeitgenössischen Quelle eine gefälschte Unterschrift eines HJ-Führers bekannt. Voraussetzung war in jedem Fall »die eigenhändig unterschriebenen Aufnahmeanträge derjenigen 18-jährigen Jugendlichen, die sie für den Parteieintritt als ›würdig‹ erachteten« – und das war bis zuletzt immer noch eine Minderheit aller Hitlerjungen.[5] Dass die Verstrickung in Hitlers Partei bis heute bei vielen Deutschen zu einer kollektiven Selbstverleugnung führt, bleibt ebenso erstaunlich wie die Naivität mancher Historiker und Feuilletonisten, die einen Schlussstrich unter die unliebsame Debatte setzen wollen.

Ich habe über Jahre immer wieder in den zehn Millionen Karteikarten der NSDAP-Mitgliederkartei geforscht und zahlreiche Zeitzeugen getroffen. Ich habe mit Hans-Dietrich Genscher über Naziakten, mit Günter Grass über die Waffen-SS und mit Martin Walser über die Nazis in Wasserburg gesprochen. Der Dramatiker Tankred Dorst hat mir von den todessüchtigen Jugendlichen im Jungvolklager berichtet und Iring Fetscher davon, wie er am Volksempfänger der verführerischen Demagogie eines Goebbels erlag. Helmut Schmidt sagte mir, er habe nicht gewusst, dass die Amerikaner noch 1980 ihn und sein gesamtes Kabinett (in dem zwei ehemalige NSDAP-Mitglieder Minister waren) auf ihre NS-Vergangenheit überprüften. Allerdings würde er »den Amerikanern jeden geheimdienstlichen Blödsinn zutrauen«.[6]

Die führenden Demokraten, um die es in diesem Buch geht, waren nicht alle Flakhelfer im engeren Sinne, also Angehörige

der Jahrgänge 1926 bis 1928, die zum Dienst als Luftwaffenhelfer eingezogen wurden. Der erweiterte Generationenbegriff
soll hier alle nach 1919 geborenen Deutschen einschließen,
deren Jugend durch das »Dritte Reich« geprägt wurde. Dass
die NS-Vergangenheit dieser Jahrgänge erst in den letzten Jahren kritischer thematisiert wurde, ist auf den ersten Blick nicht
überraschend. Nach 1945 erließen alle vier Besatzungsmächte
Jugendamnestien für die Jahrgänge ab 1919. Doch dann kam
zur Amnestie die Amnesie: Die jugendlichen Verirrungen
waren vergeben und – vergessen.

Es geht in diesem Buch nicht um Schuld und Anklage, nicht
um Jugendsünden verdienter Persönlichkeiten, die nach 1945
entscheidend zum Aufbau einer zivilen Nachkriegsgesellschaft und zum Gelingen der bundesdeutschen Demokratie
beitrugen. Dieses Buch erzählt die unbekannte Geschichte der
jüngsten NSDAP-Mitglieder vom »Dritten Reich« über die Entnazifizierung bis in die Gegenwart. Dabei geht es nicht um die
Kriegsverbrecher, Judenmörder und glühenden Nationalsozialisten, deren Untaten in Deutschland zwar spät, aber spätestens
seit den 1960er Jahren mit nachholender Gründlichkeit aufgearbeitet wurden. Stattdessen stehen die Flakhelfer im Mittelpunkt, die aufgrund ihres Alters mitunter als »Hitlers letzte
Helden« bezeichnet wurden und zugleich als Jugendliche auch
Opfer der Nazipropaganda waren. Diktatur, Krieg, Mitläufertum, gefühlter oder tatsächlicher Widerspruch gegenüber
dem System und schließlich der totale Zusammenbruch hatten
bei dieser Generation für eine existentielle Verunsicherung
gesorgt, die viele ihrer Angehörigen nach 1945 durch verdop-
peltes Engagement für die neue Demokratie zu verdrängen
suchten. Als 17- oder 18-Jährige waren sie in Hitlers Partei
eingetreten – zu jung, um Täter zu werden, aber zu alt, um dem
Schuldzusammenhang des »Dritten Reichs« zu entkommen:

Einleitung

Hoffnungslos dazwischen, eine Generation junger Menschen, die sich zugleich als »bindungslos und verstrickt« empfanden, wie der Soziologe Heinz Bude schreibt: »Als Kinder verführt, als Jugendliche verraten, enttäuscht und verunsichert, aber funktionstüchtig zogen sie sich ins Private, Konkrete zurück und widmeten sich geräuschlos und wirkungsvoll dem Aufbau Deutschlands.«[7] Vaterlos, sprachlos und geschichtslos, kompensierten die »anpassungsgeschickten, aber mit verbissenem Willen ausgestatteten jungen Männer« der Flakhelfer-Generation ihre existentielle Unsicherheit und wurden so aus Budes Sicht »die faktische, wenn auch nicht die normative Trägergeneration des westdeutschen Wiederaufstiegs«.[8]

Doch diesem Bild einer fleißigen Flakhelfer-Funktionselite im Nachkriegsdeutschland muss ein entscheidender Aspekt hinzugefügt werden. Das besondere Engagement dieser Generation erschöpfte sich nicht in der stillen ökonomischen Betriebsamkeit, die Bude in seinem Generationsporträt *Deutsche Karrieren* anhand der Aufsteiger-Biografien einzelner Manager im Wirtschaftswunderland nachzeichnet. Auch zahlreiche engagierte Demokraten gehören dazu, die Wege aus der Sprach- und Geschichtslosigkeit ihrer Generation suchten, sich am moralischen Makel der deutschen Vergangenheit abarbeiteten und den gesellschaftlichen Diskurs der Bundesrepublik bis heute entscheidend prägen. Die 1927 geborenen Schriftsteller Günter Grass und Martin Walser zählen noch immer zu den wichtigsten und lautesten Stimmen der deutschen Literatur. Ihr Zeitgenosse Hans-Dietrich Genscher war nicht nur jahrzehntelang Bundesminister und maßgeblich an den Verhandlungen zur deutschen Wiedervereinigung beteiligt, sondern verfügt noch heute über beträchtlichen politischen Einfluss. Es gab aber auch andere Karrieren, die zwar über die Hitlerjugend, aber nicht in die NSDAP führten. Der einstige Luftwaffenhelfer

22

Die Engagierten

Joseph Ratzinger wurde zu einem der mächtigsten katholischen Theologen seit dem Zweiten Vatikanischen Konzil und 2005 als Benedikt XVI. zum Papst gewählt.

Sie sind die Repräsentanten der alten Bundesrepublik, mit der sie in die Jahre kamen. Aus den Vaterlosen wurden Überväter, die Sprachlosen schufen eine neue Sprache, die Geschichtslosen machten selbst Geschichte. Durch ihr Engagement trugen diese Flakhelfer dazu bei, dass die Bundesrepublik eine neue historische Identität gewann, deren moralischer Kern im Gedenken an die historische Schuld Deutschlands wurzelte.

Dieser Neuanfang allerdings hatte seinen Preis: Um sich dem demokratischen Aufbau der Bundesrepublik widmen zu können, verleugneten und verdrängten viele ehemalige Flakhelfer das sinnfälligste Stigma ihrer eigenen Verstrickung im »Dritten Reich«: die Mitgliedschaft in Hitlers Partei. Sie distanzierten sich nicht nur entschieden vom Nationalsozialismus, sondern entnazifizierten sich selbst auch formal, indem sie ihre NSDAP-Mitgliedschaft bis heute als »phantomatisch« oder als Geburtstagsgeschenk an Hitler abtun. Es sollte klingen, als ob die Engagierten ohne ihr Wissen in der NSDAP engagiert worden waren.

So wurden Walser, Hildebrandt und Co. zu Experten für deutsche Vergangenheitsbewältigung, sie wurden zum Gewissen der Nation. Dass sich dabei in ihren Reden mitunter auch eine gewisse Rechthaberei bemerkbar machte, wussten sie selbst. Doch auch sie übten sich im Verdrängen gewisser, nicht ganz unbedeutender Details der eigenen Vita im »Dritten Reich«. Damals 18-Jährigen kann man kaum einen Vorwurf daraus machen, mehr oder weniger freiwillig Mitglied einer verbrecherischen Organisation wie der SS geworden oder der NSDAP beigetreten zu sein.

Einleitung

Es geht denn auch nicht um Schuldzuweisungen, sondern um Verständnis. Es geht darum, die historischen Zeugnisse mit den Erzählungen der Zeitzeugen in Einklang zu bringen. Das eine lässt sich ohne das andere nicht verstehen. Die Erinnerung ist kein Wunschkonzert, das gilt für Überlebende wie Nachgeborene gleichermaßen. Dass die Flakhelfer als vaterlose Generation aufwuchsen, weil ihre Väter entweder tot oder durch ihre Mittun im »Dritten Reich« kompromittiert waren, macht die Sache nicht leichter. Vielleicht kann erst die Enkelgeneration mit zeitlicher und emotionaler Distanz den Großeltern wieder näher kommen und sie zu verstehen versuchen – was den Kindern nicht möglich war, durch deren Verhältnis zu ihren Eltern ein tiefer Riss ging.

Die Geschichte der Flakhelfer ist auch die eines großen, für viele peinlichen Geheimnisses. In ihr spiegelt sich die Nachkriegsgeschichte der Bundesrepublik mit ihren vielen Kompromissen, Halbwahrheiten, Zugeständnissen und rituellen Beschwörungen, aber auch dem echten Willen zur Umkehr.

Tatsächlich pflegt die Bundesrepublik bis heute eine staatsoffizielle Doktrin, nach der keine institutionelle Kontinuität zu den Behörden und Institutionen des »Dritten Reichs« besteht. Noch 2011 beantwortete die Bundesregierung eine parlamentarische Anfrage der Fraktion DIE LINKE mit der Feststellung, eine NS-Vergangenheit von Institutionen des Bundes könne es nicht geben, da solche Institutionen erst seit Bestehen der Bundesrepublik Deutschland 1949 existierten: »Die Ressorts und anderen Institutionen des Bundes stehen nicht in Kontinuität zu Institutionen der NS-Diktatur.«[9] Die formaljuristisch korrekte Antwort unterschlägt, dass es in zahlreichen Ministerien und Behörden sehr wohl eine beträchtliche personelle Kontinuität zwischen dem »Dritten Reich« und der Bundesrepublik gab, wie jüngere Studien zum Bundeskriminalamt, dem Auswärtigen Amt und zahlreichen anderen Behörden eindrucksvoll belegen.

Die staatlich verordneten Gedenktage und -feiern, mit denen des Widerstands gegen Hitler, der deutschen Kriegsverbrechen und des Holocaust gedacht wird, dienen ebenso als Signal moralischer Verantwortung wie die Entschädigungszahlungen an KZ-Häftlinge und Zwangsarbeiter. Doch 65 Jahre nach Kriegsende drohen diese Gesten zu einem kollektiven symbolischen Ablasshandel zu werden, wenn er uns heutige Deutsche davon entbindet, kritische Fragen zu stellen.

Denn nicht nur viele Flakhelfer verschwiegen ihre Verstrickung in Hitlers Partei. Auch die Bundesregierung verhinderte durch geschicktes Taktieren jahrzehntelang die Rückgabe der unter amerikanischer Verwaltung stehenden NSDAP-Mitgliederkartei an Deutschland. Tatsächlich wollten die USA die längst ausgewerteten archivalischen Altlasten schon in den 1960er Jahren an den deutschen Bündnispartner zurückgeben. Doch in Bonn fürchtete man, nach einer Rückgabe auf öffentlichen Druck hin die Büchse der Pandora öffnen zu müssen, da dort die Namen zahlreicher führender Politiker Nachkriegsdeutschlands verzeichnet waren.

Noch Anfang der 1990er Jahre saß mit Hans-Dietrich Genscher ein Regierungsmitglied am Kabinettstisch, das in der Kartei als Mitglied geführt wurde. Der FDP-Spitzenpolitiker war als Außenminister fast zwei Jahrzehnte lang Chef des Ressorts, das für die Rückgabeverhandlungen mit den Amerikanern zuständig war. Diese kamen Bonn entgegen, indem sie die Namen deutscher Spitzenpolitiker sicherheitshalber aus der Hauptkartei aussortierten, um dem Bündnispartner im Kalten Krieg peinliche Enthüllungen zu ersparen. Auf diesem Weg verschwanden zwischen den 1960er und 1990er

Einleitung

Jahren die NSDAP-Akten von mehr als siebzig prominenten deutschen Politikern im Panzerschrank des amerikanischen Direktors des Berliner Document Center – darunter auch die von Genscher. Vor der Rückgabe der Naziakten sortierten die Amerikaner die Karteikarten zwar wieder säuberlich in die Hauptkartei ein. Doch die Namen der Politiker, deren braune Altlasten einst im Safe versteckt worden waren, sollten auf immer geheim bleiben: Das US State Department verfügte, dass alle Akten zur Überprüfung einzelner Personen vor der Rückgabe vernichtet werden sollten. Nur dem Zufall ist es zu verdanken, dass sich die Liste der betroffenen Politiker heute rekonstruieren lässt.

Das Document Center war bereits in den 1970er Jahren ein brisantes Relikt aus der Besatzungszeit, für das sich auch die Spione der Staatssicherheit interessierten. Auf dem Höhepunkt des Kalten Krieges konnten sich weder die Bundesregierung noch ihre US-Verbündeten entscheiden, was mit der braunen Erblast geschehen sollte. Immer wieder wurde die Rückgabe an die Bundesrepublik verschoben, die das Archiv längst finanzierte. Als die Bonner Regierung 1989 durch einen Beschluss des Bundestags unter Zugzwang geriet, baten Genschers Emissäre die Amerikaner, die Forderung der Bundesregierung nach sofortiger Rückgabe der NSDAP-Kartei nicht wörtlich zu nehmen und mit Verweis auf technische Hindernisse zurückzuweisen. Die Strategie ging auf – und die NSDAP-Kartei erst 1994 in den Besitz des deutschen Bundesarchivs über. Wenige Wochen später erfuhr die Öffentlichkeit auch von der Karteikarte Genschers. Warum so spät? Warum wird noch heute über das zwielichtige Aktenerbe der NSDAP gestritten?

Die Geschichte der Flakhelfer – und mit ihr die der Bundesrepublik – ist aufs Engste mit der abenteuerlichen Geschichte der NSDAP-Mitgliederkartei und des amerikanischen Document Center in Berlin verbunden, die hier ebenfalls erzählt wird.

Ich habe fünf Jahre lang in der NSDAP-Mitgliederkartei im Bundesarchiv Berlin geforscht und in Washington D.C. die Verwaltungsakten des ehemaligen Berlin Document Center (BDC) studiert, in deren Obhut sich die Kartei jahrzehntelang befand. Dabei konnte ich mich auf die Hilfe des letzten Leiters des BDC und ehemaliger amerikanischer Regierungsbeamter stützen, deren Aussagen ein brisantes Schlaglicht auf die Nazi-akten werfen. So erscheint die Entscheidung Hans-Dietrich Genschers, 1994 doch nicht als Bundespräsident zu kandidieren, auch als Resultat der Publikation seiner NS-Mitglieds-karte, von der ihn das Archiv vorab informierte.

Im Zentrum des Buches aber stehen neben der (Nach-) Geschichte der NSDAP-Kartei die Porträts der letzten NSDAP-Mitglieder, mit denen ich über ihre Zeit in Hitlers Partei gesprochen habe: Hans-Dietrich Genscher, Dieter Wellershoff, Tankred Dorst, Horst Ehmke, Erich Loest, Günter Grass (der Mitglied der Waffen-SS war), Hans Werner Henze, Hermann Lübbe, Iring Fetscher und viele mehr. Sie sind es, nicht die Eichmanns und Globkes, die nach dem Krieg die Bundesrepublik geprägt haben, obwohl sie von früh auf nationalsozialistisch indoktriniert waren. Doch bis heute wird die gesellschaftliche Debatte über Schuld und Verstrickung der Deutschen an Eichmann und Globke wie an Fetischen der Vergangenheitsbewältigung festgemacht.

In ihrer wegweisenden Schrift *Die Unfähigkeit zu trauern* konstatierten Alexander und Margarete Mitscherlich einst die undifferenzierte Sicht auf eigene Taten und fremdes Leid als Ursache eben jener deutschen Unfähigkeit, Opfer und Täter zu betrauern. Noch heute gibt es zwischen Verteufelung und Schuld-Kult kaum Zwischentöne. Dabei gibt es kaum ein lehr-

Einleitung

reicheres Beispiel für Verstrickung und Sühne als die Flakhelfer-Generation, die sich ihr Leben lang an Erlebnissen ihrer ersten 18 Lebensjahre abgearbeitet hat und dabei in Kunst, Politik und Wissenschaft die Bundesrepublik Deutschland entscheidend geprägt hat. Aus ihren Stimmen entsteht eine Partitur der Erinnerungen, ein deutsches Requiem. Es ist ein Lehrstück über die Verführbarkeit und darüber, was wir heute von den einst Verführten lernen können.

Kapitel 1

Der Scheiterhaufen

Das »Tausendjährige Reich« taumelte bereits in den Untergang, als der 35-jährige polnische Jude Salmen Gradowski 1944 unweit des Krematoriums III im Konzentrationslager Auschwitz ein paar hastig hingekritzelte Tagebuchnotizen vergrub.

Als Angehöriger des Sonderkommandos war Gradowski Augenzeuge des Massenmordens in den Gaskammern geworden. Er überlebte das Lager nicht, aber seine Aufzeichnungen wurden nach Kriegsende gefunden. Sie beginnen mit den Worten: »Lieber Entdecker, bitte suche überall, durchforste jeden Zentimeter Boden. Hier sind Dutzende Dokumente vergraben, meine und andere, die ein Licht darauf werfen, was hier passiert ist. Auf dass die Nachwelt Spuren der Millionen von Ermordeten findet.«[1]

Als der Zweite Weltkrieg seinem Ende entgegenging, lagen Deutschland und weite Teile Europas in Trümmern. Aber nicht nur die Spuren der Ermordeten waren im rauchenden Scheiterhaufen des »Dritten Reichs« vergraben, sondern auch die der Täter.

Dem Vernichtungswillen der Nationalsozialisten tat das bevorstehende Ende ihrer Herrschaft keinen Abbruch, es schien ihn sogar noch zu beflügeln. Bis zuletzt wurde der Untergang erschreckend effizient verwaltet, wurden Todesmärsche organisiert, Gefangene, Zivilisten und Deserteure hingerichtet und Soldaten in den sinnlosen Tod geschickt.

»Wenn wir untergehen sollten«, verkündete Goebbels auf einer Pressekonferenz im März 1945, als ob das Ende noch

Kapitel 1

eine offene Frage gewesen wäre, »dann wird mit uns das ganze deutsche Volk untergehen, und zwar so ruhmreich, dass selbst noch nach tausend Jahren der heroische Untergang der Deutschen in der Weltgeschichte an erster Stelle steht.«[2]

Tatsächlich aber war das Vertrauen der Nationalsozialisten in den eigenen Nachruhm so gering, dass sie längst damit begonnen hatten, die Spuren ihrer Verbrechen zu verwischen. Was an inkriminierenden Dokumenten nicht schon durch alliierte Bombenangriffe zerstört worden war, sollte vernichtet oder versteckt werden.

Bereits im Oktober 1944 verfügte der Reichsinnenminister, dass bei drohender Feindbesetzung alle wichtigen Akten zu vernichten seien, »insbesondere solche geheimer und politischer Art und solche, die für den Feind von Bedeutung für seine Kriegsführung sein können«.[3]

Die Selbstvernichtung der braunen Bürokratie wurde von höchster Stelle befohlen, aber auch in Eigeninitiative von kleinen Beamten vor Ort durchgeführt.[4] Den Tätern war vor allem daran gelegen, alle Beweise für ihre Beteiligung an den NS-Massenverbrechen zu vernichten.

Doch bei der Beseitigung der eigenen Spuren versagte die mörderische Effizienz der NS-Verwaltung. Das »Dritte Reich« hinterließ Unmengen von Papier: Vom Aktenberg bis zum Geheimbefehl, vom penibel geführten Archiv bis zum hastig versteckten Parteibuch überdauerten Tausende Tonnen von Schriftgut das Nazireich.

Auch den Millionen einfachen Deutschen, den Mitläufern und Mitwissern oder Spätaufgeklärten, war nach 1945 daran gelegen, alle kompromittierenden Beweisstücke aus der NS-Zeit verschwinden zu lassen. In den Akten des ostdeutschen Ministeriums für Staatssicherheit, das die Wohnzimmer im

Arbeiter- und Bauernstaat mit ganz besonders scharfen Augen nach Hitler-Bildbänden und anderem Nazikitsch absuchte, finden sich Listen beschlagnahmter Gegenstände, heimlich versteckt in den Geheimfächern alter Schränke, in Dunstrohren, Kellerverschlägen, zwischen Balken und Dachziegeln oder eingemauert in Fensternischen.[5] Im Westen dürfte es nicht anders gewesen sein: Wer mitgemacht hatte, schon gar als Parteigenosse, sprach nicht darüber oder berief sich bei Nachfragen auf mildernde Umstände.

Einstampfen, natürlich!

Im Frühjahr 1945 stand die 7. US-Armee bereits vor den Toren Münchens, und unter den nationalsozialistischen Führungsgrößen machte sich Unruhe breit. Während die Bevölkerung mit Durchhalteparolen zum Gefecht bis auf den letzten Mann aufgefordert wurde, organisierte das Führungspersonal der »Hauptstadt der Bewegung« bereits die eigene Flucht.

Doch zuerst musste eine peinliche Hinterlassenschaft beseitigt werden, die auf keinen Fall den Eroberern in die Hände fallen durfte: die zentrale Mitgliederkartei der Nationalsozialistischen Deutschen Arbeiterpartei, jener ordentliche Katalog der Täter und Mitläufer, der über Millionen Parteigenossen Auskunft gab. Wie ein Sprengsatz lagerte die Kartothek immer noch im Verwaltungsgebäude des Reichsschatzmeisters der NSDAP am Königsplatz.

Der Schriftsteller Stefan Heym war damals bei der Eroberung der Stadt als Kriegsberichterstatter mit den amerikanischen Truppen vor Ort und verarbeitete seine Erlebnisse später in der Novelle *Eine wahre Geschichte*. Darin imaginiert er

Kapitel 1

das letzte Konklave der Naziführer, die nach einer Möglichkeit suchen, sich der braunen Hinterlassenschaft noch schnell zu entledigen:

»Die Kartothek?« sagte jemand. »Ach ja – die Kartothek...«

Jeder wußte genau, welche Kartothek gemeint war. In München, der sogenannten Hauptstadt der Bewegung, befand sich die große Kartothek der Nationalsozialistischen Partei, ein Index von sieben Millionen Mitgliedern der Partei im Inland und im Ausland, komplett in allen Einzelheiten. Auf jeder Karte waren persönliche Daten, Funktionen, Amtsstellungen, Auszeichnungen, Adressen, Verbindungen, besondere Bemerkungen eingetragen; und die Karten von Mitgliedern, denen die Gestapo nicht ganz traute, waren rot umrandet. Es war eine erstklassige und sehr nützliche Kartothek, ein wahres Wunderwerk deutscher Gründlichkeit. Nur zu diesem Zeitpunkt war sie eine Katastrophe.

»Also, was machen wir damit?« fragte der Mann, der zuerst daran gedacht hatte. Alle Anwesenden konnten sich denken, was folgen würde, fiele die Kartothek in Feindeshand. Denn wenn es die Absicht der Amerikaner, Engländer, Franzosen und Russen war, Deutschland von Nazis zu säubern, so bräuchten sie nur den in der Kartothek Geführten in alphabetischer Reihenfolge ihren Besuch abzustatten.
»Verbrennen!« entschied der Gauleiter, der den Vorsitz führte. »Einfach in den Heizkessel werfen und weg damit!«
Er stand auf, um fortzugehen. Er hatte es eilig, sich aus der Hauptstadt der Bewegung zu entfernen.
Aber der Mann, der die Frage aufgeworfen hatte, war nicht zufriedengestellt. »Verbrennen geht nicht«, sagte er.

Der Scheiterhaufen

»Warum nicht?«

»Haben Sie schon einmal versucht, so eng zusammengepackte Karten zu verbrennen? An den Ecken versengen sie vielleicht etwas, aber sie verbrennen nicht.«

»Dann soll man sie auseinandernehmen!«

»Sieben Millionen Karten?« fragte der Mann, der zuerst an die Kartothek gedacht hatte. Er spürte, wie die anderen ihn haßten, denn sie wollten ja weg, und er hielt sie auf. Aber sie konnten nichts gegen ihn sagen, weil keiner von ihnen vor der ganzen Versammlung zuzugeben wagte, daß er willens war, sieben Millionen Mitglieder seiner Partei dem Gegner auszuliefern.

So sprach er weiter: »Sie sagen, man soll die Karten auseinandernehmen und einzeln verbrennen. Haben Sie eine Ahnung, wie lange so was dauern würde? Wie lange, glauben Sie denn, können wir München noch halten?«

Die Teilnehmer der Beratung rutschten auf ihren Stühlen herum und warteten darauf, daß jemand mit einem vernünftigen Einfall käme. Schließlich stand ein kleiner Mann auf, der bisher überhaupt noch nichts gesagt hatte, weil er nämlich sehr klug war und seine Absetzbewegung schon zu einer Zeit organisiert hatte, als die anderen noch von Igelstellungen bei Witebsk und Minsk redeten. »Warum lassen wir's nicht einstampfen?« schlug er vor

»Einstampfen, natürlich!« sagte der Gauleiter und nahm an, daß die Frage damit erledigt sei.

»Aber wo?« sagte der Mann, der das ganze Problem vorgebracht hatte. Er war starrköpfig.

»In einer Papierfabrik, Sie Dummkopf!«

»Daß man Papier in einer Papierfabrik einstampft, weiß ich. Aber kennen Sie vielleicht eine Papierfabrik, die sich noch in unseren Händen befindet?«

Kapitel 1

>>Bringen Sie mir ein Münchener Adreßbuch!<< befahl der
Gauleiter. >>Aber sofort.<<

Das Buch wurde gebracht. So viele schwitzende Gesichter
gleichzeitig hatten sich kaum je über ein einziges Adreßbuch
gebeugt. Man fand auch die Namen und Adressen verschiede-
ner Papierfabriken in den Vorstädten von München. Sobald
man jedoch die Adressen mit den Eintragungen auf der
Lagekarte an der Wand verglich, mußte man feststellen, daß
die betreffenden Straßenzüge entweder vom Feinde bereits
genommen waren oder aber im Begriff standen, von ihm
genommen zu werden.

Zu guter Letzt wurde doch eine kleine Papierfabrik entdeckt, die sich in einer noch relativ sicheren Stadtgegend
befand.[6]

So oder ähnlich könnte sie sich tatsächlich zugetragen haben,
die peinliche Beratung der Nazioberen darüber, was mit der
gefährlichen Beweislast zu geschehen hatte. Was dann geschah,
überstieg jedoch die Vorstellungskraft selbst des kühnsten
Schriftstellers.

Der Müller von Freimann

Am 18. April 1945 verließ ein hastig zusammengestellter SS-
Konvoi mit der brisanten Fracht die Münchener Innenstadt.
Die schwerbewaffneten SS-Leute sollten dafür sorgen, dass auf
dem frischen Scheiterhaufen des >>Tausendjährigen Reichs<<
noch einige Zentner Schutt mehr landeten. Zwanzig als zivile
Transporter getarnte Lastwagen und mehrere Tage brauchten
Himmlers Leute, um über zehn Millionen Karteikarten und
Briefe aus den feuersicheren Panzerschränken des NSDAP-

Reichsschatzmeisters am Königsplatz zu holen und in die Papiermühle Josef Wirth im Münchner Vorort Freimann zu schaffen. Dort sollte die brisante Aktenlast noch vor dem Einmarsch amerikanischer Truppen vernichtet werden.

Doch die SS hatte die Rechnung ohne den Besitzer der Papiermühle gemacht.[7] Hans Huber war kein Freund der Nazis. Sein Bruder Karl war Nervenarzt und nach 1933 in die USA emigriert, da ihm die neuen Machthaber aufgrund der Heirat einer Jüdin die weitere Ausübung seines Berufs verboten hatten. Nun lebte Karl in New York, und Hans sollte die Geheimnisse der Leute vernichten helfen, die seinen Bruder vertrieben hatten.[8]

Der schlaue Müller bemerkte bald, was für Papiere sich unter seinem Dach stapelten. Bevor sich die Männer des SS-Kommandos in aller Eile aus dem Staub machten, hatten sie ihm unter Androhung aller möglichen Strafen befohlen, die Papiere umgehend zu zerstören. Aber Müller Huber ließ sich nichts mehr befehlen, schon gar nicht im April 1945. Er beschloss, die Vernichtungsaktion zu sabotieren, und versteckte die braunen Akten unter anderem Altpapier, bis die SS abgezogen und das »Dritte Reich« hinüber war.[9]

Der Krieg ging in die letzte Woche, als Anfang Mai ein junger polnischer Jude im Gefolge der US-Armee von dem Transport erfuhr. Michel Thomas hatte mit dem Counter Intelligence Corps (CIC) der 45. US-Division an der Befreiung von Dachau teilgenommen und machte sich sofort auf den Weg zum Müller von Freimann. »Ich dachte ursprünglich, dass es sich um Gold oder andere Schätze handeln würde«, gab er später seinem Biografen zu Protokoll, »nahm mir einen Jeep und fuhr zur Papiermühle. Als ich ankam, sah ich Berge, wahrhaftige *Berge* von Dokumenten. Die SS hatte einfach alles abgeladen, den Befehl zur Vernichtung gegeben und war dann geflohen.«[10]

Kapitel 1

Thomas zog eine Schublade aus einem der Archivkästen, die zu einem Haufen übereinandergeworfen waren, und fischte einige der Karteikarten heraus. Er brauchte nicht lange, um zu erkennen, dass es sich um Mitgliedskarten der NSDAP handelte, und beschäftigte sich die nächsten Stunden damit, über die Aktenberge zu klettern und eine Auswahl der interessantesten Dokumente als Beleg für seinen Fund zusammenzustellen. Neben den Karteikarten enthielt der Aktenberg auch Parteikorrespondenz, Personalunterlagen und einigermaßen kuriosen Nazikitsch. Neben einem von Himmler persönlich unterzeichneten Beförderungsschreiben fand Thomas einen Kunstdruck, der die Hinrichtung des württembergischen Hofjuden Joseph Süß Oppenheimer in Stuttgart am 4. Februar 1738 darstellte, ein SS-Album mit Aquarellen aus dem Griechenland-Feldzug und Gerichtsakten aus einem Prozess, den Hermann Göring gegen den *Stürmer*-Herausgeber Julius Streicher angestrengt hatte und bei dem auch die pädophile Vorliebe Streichers für kleine Jungen zur Sprache kam.[11]

Bevor Thomas mit seinem Beweismaterial ins Hauptquartier der 7. US-Armee nach München zurückkehrte, sorgte er dafür, dass eine Abordnung Militärpolizisten die Mühle Tag und Nacht bewachte.[12]

Falls er jedoch geglaubt hatte, die Amerikaner würden seinen Fund mit offenen Armen entgegennehmen, hatte er sich getäuscht. »Ich brachte die Proben zur Militärverwaltung und sagte, dass ich für eine Wache gesorgt hatte. Jetzt war es deren Job, die Sache weiter zu verfolgen, denn das lag außerhalb meiner Zuständigkeit. Sie sagten, sie würden sich darum kümmern, aber sie taten es nicht.«[13]

Auch als der Müller Huber im Mai 1945 mit drei Säcken voller NSDAP-Mitgliedskarten im Büro des amerikanischen Stadtkommandanten von München aufkreuzte, zeigte man sich dort nur mäßig interessiert an deren Inhalt. Ob es an der Überlastung der neu eingerichteten US-Militärverwaltung lag oder an Hubers mäßigen Englischkenntnissen, es war wie so oft bei Behördengängen: Es passierte zunächst einmal nichts.

Dass die Besatzer schließlich die Brisanz der Akten erkannten, verdankten sie nicht zuletzt der Hartnäckigkeit einer jungen Münchnerin. Anny Olschewsky hatte acht Monate im Konzentrationslager Dachau gesessen. Ihr polnischer Vater, ein Schwager und ein Bruder waren von den Nazis als Regimegegner hingerichtet worden. Nach der Befreiung Münchens meldete sich die 37-Jährige bei der Militärverwaltung und wurde im Büro des Sicherheitsoffiziers der 3. US-Armee als Hilfskraft bei der Dokumentenjagd angeheuert.

Die junge Frau wurde bald in einem Verwaltungsgebäude der NSDAP fündig. Im Sommer 1945 tauchte sie mit zwei Säcken voller Nazidokumente im Büro von Major William D. Brown auf und beschwor ihren amerikanischen Vorgesetzten: Das könne nicht alles sein, irgendwo müsse es noch mehr geben.[14] Als sich herausstellte, dass die Säcke aus dem gleichen Fundus kamen, dessen Großteil noch immer in Hans Hubers Papiermühle lag, war der Ärger erst einmal groß. »Jeder verdammte Idiot«, schimpfte der Archivberater der US-Militärregierung, hätte die Bedeutung der dort gelagerten Dokumente sofort erkennen müssen.[15] Doch es dauerte noch einmal zwei Monate, bis Major Brown seine Vorgesetzten in Berlin und Frankfurt davon überzeugen konnte, dass sie jetzt handeln mussten.

Glaubt man der »Wahren Geschichte« des Schriftstellers und Zeitzeugen Stefan Heym, wurde der brave Müller zwischenzeitlich sogar von den Amerikanern inhaftiert, da er Todesdrohungen von deutschen Landsleuten erhalten hatte, die befürchteten, dass sich unter dem Dach seiner Mühle auch eine Mitgliedskarte mit ihrem Namen befand.[16]

Kapitel 1

Im Oktober 1945 schickten die Amerikaner endlich eine
Mannschaft von 16 ehemaligen KZ-Häftlingen aus Dachau in
Begleitung von Offizieren des Counter Intelligence Corps in
die Mühle. Dort machten sie sich an die Trennung von Altpapier und Aktenschatz. Was sie in den bis zur Decke rei-
chenden Papierbergen entdeckten, übertraf alle Erwartungen:
Die zentrale Mitgliederkartei der NSDAP enthielt die Namen
von über acht Millionen Parteigenossen mitsamt deren Mitgliedskarten, persönlichen Daten, Passbildern und anderen
Dokumenten. Major Brown und seine Leute hatten, jubelte
die *New York Times*, »den Jackpot geknackt«.[17]

Tatsächlich gehörte die Kartei zu den Kronjuwelen unter
den alliierten Beuteakten des »Dritten Reichs«. »Sie wurde
als Schlüssel für das Aufsprengen von NSDAP-Untergrund-
aktivitäten, zur Enttarnung der Mitglieder im Ausland und
zur raschen Entnazifizierung angesehen.«[18] Nachdem die
amerikanischen Experten die Bedeutung ihres Fundes erst
einmal erkannt hatten, machten sie sich umgehend an seine
Auswertung.

Die Akten lagerten noch in Hubers Mühle, als der Chef der
US-Militärverwaltung für Bayern, Lieutenant Colonel Joseph
Hensel, im Oktober 1945 einer Reporterin der *New York Times*
schon die ersten daraus gewonnenen Erkenntnisse mitteilte.
Viele Deutsche gaben gegenüber den Amerikanern an, nur
unter Zwang oder sogar ohne eigenes Wissen Parteigenossen
geworden zu sein. Colonel Hensel ließ keinen Zweifel daran,
was er nach dem Fund der Zentralkartei von solchen Aussagen
hielt: »Diese Akten widersprechen allen Geschichten, dass die
Leute in die Nazipartei gezwungen wurden. Aus ihnen geht
hervor, dass alle Mitglieder einen Antrag stellen und sich zahlreichen Überprüfungen durch die Nazis unterziehen mussten,
bevor sie aufgenommen wurden.«[19]

38

Am Abend des 20. Oktober waren die Sortierarbeiten vor
Ort beendet. Beladen mit 72 Postsäcken voller NSDAP-Mitgliedskarten verließ der letzte Lastwagen bei Sonnenunter-
gang Hubers Mühle und transportierte die kostbaren Akten
dorthin zurück, von wo sie ein halbes Jahr zuvor SS-Leute
fortgeschafft hatten: nach München.

Ihr Entdecker Michel Thomas wanderte bald nach dem
Krieg nach Los Angeles aus und wurde dort ein sehr erfolgreicher Sprachlehrer, der Hollywood-Prominente wie Barbara
Streisand, Grace Kelly und Woody Allen zu seinen Schülern
zählte. Die Dokumente, die er im Mai 1945 in der Papiermühle
von Freimann eingesteckt hatte, blieben in seinem Besitz. Der
amerikanische Archivar Robert Wolfe, der selbst als Offizier
im Zweiten Weltkrieg gekämpft hatte und nach dem Krieg in
den National Archives in Washington über vierzig Jahre für
die erbeuteten deutschen Militärakten zuständig war, wür-
digte Thomas' einzigartige Entdeckung nach dessen Tod mit
den Worten: »Der Erfolg, den die Sieger bei der Bestrafung
von Kriegsverbrechern und der Entnazifizierung Deutschlands hatten, beruhte zu einem großen Teil auf dem Besitz
und dem Zugang zu den Personalakten der Nazipartei, die der
CIC-Agent Michel Thomas entdeckt, identifiziert und gemeldet hatte.«[20]

Noch Jahrzehnte nach Kriegsende sollte die NSDAP-Kartei
neue Namen preisgeben und so manche mit der Stunde Null
neu begonnene Karriere abrupt beenden. Sie sollte zu diplomatischen Zwischenfällen führen und Gegenstand zäher
Rückgabeverhandlungen zwischen Siegern und Besiegten sein.
Und noch heute behaupten manche, deren Name dort aufgeführt ist, ohne eigenes Wissen Karteigenossen worden zu sein.

Souvenirs, Souvenirs

Bereits im Frühjahr 1945 waren amerikanische Geheim-
dienst- und Aufklärungsoffiziere im Gefolge der US-Army
in die eroberten deutschen Gebiete vorgerückt. Schon beim
Vormarsch gelang es alliierten Truppen, wichtige Dokumente
sicherzustellen. »Um manche Zielobjekte setzte ein wahrer
Wettlauf ein«, schreibt die Historikerin Astrid M. Eckert, »und
die Trophäe selbst wurde um den Preis ernster diplomatischer
Verwicklungen eifersüchtig gehütet«.[21]

Präsident Franklin D. Roosevelt hatte im August 1944 ange-
ordnet, dass US-Soldaten ab sofort Trophäen sammeln dürften.[22] Die Teilnehmer der »Operation Goldcup« allerdings
interessierten sich weniger für Görings Marschallstab oder
Himmlers SS-Dolch.

Ihr Interesse galt dem heiligen Gral einer jeden Besatzungsmacht, es galt den Quellen der Naziregierung, dem in den
Ministerial- und Parteiarchiven gespeicherten bürokratischen
Gedächtnis der Besiegten. Denn wer die Archive hat, besitzt
auch die Deutungsmacht über die Geschichte.

Die erbeuteten Dokumente dienten den Siegern als Grundlage für Kriegsverbrecherprozesse und Entnazifizierungsverfahren. Aber sie dienten auch der Geschichtsschreibung. Ohne
die Quellen der NS-Verwaltung wäre ein genaues Verständnis
der Täter so wenig denkbar, wie das Schicksal der Opfer nicht
ohne Zeugnisse wie Salmen Gradowskis Tagebuch zu verstehen
ist. Schlüsseldokumente wie das einzige überlieferte Protokoll
der Wannseekonferenz, auf der am 20. Januar 1942 der Völkermord an den Juden geplant wurde, wurden mitunter erst später
in bereits eingelagerten Beutearchiven der Alliierten entdeckt.

Bis heute tauchen Dokumente auf, die ein neues Licht auf
dunkle Stellen der deutschen Geschichte werfen. Die archiva-

lischen Altlasten der Naziherrschaft beschäftigen uns immer noch, wie die Diskussion um die Studie zur Rolle des Auswärtigen Amtes im »Dritten Reich« zeigt.[23] Viele wichtige Erkenntnisse der Geschichtsforschung verdanken sich nicht zuletzt dem im Frühjahr 1945 beginnenden Sammeleifer der alliierten Besatzer, die Dokumente vor der Vernichtung bewahrten oder aus geheimen Verstecken ans Tageslicht förderten.

Die Zielobjekte der Dokumentenjäger waren schon beim Vormarsch auf Listen erfasst. Kaum hatte sich der Staub der Schlacht um ein Amtsgebäude oder eine Behörde gelegt, meldeten die Kampfeinheiten der US-Army den Goldcup-Agenten in der Etappe, ob sie am Ziel wichtige Dokumente gefunden hatten. Die Aufklärungsoffiziere mussten innerhalb kürzester Zeit die Sicherstellung der Archivalien gewährleisten, da die Armee ständig weiter vorrückte. Falls die deutschen Beamten ihre Behörde nicht schon vor dem Eintreffen der Amerikaner verlassen hatten, wurden sie verhaftet und verhört.

Um der Unmengen an gefundenen Dokumenten Herr zu werden, hatten die Besatzer notgedrungen keine andere Wahl, als den Bock zum Gärtner zu machen. Sie mussten bald zusätzlich deutsche Arbeiter einstellen, die mehr oder weniger streng überprüft wurden. Die alliierte Direktive, dass Nazis und Militaristen aus allen öffentlichen Ämtern sowie Positionen in Kultur und Wirtschaft entfernt werden sollten, galt auch für die Ministerial Collection Centers, in denen großenteils Deutsche unter Aufsicht von Besatzungsoffizieren arbeiteten.[24] Als aktiver Nazi galt, wer ein Amt oder eine andere nachweisbare Position in einer NS-Organisation innegehabt, an nationalsozialistischen Verbrechen teilgenommen hatte, aktiver Anhänger der NS-Ideologie gewesen war oder freiwillig die NS-Bewegung unterstützt hatte. Auch wer mit Naziorden ausgezeichnet worden war, machte sich verdächtig.

Kapitel 1

Wer dagegen lediglich nominell Parteimitglied gewesen war, hatte offiziell nichts zu befürchten. Im Gegenteil: Die Amerikaner waren sich bewusst, dass die »Entfernung bestimmter Personenkategorien zu individuellen Ungerechtigkeiten führen kann, wenn die Untersuchung ergibt, dass eine aus formalen Gründen entlassene Person lediglich ein nomineller Nazi war«.[25] Allerdings mussten als nominell eingeschätzte und wiedereingestellte Nazis an das Hauptquartier der US-Streitkräfte gemeldet werden.[26]

Im Sommer 1945 gehörten auf die Ausschlussliste erst einmal alle NSDAP-Mitglieder oder -anwärter, die vor dem 1. Mai 1937 eingetreten waren. Auch die Hitlerjungen, die nach vierjährigem HJ-Dienst mit 18 in die NSDAP aufgenommen wurden, waren den Besatzern verdächtig und sollten erst einmal aus allen Ämtern entfernt werden.[27]

Allerdings hatten die Offiziere der amerikanischen Militärregierung, die über die Entlassung oder Einstellung kompromittierter Deutscher entschieden, einen großen Ermessensspielraum bei der Entscheidung, was mit den Alliierten möglicherweise feindlich gesinnten Personen geschah. Dazu zählten unter anderem: nach dem 1. Mai 1937 eingetretene nominelle Parteigenossen, Mitglieder der Waffen SS, SS-Kandidaten, SA-Mitglieder, die erst nach dem 1. April 1933 eingetreten waren, sowie HJ-Unteroffiziere und HJ-Mitglieder, die vor dem 25. März 1939 eingetreten waren. In der Praxis beruhte die Entscheidung meist auf einem kurzen Verhör von einer Viertelstunde.[28]

Die Sieger waren also von Anfang an auf die Mitarbeit der Besiegten angewiesen. Manche NS-Funktionäre und Wehrmachtsoffiziere glaubten, sich durch Hinweise auf versteckte Aktenbestände und Auskünfte über die Verwaltungspraxis die Milde der Sieger erkaufen zu können. Bereits im April 1945

Der Scheiterhaufen

hatten die Amerikaner einen ausführlichen Aufgabenkatalog für die Beamten des höheren Dienstes ausgearbeitet.[29] Hitlers Bürokraten sollten wieder ihren Dienst aufnehmen, aber jetzt für Uncle Sam.

Dazu wurden die auserkorenen deutschen Bürokraten sofort unter die Befehlsgewalt des alliierten Oberkommandos und der Kontrolloffiziere vor Ort gestellt, kommissarisch zu rangältesten Beamten ernannt und mit der vorübergehenden Leitung eines Ministeriums, einer Abteilung oder einer Behörde betraut. Ihre erste Aufgabe war es, eine vollständige Liste des ihnen unterstellten Personals vorzulegen. Darin mussten auch Angehörige von SS, Gestapo und SD aufgeführt sowie die Namen aller NSDAP-Mitglieder mit einem Sternchen markiert werden.[30] Die vergatterten Beamten durften ihr Verwaltungsgebäude nicht verlassen, bis sie diese Personalliste und weitere Informationen vorgelegt hatten.

Für die ihnen anvertrauten Dokumente hafteten die deutschen Bürokraten mit ihrem Leben. Sie wurden von amerikanischen Kontrolloffizieren ausdrücklich gewarnt, dass »für die vorsätzliche Zerstörung, Entfernung, störende Einwirkung auf oder Verheimlichung von Akten oder Archiven« die Todesstrafe verhängt werden konnte.[31]

In einem geheimen Memorandum vom 12. Juni 1945 verfügte Lieutenant General James L. Williams im Namen des späteren Militärgouverneurs Lucius D. Clay die Einrichtung einer zentralen Aktensammelstelle in der Nähe von Kassel.[32] Das Ministerial Collection Center (MCC) in Camp Dentine stand unter amerikanischer und britischer Leitung. Hier sollten die Akten von Reichsministerien und anderen Behörden zusammengeführt werden, um den Alliierten den Aufbau und die Kontrolle der künftigen Besatzungsverwaltung zu erleichtern.[33]

43

Kapitel 1

Zur Auswertung der Bestände aber waren die Sieger schon aufgrund der schieren Masse an Dokumenten von vornherein auf die Hilfe der Besiegten angewiesen, die mehr oder weniger freiwillig beim alliierten Aktenstudium im Ministerial Collection Center assistierten.[34] Deutsche Ministerialbeamte waren entweder aufgrund ihrer Position in der Reichsverwaltung automatisch verhaftet und zum Verhör ins Lager verbracht worden oder sie beteiligten sich freiwillig als Archivare in eigener Sache an der Aufarbeitung der bürokratischen Vergangenheit.

Ein britischer Diplomat bezeichnete das MCC als »ein Skelett deutscher Regierungsbehörden«.[35] Man kann das durchaus wörtlich verstehen: Das »Dritte Reich« war endlich ins Grab der Geschichte gesunken, ein neues Deutschland sollte auferstehen. Die Akten-Fron war der erste Schritt zum Wiederaufbau einer deutschen Verwaltung.

Die Aufgabe, vor der die amerikanischen Militärarchivare und ihre deutschen Helfer standen, war schier überwältigend. Innerhalb von sechs Monaten wurden von Tausenden Fundstellen im ganzen Reich rund 1,5 Millionen Kilo Akten zum MCC transportiert. In Deutschlands Mitte stapelten sich nun die Unterlagen aus mehr als einem Dutzend Reichsministerien und -ämtern. Die 70 000 Bände starke Bibliothek des Auswärtigen Amtes kam als Beute ebenso nach Kassel wie ehemaliges deutsches Beutegut in Form von zwei Truhen mit Akten des polnischen Wetterbüros. Um die schrecklichen Folgen von Hitlers Krieg abzuschätzen, musste man nur einen Blick auf den 450 Tonnen schweren Berg von Gefallenendokumenten aus der Wehrmachtauskunftstelle werfen.[36]

In der Hauptstadt hatte die amerikanische Militärregierung bereits zwei Tage nach Kriegsende eine Liegenschaft der Reichspost in Berlin-Zehlendorf konfisziert. Offiziell war das

Objekt in der Nähe der Krummen Lanke als Telefonverstär-
kerstelle deklariert gewesen. Tatsächlich hatten Mitarbeiter
des »Forschungsamtes« in Hermann Görings Luftfahrtminis-
terium hier Telefongespräche zwischen Berlin und dem Westen des Reichs abgehört.[37]

Nun herrschte Funkstille in der großen unterirdischen
Bunkeranlage am Wasserkäfersteig. Fünfzig Jahre lang sollte
nur das Rascheln geheimer Naziakten die Kellerräume des
»6889th Berlin Document Center« erfüllen, das dort am
10. Mai 1945 seine Arbeit aufnahm und fast ein halbes Jahrhundert bleiben sollte.

Schwarzmarkt

Die besiegten Deutschen merkten bald, wie wichtig Beute-
dokumente für die Alliierten waren. Kurz nach Kriegsende
blühte deshalb bereits der illegale Handel mit Nazipapieren.
Da sich schon bald das Scheitern der Viermächteverwaltung
abzeichnete, nutzten deutsche Aktenhehler die Konkurrenz
zwischen Russen, Amerikanern, Briten und Franzosen und
verhökerten in allen vier Sektoren interessante Akten an den
Meistbietenden.

»Viele deutsche Dokumente«, berichtete ein britischer Luft-
waffenoffizier, »sind im Tausch gegen Geld oder Naturalien
(Kaffee etc.) von ihren ›Besitzern‹ erhältlich. Nur die ›Besitzer‹
kennen den Aufbewahrungsort der Dokumente, von denen
sich einige im russischen Sektor befinden. Manche der Dokumente werden regelmäßig in allen vier Sektoren von Berlin
feilgeboten und an die Macht verkauft, die den besten Preis
dafür zahlt.«[38] Für eine gewisse Summe Geld, vermutete der
Offizier, könne man wohl eine ganze Reihe von Dokumenten

Kapitel 1

bekommen. Die Briten waren nicht abgeneigt, beim großen Aktenmonopoly in der geteilten Frontstadt mitzuspielen.

Riskanter war es, den Amerikanern Archivalia zum Kauf anzubieten, auf welchem Wege auch immer man in ihren Besitz gekommen war. Der Entdecker der Kaltenbrunner-Berichte, die Gestapo-Informationen über mutmaßliche Verschwörer des Hitler-Attentats vom 20. Juli 1944 enthielten, offerierte seinen Fund 1948 für 200 000 Mark dem Institut zur Erforschung der Nationalsozialistischen Zeit zum Kauf. Allein, er hatte Pech: Das gerade gegründete Forschungsinstitut war nicht nur bar jeder Geldmittel, sondern die US-Army bekam von dem unmoralischen Angebot Wind, beschlagnahmte das Konvolut umgehend und verschiffte es nach Washington.[39]

Entgegen amerikanischen Befürchtungen stellte sich bald heraus, dass deutsche Aktendiebe selten von ideologischen Motiven getrieben waren. An brauner Tendenzliteratur bestand wenig Interesse, aber für Film- und Autozeitschriften riskierten einige deutsche Arbeiter sogar den Verlust ihrer täglichen warmen Mahlzeit aus der Suppenküche der US-Army.[40]

Auch amerikanische Soldaten ließen gerne mal Dokumente als Kriegsbeute mitgehen. 1949 kritisierte die Zeitung *Christ und Welt* unter der vielsagenden Überschrift »Volk ohne gestern« mit kaum verhüllter Empörung den »naiven Souvenir-Hunger der GIs, Tommies, Poilus und Iwans«, der die Sammel- und Sichtungsarbeit der alliierten Dienststellen erschwert habe. »Lange nach Kriegsende noch soll in Amerika der Handel mit wertvollen Reichsakten geblüht haben.«[41]

Selbst hohe Offiziere waren nicht davor gefeit, spontan von der Lust auf Hitler-Andenken übermannt zu werden. Als besonders nonchalanter Autogrammjäger erwies sich der amerikanische Spitzengeneral George S. Patton. Nachdem Offiziere des Counter Intelligence Corps der US-Armee im

46

Safe einer Eichstätter Bank ein von Hitler unterzeichnetes Originalexemplar der Nürnberger Gesetze gefunden hatten, übergaben sie es weisungsgemäß Patton.

Der selbstbewusste General fühlte sich nicht an die Weisung seines Chefs und Oberkommandierenden Eisenhower gebunden, dass offizielle Nazidokumente nicht zum Privatgebrauch mitgenommen werden dürften. Er betrachtete das Dokument kurzerhand als sein Eigentum und stiftete es großmütig einer amerikanischen Bibliothek.[42]

Auch aus bereits bestehenden Sammelstellen verschwanden immer wieder einzelne Dokumente. Dort mussten wenige alliierte Soldaten eine große Anzahl deutscher Mitarbeiter beaufsichtigen. Bei der Durchsicht der Akten des Auswärtigen Amtes stellte ein Ermittler des britischen Foreign Office fest, dass unter anderem der letzte Entwurf des Rücktrittsschreibens Otto von Bismarcks und die von Kaiser Wilhelm II. eigenhändig unterzeichnete Antwort auf den Abgang seines Lotsen fehlten.

Selbst der Nürnberger Chefankläger Robert Kempner verdarb es sich beinah mit den Hütern der Akten. Natürlich war sein Büro in großem Maße auf die Beweisstücke angewiesen, die von den Alliierten gesammelt wurden. Jedoch kam es immer wieder vor, dass nach Nürnberg ausgeliehene Originale nicht wieder zurückkehrten, weil sie vermutlich in den Taschen von Mitarbeitern des Tribunals verschwanden. »Einige dieser Leute«, schäumte der britische Verwalter der deutschen Diplomatenakten Lt. Col. Thomson, »sind mehr an Knüllern und Souvenirs interessiert als daran, Beweise für Gerichtsverfahren zu sammeln.«[43]

Auch die Archivexperten der amerikanischen Militärverwaltung wussten, dass keine Zeit zu verlieren war, wenn der Verlust weiterer Akten verhindert und die Nutzung vorhandener Bestände gewährleistet werden sollten. Zwischen Januar und Februar 1946 rollten die letzten Dokumentenschätze in acht Güterzügen mit jeweils 25 Waggons zurück in die ehemalige Hauptstadt des »Dritten Reichs«, in das geteilte Berlin.[44]

Die Lebensläufe des Dr. No

Katzen, sagt man, haben sieben Leben. Bei manchen Geheimdienstagenten ist es ganz sicher so. Der junge Rechtsanwalt, der sich im Sommer 1945 an seine Schreibmaschine setzte und sorgfältig den Fragebogen des Oberbürgermeisters der Stadt Dresden ausfüllte, war kein Geheimagent. Aber er sollte einer werden – einer der mächtigsten in Deutschland. In diesem Sommer hatte, wie für die meisten seiner Landsleute, auch für den Sachsen Günther Nollau ein neues Leben begonnen, und er gedachte, es richtig zu beginnen.

An seinem Geburtsdatum 4. Juni 1911 hatte sich nichts geändert. Auch die Geburtstage von Eltern, Ehefrau und Kindern sowie die aufgrund der Kriegswirren mehrfach gewechselten Wohnsitze bereiteten dem Fragebogen-Beantworter keine Erinnerungsprobleme. Unter Religionszugehörigkeit gab er »dissident« an.

Dann kamen die schwierigen, die schon auf dem Papier bohrenden Fragen, und es waren gleich eine ganze Reihe: War er jemals Mitglied der NSDAP gewesen? Welche Ämter bzw. Führungsstellen hatte er bekleidet? War er jemals Mitglied von SS, SA, HJ, BDM, NSDStB, NSKK, NSFK, SD gewesen? In welchen sonstigen der NSDAP angeschlossenen oder von ihr betreuten Organisationen war er noch Mitglied gewesen?

Das waren keine einfachen Fragen, und sie erforderten eine wohlüberlegte Antwort. Vor allem die eine, die Gretchenfrage der Nachkriegszeit, die nach der Parteimitgliedschaft. Die war kompliziert, da gab es einiges zu erklären. Doch der Fragebogen sah nur eine halbe Zeile für die Antwort vor. Nollau überlegte kurz, dann begann er, seine Sicht der Dinge in die Schreibmaschine zu tippen: »Nein. Mir ist jedoch etwa im Mai 1944 mitgeteilt worden, dass ich ab 1.1.42 aufgenommen sei (überführt aus dem NSKK). Ich habe weder Mitgliedskarte noch Parteibuch erhalten, bin auch nicht verpflichtet worden. Daher keine Mitgliedschaft.«[45]

Drei Zeilen waren das, und es sprengte den Rahmen der Frage, die er mit Ja oder Nein hätte beantworten können. Aber als erfahrener Strafverteidiger wusste Nollau, dass die Wahrheit selten mit einem einfachen Ja oder Nein zu erfassen war. Erst recht nicht auf den harten Stühlen der Anklagebank.

Nachdem er so seinem Herzen Luft gemacht hatte, ging es zügiger voran: Im NSKK, dem Nationalsozialistischen Kraftfahrerkorps, war er ab dem 1. Mai 1939 Mitglied gewesen, hatte aber in dem braunen Automobilclub nie eine Führungsposition innegehabt. Auch der Nationalsozialistischen Volkswohlfahrt und dem NS-Rechtswahrerbund war er beigetreten, ohne je ein Amt zu bekleiden.

Schließlich wollte man von ihm wissen, ob er noch irgendwelche Akten, Karteien, Kassenbelege, Gelder oder sonstige Schriftstücke einer der oben genannten Organisationen in seiner Verwahrung hatte. In diesem Fall, so belehrte der Fragebogen den Geprüften, sei jeder Gegenstand, der Eigentum einer der oben genannten Organisationen war, umgehend den Behörden zu melden.

So kompliziert der Umstand seiner Parteimitgliedschaft war, bei der Frage nach belastenden Beweisen empfahl sich eine einfache Antwort. Erleichtert tippte Nollau: »Nein«.[46]

49

Kapitel 1

Immerhin: Die Akten waren futsch. Ein folgenschwerer Irrtum, wie sich bald herausstellen sollte.

Denn in einem Punkt sollte sich der intelligente junge Rechtsanwalt täuschen, dessen steile Nachkriegskarriere ihn einmal bis an die Spitze des westdeutschen Inlandsgeheimdienstes führen würde. Er konnte nicht wissen, dass in den folgenden Jahren und Jahrzehnten sowohl die westlichen Alliierten als auch die Sowjets und das Ministerium für Staatssicherheit alles daransetzten, so viele Dokumente aus der NS-Zeit wie möglich ausfindig zu machen, zu sichern und auszuwerten.

In jenem Trümmersommer 1945 aber war kaum davon auszugehen, dass ein paar inkriminierende Papiere das Inferno überdauert hatten, dem ganze Städte zum Opfer gefallen waren. Alle Papiere seien ihm am 13. Februar 1945, dem Tag der Zerstörung Dresdens, verbrannt, erklärte Nollau wenige Monate später in einem Brief. Es gab Wichtigeres, an das ein junger Familienvater wie er in diesen Monaten zu denken hatte: die Beschaffung von Lebensmitteln, die Suche nach einer Unterkunft oder vermissten Familienmitgliedern.

So wurde der Sommer 1945 für die Überlebenden zum Neuanfang, einer Stunde Null, die es so natürlich nie gegeben hat. Kriegsverbrecher wie der KZ-Arzt Aribert Heim konnten ungestört weiter praktizieren. Ideologen wie der SS-Hauptmann Hans Schwerte konnten sich für tot erklären lassen und unter neuem Namen als demokratische Bundesbürger wieder auferstehen. Waren das, wenn auch zahlreiche, Ausnahmen, so hatte sich die Masse der Deutschen immerhin dadurch schuldig gemacht, im »Dritten Reich« gleichzeitig mitgetan und weggesehen zu haben.

Auch für sie, die Mitläufer, wurde in diesen Tagen des Neubeginns das scheinbar Unmögliche möglich. Viele konnten nicht nur ein neues Leben beginnen, sondern auch ihr altes

Der Scheiterhaufen

rückwirkend korrigieren. Es gehört zu den großen Ironien der deutschen Nachkriegsgeschichte, dass gerade die Entnazifizierungsverfahren mit ihren Fragebögen statt Aufklärung das Verdrehen und Verdrängen der Vergangenheit beförderten. Die nüchternen Fragebögen mussten den Betroffenen geradezu als Einladung scheinen, den eigenen Lebenslauf umzuschreiben und einzelne Stationen im Nachhinein zu korrigieren in der Hoffnung, dass ihnen das Gegenteil ja doch nicht zu beweisen war.

Mitunter machten es die Behörden den Betroffenen sogar leicht, ihre Parteimitgliedschaft zu relativieren. Auf einem Fragebogen der Landesverwaltung für Justiz in Sachsen wurden für die Frage nach der NSDAP-Mitgliedschaft drei Antwortmöglichkeiten vorgegeben: a) nicht, b) ja, mit antifaschistischer Betätigung, und c) nur nominell.

Auch Günther Nollau entnazifizierte sich behutsam selbst, je weiter das »Dritte Reich« zurücklag. Auf einem Fragebogen des Polizeipräsidiums Dresden vom März 1947 beantwortete er die Frage nach der Parteimitgliedschaft gleich mit »Nein, nur Parteianwärter«.[47]

Nollaus gewundene Antworten auf die Frage nach seiner NSDAP-Mitgliedschaft sind ein Paradebeispiel für den zwiespältigen Umgang mit der jüngeren deutschen Vergangenheit. Sie sprengten zwar den dafür vorgesehenen Rahmen des Fragebogens, aber nicht den Rahmen dessen, was seine Landsleute über ihre Parteimitgliedschaft zu Protokoll gaben: Immer wieder behaupteten ehemalige Parteigenossen, ohne eigenes Wissen in die NSDAP aufgenommen worden zu sein, oder erfanden teilweise haarsträubende Ausreden, wie und weshalb sie in die Partei gekommen waren.

Die Besatzer in Ost und West aber wussten es bald besser. Ihr gesammeltes Wissen über Parteimitglieder und -aufnahme-

51

Kapitel 1

verfahren fassten die Amerikaner 1947 in einer von US-Militärgouverneur Lucius D. Clay herausgegebenen Broschüre mit dem Titel »Who was a Nazi?« zusammen. Das Dokument diente den US-Militärbehörden und deutschen Spruchkammern als Handreichung für Entnazifizierungsverfahren.

Auch im sowjetisch besetzten Teil Deutschlands waren die Dokumentenjäger nicht untätig gewesen, wie Günther Nollau bald feststellen musste. Im Juli 1945 erklärte er seine NSDAP-Mitgliedschaft gegenüber der Landesjustizverwaltung von Sachsen damit, dass im »Dritten Reich« auf ihn »ein starker moralischer Druck ausgeübt worden sei«, in die Partei einzutreten. Nach jahrelang erfolglosen Gesuchen sei er deshalb wohl oder übel erst in das NSKK und schließlich in die Partei eingetreten, um seine Zulassung als Anwalt zu erhalten.

Doch das zerknirschte Zugeständnis reichte nicht, um im neuen Deutschland wieder als Rechtsanwalt zugelassen zu werden. Seine Parteimitgliedschaft muss dem intelligenten Advokaten wie ein Fluch vorgekommen sein: Im »Dritten Reich« musste er sich hineinwinden, im neuen Deutschland wieder hinaus.

Tatsächlich sollte die bloße NSDAP-Mitgliedschaft bald als lässliche Sünde beurteilt werden, und zwar im Osten wie im Westen Deutschlands. Einfache Parteigenossen ohne herausgehobenes Amt wurden schnell als Mitläufer entlastet. Für alle nach dem 1. Januar 1919 Geborenen trat in allen Besatzungszonen schließlich eine Jugendamnestie in Kraft.

Auch die Sowjets legten, zumindest auf dem Papier, mehr Wert auf die Bedeutung persönlicher Verantwortung als auf das Vorhandensein eines braunen Parteibuchs. Am 16. August 1947 erging der Befehl 201 des Obersten Chefs der Sowjetischen Militäradministration in Deutschland, dem zufolge eine strafrechtliche Verfolgung nur dann stattfinden sollte, wenn aus Unterlagen eine »persönliche Schuld« der Betroffenen hervorging.[48] Es sei deshalb, dekretierten die neuen Moskauer Machthaber in Ostdeutschland, unbedingt erforderlich, »einen Unterschied zu machen zwischen ehemaligen aktiven Faschisten, Militaristen und Personen, die wirklich an Kriegsverbrechen und Verbrechen anderer Art, die von den Hitleristen begangen wurden, schuldig sind, einerseits, und den nominellen, nicht aktiven Faschisten, die wirklich fähig sind, mit der faschistischen Ideologie zu brechen und zusammen mit den demokratischen Schichten des deutschen Volkes an den allgemeinen Bemühungen zur Wiederherstellung eines friedlichen demokratischen Deutschlands teilzunehmen«.[49]

Als Mitläufer galten auch NSDAP-Mitglieder, die lediglich »Mitgliedsbeiträge bezahlt, an Versammlungen, deren Besuch obligatorisch war, teilgenommen oder unbedeutende oder laufende Obliegenheiten, wie sie allen Mitgliedern vorgeschrieben waren, wahrgenommen« hatten.

Die Beurteilung der persönlichen Schuld unterlag besonders in den bis 1950 existierenden sowjetischen Speziallagern haarsträubender Willkür. Die bloße NSDAP-Mitgliedschaft allerdings sollte – die moralische Läuterung der Betroffenen und ein schnelles Bekenntnis zum sozialistischen Arbeiter- und Bauernstaat vorausgesetzt – auch in der DDR weder einer Karriere in der SED noch im Ministerium für Staatssicherheit entgegenstehen.[50]

Tatsächlich zielte in den kommenden Jahrzehnten der Ehrgeiz der eigens eingerichteten Hauptabteilung IX/11 im Ministerium für Staatssicherheit stets auf den Nachweis persönlicher Verwicklung in Kriegsverbrechen, Denunziationen und ähnliche Tatbestände, während eine bloße Parteimitgliedschaft bestenfalls Anlass für die versuchte Kompromittierung westdeutscher Politiker geben konnte.

Kapitel 1

Dass auch in der sowjetischen Besatzungszone bald Schluss
mit einer umfassenden Entnazifizierung war, verdankt sich
einer nüchternen Erkenntnis der neuen Machthaber: Es gab
schlicht zu viele ehemalige Parteigenossen in allen Schichten
der deutschen Gesellschaft, als dass man sie komplett kalt-
stellen konnte. Trotz aller Willkür in der Anwendung kann
man den Befehl 201 als propagandistisch wirkungsvolles Ver-
söhnungsangebot sehen, mit dem die ewigen Mitläufer nun
für den neuen Staat gewonnen werden sollten. Das Angebot
lautete: Eine allgemeine gerichtliche Belangung »sämtlicher
ehemaligen nominellen, nicht aktiven Mitglieder der Nazipartei würde nur der Sache des demokratischen Aufbaus
Deutschlands schaden«.[51]

An diesem Aufbau wollte auch der 34-jährige Rechtsanwalt
und ehemalige Parteigenosse Günther Nollau teilnehmen, als
er im Sommer 1945 sein Leben neu ordnete. Doch vor die
Absolution hatten die Machthaber die tätige Reue gesetzt.
Schon wenige Monate nach Kriegsende hatte die Landesverwaltung von Sachsen mit dem personellen Neuaufbau der
Justiz begonnen.

Im August 1945 schrieb Nollau einen langen Brief an die
Rechtsanwaltskammer in Dresden, in dem er wieder die
Umstände seiner Parteimitgliedschaft zu erklären versuchte.
Die sieben Seiten umfassende Beichte ist ein faszinieren-
des Dokument, denn sie enthüllt nicht nur den halbher-
zigen, schwankenden Opportunismus, der junge Deutsche
wie Nollau zum Eintritt in die NSDAP bewogen hatte. Der
zwischen zerknirschter Offenbarung und geschickter Ver-
schleierung changierende Brief lässt auch erkennen, wo
die eigentliche Berufung des zukünftigen westdeutschen
Spionageabwehrchefs lag: im Nebelgrau der Nachrichten-
dienste.

54

Nollaus Zeugnis zeigt, wie sich ein junger Anwalt im »Dritten Reich« auch ohne besondere ideologische Überzeugung aus Karrieregründen dazu bewegen lassen konnte, in die Partei einzutreten. Trotz summa-cum-laude-Promotion sei ihm jahrelang die Zulassung als Anwalt im »Dritten Reich« verweigert worden, weil er seine Bereitschaft, für den NS-Staat einzutreten, nicht nachgewiesen habe. »Sollte ich mich darauf beschränken, eine Buchhaltertätigkeit auszuüben, nur um der, wie es schien, eigensinnigen Abneigung willen, der NSDAP, deren wahrer Charakter mir damals noch nicht erkennbar war, nicht anzugehören?«[52]

Eines Tages habe man ihm erklärt, dass er als NSKK-Mitglied zusammen mit den aus der Motor-Hitlerjugend kommenden Jungen nun auch in die NSDAP überführt werden solle. Obwohl er damals bereits seine Zulassung als Rechtsanwalt erhalten hatte, fügte Nollau sich schnell und unterzeichnete einen ihm vorgelegten Antrag, da es ihm zu riskant erschien, die Unterschrift zu verweigern.

Auch Mitgliedsbeiträge habe er wohl einmal gezahlt, das Parteiabzeichen aber nie getragen: »Das Wesentliche an meinem Fall erscheint mir zu sein, daß ich nicht, um mir die Wege von vornherein zu ebnen, in die Partei eintrat, sondern es *darauf ankommen* ließ, ob nicht nur durch fachliche Leistungen eine meiner Ausbildung entsprechende Stellung zu erreichen war. Erst als sich das als unmöglich erwies, und ich mehrere Jahre eingebüßt hatte, habe ich mich schweren Herzens zu Konzessionen entschlossen.«[53]

Nollau wäre kein guter Verteidiger, wenn er dem zerknirschten Geständnis nicht einige Hinweise auf bürokratische Umstände folgen lassen würde. Der Anwalt hatte sich schlau gemacht: »Wie ich in dem Organisationsbuch der NSDAP, herausgegeben vom Reichsorg. Leiter 1943, festgestellt habe, war man erst in die Partei aufgenommen, wenn man ein von der Reichsleitung ausgestelltes Mitgliedsbuch oder eine Mitgliedskarte unter gleichzeitiger Verpflichtung ausgehändigt erhielt (Seiten 6c und 6d dieses Org.Buches). Bei der Ausfüllung des ersten Fragebogens habe ich mich als Mitglied bezeichnet, weil mir die bisher gemachte Unterscheidung noch nicht bekannt war.«

Doch damit war es nicht getan. Um in Dresden wieder als Rechtsanwalt zugelassen zu werden, musste sich Nollau nicht nur entnazifizieren. Der ehemalige Parteigenosse musste Beispiele für seine antifaschistische Haltung im »Dritten Reich« beibringen. Laut Befehl 160 der Sowjetischen Militäradministration vom Dezember 1945 galt als Entlasteter, »wer trotz seiner formellen Mitgliedschaft oder Anwartschaft oder eines anderen äußeren Merkmals sich nicht nur passiv verhalten, sondern auch aktiv nach besten Kräften der nationalsozialistischen Gewaltherrschaft Widerstand geleistet und dadurch Nachteile erlitten hat«.[54]

Zu seiner Entlastung führte Nollau in dem Brief an die Rechtsanwaltskammer Dresden an, er habe als Anwalt in Krakau nicht nur Hunderte von Polen verteidigt, sondern auch Mandanten vor der Gestapo geschützt und Häftlinge aus Konzentrations- und Zwangsarbeiterlagern befreit. Da er aller Beweisdokumente verlustig gegangen war, besorgte Nollau sich eidesstattliche Versicherungen von einigen Bekannten. Er hatte sich entnazifiziert.

Allein, auch im neuen Deutschland wollte man dem ehemaligen Parteigenossen nicht so schnell die Zulassung als Rechtsanwalt erteilen. Wieder und wieder ließ ihn die Justizverwaltung eidesstattliche Erklärungen abgeben und Fragebögen ausfüllen. Am 13. November 1945 schrieb Nollau in einem neuen Lebenslauf, er sei vom NSKK später in die Partei überführt worden, habe jedoch weder eine Mitgliedskarte noch ein Mitgliedsbuch erhalten und sei weder verpflichtet noch vereidigt worden: »Ich bin deshalb nicht Mitglied der NSDAP geworden.« Es half nichts, man entzog ihm die Zulassung wieder.

Seine Mutter versicherte in einer eidesstattlichen Erklärung, ihr Sohn sei nur deshalb schließlich in die NSDAP eingetreten, weil sie als Kriegswitwe ernsthaft an sein Pflicht- und Dankbarkeitsgefühl ihr gegenüber appelliert habe.

Nollau bekam seine Zulassung wieder, doch bereits ein Jahr später widerrief das Sächsische Justizministerium sie erneut: Er habe 1945 schließlich selbst angegeben, dass sein Parteieintritt genehmigt worden sei. Nollau schrieb wieder Lebensläufe und Briefe: an die Sowjetische Militäradministration, an den sächsischen Justizminister. Er sei lediglich Parteianwärter gewesen, nie aber als Parteimitglied aufgetreten. Seine Eingabe hatte schließlich Erfolg: Ab Februar 1947 durfte er wieder praktizieren.

Der bürokratische Eiertanz um die Parteigenossenschaft schien längst ausgestanden, als Nollau am 26. Februar 1949 bei einem Besuch im Politischen Gefängnis von Dresden verhaftet wurde. Er hatte einem Mandanten, der wegen Verdachts auf faschistische Betätigung einsaß, Kuchen mitgebracht. Als man ihn im März 1949 wieder auf freien Fuß setzte, floh Nollau in den Westen und heuerte im folgenden Jahr beim Bundesamt für Verfassungsschutz in Köln an.

Dort sollte der wendige Jurist (Spitzname im Amt: »Dr. No«) bald eine steile Karriere als Experte für Spionageabwehr beginnen. Auf dem Höhepunkt seiner Laufbahn sah sich Nollau 1975 nach der Enttarnung des Ost-Agenten Günter Guillaume mit Vorwürfen konfrontiert, selbst für den Osten zu spionieren, und musste seinen Hut als Präsident des Verfassungsschutzes nehmen. Die *Welt* schrieb über den Mann, der Mitglied der NSDAP, der CDU und der SPD gewesen war: »Seine Weste war von Farbflecken übersät.«[55]

Kapitel 2

Karteigenossen

Wie wurde man Parteigenosse?

Die ersten Mitglieder waren ein Eisenbahnschlosser und ein
Sportjournalist. 1919 gründeten Anton Drexler und Karl Har-
rer die Deutsche Arbeiterpartei. Wenig später gab sich die
kleine Rechtsaußenpartei den Namen Nationalsozialistische
Deutsche Arbeiterpartei. Das Parteiprogramm bediente den-
selben völkisch-nationalistischen Gesinnungsmischmasch,
dem auch andere rechte Splitterparteien anhingen.

»Was die NSDAP gegenüber diesen zunehmend attraktiver
machte, war die Radikalität, mit der Adolf Hitler die Paro-
len vortrug«, schreibt Mario Wenzel in einem von Wolfgang
Benz herausgegebenen Sammelband zur Mitgliedsgeschichte
der NSDAP.[1] Aber wie wurde man Parteigenosse? Mehr als
sechs Jahrzehnte nach dem Verbot der NSDAP ranken sich in
Deutschland immer noch allerlei Mythen um die Hitlerpartei,
die in der Zeit unmittelbar nach dem Zweiten Weltkrieg in
Umlauf gebracht wurden. Ein Grund dafür dürfte die umfassende Durchdringung der deutschen Gesellschaft durch die
NSDAP gewesen sein, deren totalen Herrschaftsanspruch Hitler in seiner Reichenberger Rede von 1938 deutlich machte:
»Dann kommt eine neue deutsche Jugend, und die dressie-
ren wir schon von ganz kleinem an für diesen neuen Staat.
Diese Jugend, die lernt ja nichts anderes als deutsch denken,
deutsch handeln. Und wenn diese Knaben und Mädchen mit
ihren zehn Jahren in unsere Organisationen hineinkommen

59

Kapitel 2

und dort nun wie so oft zum ersten Mal überhaupt eine frische Luft bekommen und fühlen, dann kommen sie vier Jahre später vom Jungvolk in die Hitlerjugend, und dort behalten wir sie wieder vier Jahre, und dann geben wir sie erst recht nicht zurück in die Hände unserer alten Klassen- und Standes-Erzeuger, sondern dann nehmen wir sie wieder fort in die Partei und die Arbeitsfront, in die SA oder in die SS, in das NSKK usw.... und sie werden nicht mehr frei ihr ganzes Leben.«[2]

Kein Deutscher und keine Deutsche sollte dem entgehen. Was als politische Sekte im Münchner Bierdunst begonnen hatte, entwickelte sich bald zu einer verzweigten Massenorganisation, in deren Gliederungen und angeschlossenen Verbänden im »Dritten Reich« zuletzt zwei Drittel der Deutschen organisiert waren. Allerdings: Die Mitgliedschaft in der Partei war etwas anderes, und der Anteil der Parteimitglieder an der deutschen Gesamtbevölkerung war wesentlich geringer. Wer ihr beitrat, hatte meist gute Gründe.

Anfang 1933 waren es noch eine Million Mitglieder. Nach der Machtergreifung der NSDAP stieg die Zahl ihrer Genossen innerhalb kürzester Zeit auf 2,5 Millionen. Die neuen Mitglieder wurden von den »Alten Kämpfern« (Inhaber des Goldenen Parteiabzeichens mit einer Mitgliedsnummer unter 100 000) und den »Alten Parteigenossen« (die vor dem 30. Januar 1933 der NSDAP beigetreten waren) als »Märzgefallene« verspottet, weil sie sich Hitler erst nach dem klaren Sieg bei den Märzwahlen 1933 angeschlossen hatten. Am 1. Mai 1933 verhängte die Partei deshalb eine Aufnahmesperre, die zwischenzeitlich immer wieder aufgehoben wurde. Zuletzt gab es 8,5 Millionen »PGs« genannte NSDAP-Mitglieder.[3]

Damit waren weniger als 15 Prozent der Bevölkerung Parteigenossen – die NSDAP sollte eine Auslese sein. Tatsächlich aber war die NSDAP weit populärer, als heute zugegeben wird: »Mit Ausnahme praktizierender Katholiken und des industriellen Proletariats fand die NSDAP Unterstützung und Mitglieder in allen Schichten. Ihre Anhängerschaft wies schließlich eine ausgewogenere Sozialstruktur auf als alle anderen Parteien der Weimarer Republik.«[4]

Oft ist vermutet worden, dass HJ-Führer eigenmächtig Anmeldungen vornahmen. Dazu hätten sie die Unterschrift auf dem Anmeldeformular fälschen müssen. Doch bis heute ist aus keiner Quelle, die vor dem 8. Mai 1945 entstanden ist, eine gefälschte Unterschrift eines HJ-Führers bekannt.

Allerdings sind die Aufnahmeverfahren im Fall der Jahrgänge 1926 und 1927 wohl weit repressiver gehandhabt worden als in den Jahren zuvor. Zwar verweist Armin Nolzen, einer der besten Kenner der Materie, die Annahme, es habe ein gesetzliches Soll für Aufnahmen aus HJ und BDM gegeben, ins Reich »purer Fiktion«. Klar ist aber auch, dass die internen Richtwerte in einzelnen HJ-Gebieten weit überschritten wurden. »Sicherlich stieg der Druck hierzu kontinuierlich an und erreichte beim Aufnahmeverfahren 1944 seinen Höhepunkt.«[5]

In diesem Punkt wenigstens überschneiden sich die Erkenntnisse der Historiker mit den Erinnerungen vieler Zeitzeugen an kollektiven Zwang und Repressalien, die zum Parteieintritt geführt haben sollen. Aber, so das Fazit von NSDAP-Forschern wie Armin Nolzen und Michael Buddrus, ohne eigenhändig unterschriebenen Aufnahmeantrag lief nichts. Auch gab es für keinen einzigen HJ- und BDM-Jahrgang, dessen Angehörige zwischen 1937 und 1944 in die Partei aufgenommen wurden, eine automatische Aufnahme: »Dem Einzelnen blieb immer die Möglichkeit, sich entweder für oder gegen eine Unterschrift zu entscheiden.«[6]

Kapitel 2

Dass Hitlerjungen davon tatsächlich Gebrauch gemacht haben, zeigt ein SD-Bericht von 1943 über die »Einstellung der Jugend zur Partei«, dessen Autoren bei vielen Jugendlichen im Reich »Gleichgültigkeit« und »mangelnde Bereitschaft« zum Parteidienst beobachteten: »Einige blieben der Aufnahmefeier fern, obwohl sie den Aufnahmeantrag unterschrieben hatten, andere wiederum waren von ihren HJ-Führern gar nicht erst zur Feier bestellt worden. Darüber hinaus beobachtete man selbst bei HJ- und BDM-Mitgliedern, die acht Jahre lang in der NS-Jugendorganisation ihren Dienst getan hatten und jetzt von ihren Führerinnen und Führern dazu aufgefordert wurden, einen Aufnahmeantrag auszufüllen, dass sie dies ›mit unschönen Bemerkungen‹ ablehnten.«[7]

Offensichtlich war es also doch möglich, nein zu sagen. Dass dazu Mut gehörte, steht außer Frage, und dass fehlender Mut menschlich ist, auch. Aber dass die Wirkung der Hitlerpartei bis heute bei vielen Deutschen zu Vergessen und Verdrängen führt, ist bemerkenswert. Immer wieder scheinen sonst kritische Historiker und Feuilletonisten die Neigung zu verspüren, die notwendige Debatte voreilig zu beenden.

»Ich habe mich doch selbst entnazifiziert«

Ein Lexikon, ausgerechnet. Die Debatte über die NSDAP-Mitgliedschaft prominenter Flakhelfer begann, wo man sie am wenigsten erwartet hätte: im Elfenbeinturm der Germanisten, für den sich sonst nur die Fachleute interessieren. Ausgerechnet auf dem Feld der Literaturwissenschaft brach der Streit um die Frage aus, ob man ohne eigenes Wissen Mitglied in Hitlers Partei geworden sein konnte und wie damit nach 1945 umzugehen war. Anlass war, wie könnte es anders sein, eine vermeintlich harmlose Recherche in der NSDAP-Kartei des ehemaligen Document Center, die der Germanist Christoph König im Bundesarchiv unternahm.

Der Herausgeber des dreibändigen *Internationalen Germanistenlexikons 1800–1950* hatte die Lebensläufe der dort verzeichneten Forscher im »Dritten Reich« überprüft und, wo eine NSDAP-Mitgliedschaft verzeichnet war, diese in den kurzen Biografien erwähnt.[8] Lange bevor Historikerkommissionen die Geschichte deutscher Ministerien und Behörden untersuchten und mit ihren eindeutigen Ergebnissen die personelle Kontinuität zwischen dem »Dritten Reich« und der Bundesrepublik belegten, zeichnete Königs Germanistenlexikon auch die Verbindungen der braunen Netzwerke in der Deutschen Philologie auf, in der ehemalige NSDAP-Genossen einander nach dem Krieg gegenseitig wieder zu Amt und Würden verhalfen. Der Goethe-Forscher Hans Pyritz (1905–1958) etwa war Mitglied der SA und NSDAP gewesen, aber nach Kriegsende durch ein Spruchkammerurteil als »entlastet« eingestuft worden. Später holte er seinen Kollegen Heinz Nicolai (1908–2002), der es als Parteigenosse im »Dritten Reich« bis zum SS-Untersturmführer gebracht hatte, als Assistenten an seinen Lehrstuhl an der Universität Hamburg.[9]

Auch der notorischste Fall von Neuanfang, den die deutsche Nachkriegswissenschaft erlebt hat, ist bei König noch einmal verzeichnet: Der Germanist Hans Ernst Schneider (1909–1999) war als SS-Hauptsturmführer Abteilungsleiter im Persönlichen Stab Heinrich Himmlers gewesen und hatte im SS-Ahnenerbe gearbeitet. Nach dem Zusammenbruch verschleierte er mit Hilfe seiner SD-Kontakte seine Identität, ließ sich für tot erklären und heiratete seine Frau unter dem Namen Hans Schwerte erneut. 1958 habilitierte er sich – passenderweise mit einer Arbeit über *Faust und das Faustische* – und wurde 1965 Professor an der RWTH Aachen. Auf dem Höhepunkt seiner Karriere avancierte der als linksliberal geltende Schwerte zum Rektor seiner Universität und wurde nach seiner Emeritierung mit dem Bundesverdienstkreuz ausgezeichnet. Als Schwertes Doppelidentität 1995 aufflog, kam es zu einem Skandal, in dessen Folge er nicht nur seinen Professorentitel und seine Beamtenpension, sondern auch das Bundesverdienstkreuz verlor.

Schwertes Erklärung: »Ich habe mich doch selbst entnazifiziert«, entbehrt nicht einer gewissen Logik. Der Politologe Claus Leggewie kommentierte die Fälle Grass und Schwerte mit der Einschätzung, die nachgeholte Erkenntnis der Verbrechen des »Dritten Reichs« habe »auch denen den Mund versiegelt, deren persönliche Entnazifizierung glaubhaft ist«.[10] Die Betroffenen hätten ja tatsächlich dazu beigetragen, die junge Demokratie gegen reaktionäre Kräfte zu verteidigen: »Sie haben ihre private, politische und gesellschaftliche Existenz auf neue Grundlagen gestellt, ohne die Transformation ihres Egos öffentlich zu machen. Sie dachten, wir leisten doch genug – Grass als Literat und öffentlicher Intellektueller, Schwerte als Exponent einer ›kritischen‹ Germanistik ...«[11]

Der Veröffentlichung des Germanistenlexikons war ein zäher Kampf der Herausgeber mit den noch lebenden Wissenschaftlern vorausgegangen, deren akademische Karriere bereits in den 1940er Jahren begonnen hatte. »Aufgescheuchte Nestoren« hätten versucht, Druck auf die Herausgeber auszuüben und eine Veröffentlichung ihrer NSDAP-Mitgliedschaft zu unterbinden, berichtete der *Spiegel*.[12]

Im Vergleich zu den rund hundert braunen Germanisten älterer Jahrgänge, deren NS-Vergangenheit König im Lexikon darlegte, erscheinen die Fälle der »hochbetagten Herren, die sich einst als Milchbärte von 18, 19 Jahren zum Parteieintritt bewegen ließen«, harmlos.[13] Wäre da nicht das hartnäckige Leugnen zahlreicher Betroffener gewesen, die behaupteten, ohne eigenes Zutun und Wissen Hitlers Parteigenossen geworden zu sein.

Der Berliner Mediävist Peter Wapnewski wollte sich an eine »Zustimmung meinerseits« nicht erinnern können und prägte eine in der Geschichte der Parteienforschung gänzlich neue Kategorie, indem er sich als »nicht wissender PG« bezeichnete. Der Tübinger Rhetorik-Gelehrte Walter Jens erklärte, es könne ja sein, »dass ich da einen Wisch unterschrieben habe«.[14] Doch erinnern könne er sich beim besten Willen nicht daran, versuchte Jens, die »absurde und belanglose« Angelegenheit vom Tisch zu wischen.

»Meine ganzen Freunde in meiner Widerstandsgruppe waren in der SA oder der NSDAP«, behauptete der 88-jährige Goethe-Experte Arthur Henkel.[15] Er habe nur deshalb die Mitgliedschaft beantragt, um auf eine Lektorenstelle in Schweden »emigrieren« zu können. Henkels Schutzbehauptung, unter seinen Freunden hätten sich ganze »Widerstandsgruppen« der NSDAP oder SA angeschlossen und sein Parteieintritt sei Voraussetzung zur Emigration gewesen, darf man wohl als Flucht nach vorn bezeichnen. Hier wird in einem Satz die eigene NSDAP-Mitgliedschaft sowie die der Freunde gewissermaßen zur Voraussetzung des konspirativen Widerstands gemacht. Immerhin bezahlte der Emigré Henkel auch im Ausland weiterhin brav seine Mitgliedsbeiträge.

Um Rechtssicherheit zu erlangen, beauftragte der Lexikonherausgeber König den Historiker Michael Buddrus vom Münchner Institut für Zeitgeschichte mit einem Gutachten, das die Frage klären sollte, ob man ohne eigenes Wissen in

Kapitel 2

die NSDAP aufgenommen werden konnte. Buddrus' Urteil war unmissverständlich: Auch wenn der Beitritt unter erheblichem äußeren Druck erfolgt sein mochte, war es nicht möglich, ohne eigenes Zutun Mitglied der NSDAP zu werden. Automatische Sammelaufnahmen bestimmter Berufsgruppen oder Jahrgänge habe es nicht gegeben, jede Mitgliedschaft in Hitlers Partei war individuell und »nahm ihren Ausgang in einem eigenhändig unterschriebenen Antrag mit dazugehörigem Fragebogen«.[16]

Natürlich gab es Vorgaben. Nicht mehr als zehn Prozent der Bevölkerung durften Hitler und Heß zufolge Mitglied der Elitepartei NSDAP werden, deren Nachwuchs bevorzugt aus der HJ rekrutiert werden sollte. Nach 1941 wurde das Soll für HJ-Parteieintritte auf 30 Prozent eines Jahrgangs erhöht und später das Eintrittsalter auf 17 Jahre herabgesetzt. Die HJ-Gebietsführer bekamen zwar verbindliche Aufnahmekontingente befohlen, schreibt Buddrus in seinem Gutachten: »Dennoch ist auszuschließen, dass etwa die damit konfrontierten regionalen HJ-Führer einfach irgendwelche Namen ›nach oben‹ gemeldet haben, um ihren Soll zu erfüllen.«

Auch die aus mehreren Hundert Namen bestehenden Sammellisten, die ab 1942/43 an das Hauptmitgliedschaftsamt der NSDAP gesendet wurden, seien »in jedem Einzelfall und bei jeder Einzelposition geprüft worden; lag etwa für einen auf der Liste vermerkten Namen kein handschriftlich unterschriebener Aufnahmeantrag bei, ist auch 1944 eine Aufnahme abgelehnt und verweigert worden«.[17]

Kurzum: Die automatischen Sammelaufnahmen von Angehörigen einzelner Geburtsjahrgänge, auf die sich die Betroffenen beriefen, hat es nie gegeben. Laut Buddrus handelt es sich dabei um »beständig perpetuierte Legenden, die ihren Ausgangspunkt in Entlastungsbemühungen der unmittelbaren

66

Nachkriegszeit hatten und durch häufige Kolportage zu einem gern bemühten ›Allgemeingut‹ avancierten, das mit der historischen Wirklichkeit allerdings nichts zu tun hat«.[18]

Schon 1947 stellte die amerikanische Besatzungsmacht fest, niemals sei eine Organisation auf diese Weise komplett in der NSDAP aufgegangen. Das galt auch für die Jugendverbände HJ und BDM, deren Angehörige weder kollektiv noch automatisch übernommen wurden. Tatsächlich sei nur eine Minderheit der Jugendlichen für die Mitgliedschaft in der Partei vorgeschlagen worden. Aufnahmeanträge mussten von jedem Kandidaten eigenhändig unterschrieben werden, urteilt auch der Historiker Armin Nolzen. Über die Diskussion um angeblich unwesentliche NSDAP-Mitgliedschaften kann er sich nach Jahren intensiver Forschung in NSDAP-Parteiakten nur wundern. Das Argument von Kollektivaufnahmen sei eine Schutzbehauptung der Nachkriegszeit, um die Kollektivschuldthese abzuwehren. Tatsache sei, dass es für keinen einzigen HJ-Jahrgang, dessen Angehörige zwischen 1937 und 1944 in die Partei aufgenommen wurden, automatische Aufnahmeverfahren gab. Zwar entschieden letztendlich die HJ-Bannführer, wer aus ihrer Organisation in die Partei überwechseln durfte. Voraussetzung gewesen sei aber in jedem Fall »die eigenhändig unterschriebenen Aufnahmeanträge derjenigen 18-jährigen Jugendlichen, die sie für den Parteieintritt als ›würdig‹ erachteten« – und das waren insgesamt weniger als 10 Prozent aller Hitlerjungen. Für eigenmächtige Anmeldungen durch HJ-Führer, so Nolzen in dem Sammelband *Wie wurde man Parteigenosse?*, gebe es »bislang keinen einzigen empirischen Beweis«.[19]

Der Lexikonherausgeber König entschied sich schließlich aus formaljuristischen Gründen für die korrekte, wenn auch umständliche Formulierung, es bestünden keine »Anhaltspunkte für die Aushändigung der Mitgliedskarte, die konstitu-

Kapitel 2

tiv für die Mitgliedschaft wäre (§ 3 Abs. 3 Satzung NSDAP)«.[20]
Die Bewertung des Parteieintritts der 17- und 18-Jährigen
stand ohnehin auf einem anderen Blatt. Auch Buddrus hatte
in seinem Gutachten geschrieben, er könne aus dem Beitritt
von 18- oder 19-Jährigen in die NSDAP keine ehrenrührigen
Momente ableiten: »Die weiteren Lebenswege der Betroffenen haben doch in vielen Fällen deutlich gezeigt, dass aus der
jugendlichen Verblendung bzw. den Zumutungen, denen ein
junger Mensch in der Endphase des NS-Regimes ausgesetzt
war, Lebensverläufe resultieren, die diese Indoktrinationsver-
suche ad absurdum geführt haben.«[21]

Genau darum geht es: Wie konnten aus verblendeten
Jugendlichen vorbildliche Demokraten werden? Die Bedeutung der aufklärerischen Selbstemanzipation einer verführten
Generation erkennt man aber erst, wenn man ihren prekären
Ausgangspunkt nicht mehr leugnet. Ihre Leistung besteht ja
gerade darin, sich am eigenen Schopf aus dem ideologischen
Sumpf ihrer Jugend gezogen zu haben. Diese Leistung kann
nicht entsprechend gewürdigt werden, wenn die Lebensläufe
der Betroffenen zu Biografien bruchloser Rechtschaffenheit
geglättet werden, indem man ihnen bereits eine gegen alle
NS-Parteiungen gefeite Widerstandsjugend andichtet und die
später gestrickten Legenden allzu wörtlich nimmt.

Nur eine einzige Unterschrift

Berlin, im Sommer 1943.[22] Siebzig Jahre ist das her, ein Men-
schenleben. Die Nachrichten aus allen Teilen des Reichs waren
unbefriedigend, ja alarmierend. Meldungen trafen ein, »nach
denen bei einer nicht geringen Anzahl Jugendlicher die Einstellung zur Parteiaufnahme zu wünschen« übrig lasse. Von

den Veranstaltungen, zu denen sie befohlen wurden, seien sie
»nicht innerlich gepackt«, nur ein kleiner Teil erlebe die Partei
»in positiver und überzeugender Weise«.

Viele Jugendliche, hieß es weiter, leiteten aus der Erkenntnis
der »Fehler und Mängel das Recht ab, der Partei den Rücken
zu kehren«. Es sei sogar vorgekommen, dass sie »die Aufnahme in die Partei bewusst ablehnten«. Kurzum: Die Zahl
der jungen HJ-Mitglieder, die der Aufnahme in die NSDAP
gleichgültig gegenüberstünden oder sie ablehnten, sei »so
groß, dass sie nicht übersehen werden« dürfe, warnte der
Sicherheitsdienst der SS in einem geheimen Lagebericht für
die Parteiführung vom 12. August 1943.

Das »Tausendjährige Reich« der Nationalsozialisten war
schon dem Untergang geweiht, und Hitler gingen die Helden
aus. Eine Quote musste her. Hitlers Sekretär Martin Bormann
ordnete an, dass 30 Prozent der Jungen eines Jahrgangs in
die NSDAP übernommen werden sollten; mit einem Erlass
vom 11. Januar 1944 setzte er das Aufnahmealter für den Parteieintritt der Hitlerjungen von 18 auf 17 Jahre herab. Anfang
1944 richtete Reichsjugendführer Artur Axmann überall
Aufnahmefeiern aus, bei denen die dafür auserkorenen Angehörigen der Jahrgänge 1926 und 1927 in die NSDAP übernommen wurden.

Als halbe Kinder gerieten die Flakhelfer, Arbeitsdienstler
und Schüler in die Untergangsmaschine des »Dritten Reichs«.
Als 2007 die NSDAP-Mitgliedskarten von Martin Walser, Dieter Hildebrandt und Siegfried Lenz bekannt wurden, stand
auf einmal eine ganze Generation unter Generalverdacht.
»Man kann Sex haben, ohne zu penetrieren, Haschisch rau-
chen, ohne zu inhalieren – aber kann man auch Mitglied der
NSDAP gewesen sein, ohne es zu wissen?«, fragte die *Neue
Zürcher Zeitung* besorgt.[23] Die *Welt* druckte sogar eine Hit-

Kapitel 2

liste von Verdächtigen und spekulierte: »Was wird wohl noch herauskommen?«[24] Den Anstoß für die Enthüllungen hatte im Jahr davor Günter Grass mit seinem späten Bekenntnis gegeben, in der Waffen-SS gewesen zu sein. Wenn sogar der, wer nicht? Wer sonst noch hatte vergessen und verdrängt, wofür er sich als Jugendlicher gemeldet hatte oder wozu er genötigt worden war?

Die Namen lasen sich wie ein *Who's Who* aus Wissenschaft, Kunst, Politik und Medien: der SPD-Politiker Horst Ehmke, der Journalist Peter Boenisch, der Soziologe Niklas Luhmann (alle drei Jahrgang 1927), der Philosoph Hermann Lübbe, der Literaturwissenschaftler Wolfgang Iser (beide Jahrgang 1926) sowie der Bildhauer Günther Oellers und der Dramatiker Tankred Dorst (beide Jahrgang 1925).

Unterschriebene Aufnahmeanträge lagen in keinem Fall vor. Alle vier noch lebenden Beteiligten sagten mir, dass sie keine Erinnerung daran hätten, je einen Aufnahmeantrag gestellt zu haben. Boenisch, Luhmann und Iser waren bereits verstorben.

Trotz der eindeutigen Befunde der NS-Forscher Michael Buddrus und Armin Nolzen, die eine Parteiaufnahme ohne eigenhändig unterschriebenen Antrag für unwahrscheinlich halten, ist die Bedeutung der NS-Karteikarten bei einigen Historikern nach wie vor umstritten. »Es ist denkbar«, sagte der Historiker Hans-Ulrich Wehler, »dass bestimmte Gauleiter telefonisch durchgaben, dass die HJ-Führer, die noch da waren, angemeldet werden sollten.« Für die Jahrgänge 1926 und 1927 sei eine Aufnahme ohne Wissen der Beteiligten möglich gewesen. Empirische Beweise gibt es dafür aber noch nicht.[25]

Auch der Historiker Norbert Frei hielt unwissentliche Mitgliedschaften für möglich. »Es gab augenscheinlich beides: die strenge Ordnungsrhetorik des Aufnahmeprocederes und die schlampige Realität der Aufnahmen.«[26] Die NSDAP-Ent-

70

hüllungen über Walser, Hildebrandt und Lenz kommentierte Frei in einem Interview mit der *Zeit* so: »Es handelt sich hier um das ebenso traurige wie banale Geschehen, dass in der zweiten Kriegshälfte halbe HJ-Jahrgänge kollektiv in die Partei überführt wurden.«[27] Als ich Frei 2011 mit dieser Auffassung zitierte, versuchte der Historiker erfolglos, per anwaltlicher Klagedrohung eine Unterlassungserklärung und Gegendarstellung zu erreichen. Belege für seine Aussage, es habe kollektive Überführungen halber HJ-Jahrgänge in die Partei und unwissentliche Mitgliedschaften gegeben, blieb Frei bis heute schuldig.

Frei hatte bereits 2003 in einem Artikel für die *Zeit* eine Lanze für seinen akademischen Lehrer Martin Broszat (1926– 1989) gebrochen, den Nestor der NS-Forschung in der Bundesrepublik und langjährigen Leiter des Instituts für Zeitgeschichte in München. Damals war bekannt geworden, dass auch Broszat als NSDAP-Mitglied geführt worden war. Frei hielt es damals für »unwahrscheinlich, dass Martin Broszat von seiner Parteiaufnahme wusste«.[28] Als Indiz führte der Historiker Broszats Selbstauskunft von 1946 gegenüber der Universität Leipzig an: »Im Fragebogen für die Zulassung zum Studium antwortete er unter ›Waren Sie Mitglied der NSDAP?‹ mit ›nein‹; mit einer Falschaussage wäre er unter den herrschenden politischen Umständen ein hohes Risiko eingegangen.«[29] Das Argument erscheint angesichts der zahlreichen aktenkundigen Fälschungen und Flunkereien auf den neuen Lebensläufen der Nachkriegszeit wenig nachvollziehbar.

Auch ich bekam auf meine Artikel hin viele Zuschriften, darunter die einer Frau aus Erlangen, deren Vater 1947 an der dortigen Universität sein Studium aufgenommen hatte. Dem Schreiben beigefügt waren Entnazifizierungsunterlagen der Universität Erlangen, darunter ein Brief des Rektors vom 21. November

Kapitel 2

1947. Darin gab seine Magnifizenz den Studenten einen »guten Rat bezüglich der Ausfüllung künftiger Fragebögen«. Wörtlich mahnte der Rektor: »Einzelne von den Studenten, gegen welche die Militärregierung den Verdacht vorsätzlichen Verschweigens ihrer Parteizugehörigkeit erhoben hatte, denen aber dann ... vom Herrn Universitätsoffizier die Fortsetzung ihres Studiums gestattet worden war, haben bei der Ausfüllung des Personalblattes zu Beginn dieses Semesters die Frage nach der Parteizugehörigkeit wieder mit ›nein‹ beantwortet. Das kann bei einer neuerlichen Überprüfung zu neuen Schwierigkeiten führen. Es dürfte dann schwer sein, die Behauptung durchzufechten, dass der Betreffende von seiner Aufnahme in die Partei nichts erfahren hat.«[30] Der Rektor riet seinen Studenten, auf allen Fragebögen künftig die Frage nach der Parteizugehörigkeit weder mit ja noch mit nein zu beantworten und stattdessen auf einem Beiblatt darauf hinzuweisen, »dass sie während der Nazi-Zeit nichts Bestimmtes von ihrer Aufnahme in die Partei erfahren und erst im August 1947 von der Existenz eines auf ihren Namen lautenden Karteiblattes bei der Zentralkartei der NSDAP gehört haben, dass aber laut Mitteilung der Militär-Regierung Schweinfurt sich bei den Akten der NSDAP-Ortsgruppe Schweinfurt kein auf ihren Namen lautendes Karteiblatt findet.«[31]

Der NSDAP-Forscher Armin Nolzen hat die 1947 gedruckte Broschüre mit dem Titel »Who was a Nazi?« ausgewertet, die den amerikanischen Militärbehörden und deutschen Spruchkammern als Handreichung für Entnazifizierungsverfahren diente. Sie enthält auch Hinweise auf die Einstellung der betroffenen Deutschen: »Demnach betonten frühere ›Parteigenossen‹ immer wieder, ihre Organisationen seien automatisch der Partei einverleibt worden und sie hätten ihre Mitgliedschaft letztlich wider Willen erlangt. Niemals, so stellten die amerikanischen Bearbeiter fest, sei irgendeine

Organisation auf diese Weise in die NSDAP überführt worden. Dies gelte auch für HJ und BDM, deren Angehörige man weder kollektiv noch automatisch übernommen hätte. Im Gegenteil: Nur eine Minderheit der Jugendlichen sei für die Mitgliedschaft in der Partei vorgeschlagen worden, und jeder Kandidat habe seinen Aufnahmeantrag eigenhändig unterschreiben müssen.«[32]

Auch für seine Behauptung, dass die Aufnahmeprozeduren »schlampig« gehandhabt wurden, hatte Frei keine Beweise. Dem widersprechen das oben erwähnte Gutachten von Buddrus sowie die Erkenntnisse des Bundesarchivs und der Amerikaner, die sich nicht umsonst fünfzig Jahre lang mit den NS-Akten auseinandergesetzt hatten.

Zwar gibt es Hinweise, dass lokale NS-Chargen bei der Parteiwerbung unter Hitlerjungen eifrig vorgingen. Im November 1944 rügte die Reichsjugendführung »Überschreitungen von 50 bzw. gar 100 Prozent, wie sie in einzelnen Gebieten und Bannen bei der Aufnahme der Geburtsjahrgänge 1926 und 1927 vorgekommen« seien. Allerdings gibt es auch hier keine Anhaltspunkte dafür, dass die betroffenen Hitlerjungen ohne eigenes Wissen in die Partei aufgenommen worden wären.

Der Name des Schülers Horst Ehmke etwa findet sich auf einer Liste mit insgesamt 1895 Personen aus dem Gau Danzig-Westpreußen. Der spätere Justizminister in der Großen Koalition und Kanzleramtschef unter Willy Brandt soll laut Karteikarte am 10. Februar 1944 den Antrag auf Aufnahme in die NSDAP gestellt und am 20. April als Mitglied Nummer 9 842 687 aufgenommen worden sein. »Ich habe nicht gewusst, dass ich in der Kartei geführt werde«, sagte Ehmke mir damals, »und ich habe auch keinen Antrag gestellt.«

Allerdings liegt im Bundesarchiv auch ein Antwortschreiben des NSDAP-Aufnahme-Amtes vom 20. Mai 1944 an den

Kapitel 2

Reichsrevisor in Danzig. Darin wird die Ausstellung von nur
1892 Mitgliedskarten mitgeteilt. Die Anträge von drei Hitlerjungen wurden zurückgesandt, »da jeweils die eigenhändige
Unterschrift fehlt« – Ehmkes Name ging offensichtlich durch.

Auch Hermann Lübbe, dessen mutmaßliche NSDAP-Mitgliedschaft bereits früher im Gespräch war, konnte sich nicht
erinnern, je eine Unterschrift geleistet zu haben. Er wollte
es aber auch nicht ausschließen: »Ich habe nichts dagegen,
wenn mir jemand sagt, ich hätte das dann ja gut verdrängt«,
sagte mir der Philosoph, »aber von dieser Kategorie der Verdrängung Gebrauch zu machen heißt, sich abzuschneiden von
der Kenntnisnahme dessen, wie es in der Nazi-Zeit wirklich
gewesen war.«

Sicher fügten sich viele Jugendliche einer so empfunde-
nen Notwendigkeit oder dem Gemeinschaftsdruck; manche
mögen ihre Aufnahme als lästige Routine erlebt und vergessen haben, etwa wenn sie nach einer aufmunternden Rede
geschlossen zum Parteieintritt gedrängt wurden. »Alle dafür?
Jemand dagegen?« – das hätte mehr Eigenständigkeit verlangt,
als der Masse der 16- oder 17-Jährigen zuzumuten war.

Darin liegt das Dilemma der Debatte über Karteikarten
und Unterschriften: Nie schienen die Heutigen weiter davon
entfernt, zu wissen, »wie es wirklich war«, als im Fall der nun
80-Jährigen, dieser Generation, die nach dem Zusammenbruch die Bundesrepublik aufbaute und bis heute prägt.

In ihrer persönlichen Geschichte, schrieb der Soziologe
Heinz Bude, spiegele sich die Geschichte Nachkriegsdeutschlands: »Sie waren dem Schuldzusammenhang der deutschen
Geschichte gnädig entronnen und spürten doch ihre Verstrickung darin: hoffnungslos dazwischen.«[33]

Nun wird die kollektive Erinnerung von Karteikarten
eingeholt, deren Aussagewert unklar ist und die nichts über

individuelle Schuld oder Verantwortung oder Leichtfertigkeit aussagen. Die NS-Bürokratie funktionierte gut und liefert bis heute archivalische Altlasten.

Das hat der SPD-Mann Ehmke schon einmal erfahren, als ihm bei einem Besuch der Wehrmachtsauskunftsstelle seine Krankenakten mit oral und rektal gemessenen Fieberdaten aus dem Feldlazarett präsentiert wurden: »So sind die Deutschen, hat meine Prager Frau da zu mir gesagt, sie machen die ganze Welt kaputt und sich selbst«, erzählt Ehmke. »Aber die Akten, oral und rektal, die sind da.«

Kapitel 3

Jungen, die übrig blieben

Pinkeln beim Führereid: Erich Loest

Die Treue zum Führer endete für den 19-jährigen Erich Loest im Mai 1945 so, wie sie neun Jahre zuvor begonnen hatte: Er spürte das überwältigende Bedürfnis, seine Harnblase zu entleeren.

Seine Werwolfeinheit war von den Amerikanern überrollt worden, und ein Bauer hatte die Jungen in einer Scheune versteckt. Dort lagen sie mit ihren Handgranaten und Maschinenpistolen auf dem Heuboden und träumten vom Endsieg, als der Bauer sie am nächsten Morgen mit der Nachricht weckte, dass Hitler gefallen sei. Da blieb die Welt stehen. Hitler war tot – das hieß: Der Krieg war aus und verloren.

»Das war bisher nicht vorgekommen in meinem Weltbild«, erinnert sich der 85-Jährige an den Beginn seines zweiten, neuen Lebens. »Da lag ich und dann hörte ich, wie auf dem Bauernhof das Leben losging. Da wurde eine Türe geschlagen, da klapperte ein Melkeimer. Und ich musste dringend schiffen. Also bin ich aufgestanden und habe den Balken runtergeschifft. Und das war Leben, die erste Form. Ich lebte weiter.«[1]

Das andere, frühere Leben hatte neun Jahre zuvor, am 20. April 1936 begonnen. Damals war der frisch in Braunhemd und schwarze Hosen eingekleidete Erich vom »Platz der SA« in Mittweida mit seinen neuen Kameraden zum Schützenhaus marschiert, wo die Kinder feierlich ins Jungvolk aufgenommen wurden. Die Zeremonie wäre fraglos noch würdiger gewesen, hätte der Zehnjährige nicht schon beim Aufmarsch den Druck in seiner Blase verspürt und sich kurz drauf in höchster Not aus Reih und Glied gestohlen, um sich abseits der Parade zu erleichtern: »Das Glück dabei war größer als jedes andere an diesem Tag«, erinnert sich Loest in seiner Autobiografie. »Draußen im Saal schworen hundert Jungen ihrem Führer die Treue, im Abort für MÄNNER stand der kleine Loest, das Pimmelchen durchs Bein der Kordhose gezwängt, und alles wurde gut.«[2]

Natürlich wurde nichts gut. Heute schmunzelt Loest, wenn er sich an die Vereidigung als Zehnjähriger erinnert, »wie ich im heiligsten Augenblick mit dem Führer pinkeln musste«.[3] Doch damals zählte ihr Leben nicht mehr viel, außer als Heldenopfer fürs Vaterland. »Die Fahne ist mehr als der Tod« war das Lied der Hitlerjugend.

Die nächsten neun Jahre wurde Loest wie alle Hitlerjungen seiner Generation auf blinden Gehorsam getrimmt: zäh wie Wiesel, flink wie Windhunde, hart wie Kruppstahl. Ein deutscher Junge weint nicht. Ein deutscher Junge zeigt keine körperlichen Schwächen. Der Irrsinn der Verblendung fiel erst mit Hitlers Tod von ihnen ab. Damals, auf dem Heuboden, wurde ihm auf einmal bewusst: »Ich lebe noch. Ich schiffe, also lebe ich«, beschreibt der 85-Jährige das Gefühl mit einem schelmischen Funkeln in den Augen. Ein Satz, der von Luther sein könnte. Piss off, Adolf.

Wie fing das alles an? Ein bürgerlich-nationaler Haushalt, der Vater leitete ein Eisenwarengeschäft in Mittweida, der Sohn ging auf die Oberschule. Die Familie war eher unpolitisch. Die Eltern wählten Hitler. Doch als der Vater ein »arisiertes« Geschäft günstig zur Übernahme angeboten bekam, lehnte er ab. Er hätte dafür in die NSDAP eintreten müssen. Das dann doch nicht.

Jungen, die übrig blieben

Es war ein Milieu, das den Nazis nicht lange Widerstand leistete, sondern sich schnell mit den neuen Machthabern arrangierte: »Kein Wörtchen gegen die Nazis hörte L. in den Häusern seiner Freunde.«[4] Die meisten Väter waren NSDAP-Mitglieder, die entweder schon vor 1933 aus Überzeugung eingetreten waren oder danach, um dem wirtschaftlichen Aufschwung Rechnung zu tragen. In den Spinnereien, Steinbrüchen und der Metallindustrie von Mittweida herrschte Vollbeschäftigung, auch weil die örtlichen Fabriken Millionen Blechabzeichen und anderen Nazi-Tinnef stanzten, um damit Weihnachtsbäume oder die hitlertreue deutsche Jugend zu dekorieren.

Loest sieht sich im Rückblick bestenfalls als »pünktlichen Pimpf«, der in Wirklichkeit aber eher Mädchen, Schlagermusik und Zigarettenbilder im Kopf hatte und liebend gerne am heimischen Esstisch Sonntagskarpfen oder Schnitzel gegessen hätte, statt im staatlich verordneten Sommerlager Erbsensuppe aus Blechnäpfen zu löffeln.

Trotzdem stieg der junge Erich bald zum Jungenschaftsführer mit Koppelschloss und Sig-Rune um den dünnen Bauch auf. Der 13-Jährige musste nicht lange überlegen, als ihn sein Jungvolkführer fragte, ob er fortan zehn frisch aufgenommene Zehnjährige führen wollte. »Er sagte sofort ja, und in diesem Augenblick war sein Verhältnis zur HJ gewandelt, jetzt war er nicht mehr Masse, sondern ein Führerchen, trug Verantwortung und Schnur, hatte den Fuß auf die unterste Sprosse der Himmelsleiter gesetzt, an deren Spitze der Führer stand.«[5]

Jugend führt Jugend, so hatte die verführerische Losung Hitlers gelautet. Auch der ehrgeizige Erich erkannte, dass es für sich und seinesgleichen in diesem Staat kein Glück im dritten Glied gab: »Es gab nur begeisterte Hitlerjugendführer.«[6]

79

Kapitel 3

Von da an folgte er vielleicht nicht immer willig, aber stets zuverlässig dem vorgezeichneten Pfad.

Am 20. April 1939 reiste Loest mit seinem Vater nach Berlin, um an den Feierlichkeiten zu Hitlers Geburtstag teilzunehmen. Der 13-jährige kleine Führer ging auf in der jubelnden Masse vor der Reichskanzlei. Heil, Heil, Heil. Die Arme hoch. Ein Volk, ein Reich, ein Führer. »Er war Teil der Macht.«[7]

Es war ein Phänomen. Noch Jahrzehnte später konnte der gestandene Schriftsteller nicht vergessen, wie dieses Gefühl der Macht ihn verwandelt hatte, wie er am eigenen Leib erlebt hatte, »dass sich Menschen, die keine Macht besaßen und vielleicht auch keine wollten, mit einem Schlag änderten, wenn ihnen Macht in den Schoß fiel, und wäre sie noch so gering«.[8] In Uniform und rot-weißer Führerschnur änderte sich auf einmal der seelische Aggregatzustand des »dünnen Loestchens«, das nun schon 35 Jüngelchen befehligte und auf der Straße ehrerbietig von Wildfremden gegrüßt wurde.

Fünf Jahre nach dem Ende des »Dritten Reichs« verarbeitete Loest seine Erlebnisse im Krieg und die erste Zeit im besetzten Nachkriegsdeutschland in dem Roman *Jungen, die übrig blieben*. Er erzählt darin vom Fanatismus der jungen Soldaten, dem Grauen des Tötens und dem bösen Erwachen, als die 18-Jährigen plötzlich erkennen, wie verbrecherisch die Forderung nach dem »heldenhaften Untergang« war.[9] Doch Loests Roman ist in erster Linie ein Antikriegsroman. Die politisch-moralischen Verletzungen der Jungen, die wie er nach dem Untergang von Hitlers System übrig blieben – sie kommen nur am Rande vor.

Den Roman über die Hitlerjugend, der immer mal wieder in ihm rumorte, hat Erich Loest nie geschrieben. »Jeder Schriftsteller plagt sich mit seinen eigenen weißen Flecken herum.«[10] Manche Autoren wie Günter Grass oder Martin

Walser haben um ihre heimlichen weißen Flecken herum epische Weltkarten gezeichnet – und das Geheimnis bewachten die Löwen.

Erich Loest fehlte die Fabel für eine fiktionale Erzählung, aber auch ihn beschäftigte das Ungenannte. Also berichtete er von der Unsicherheit der eigenen Erfahrungen im »Dritten Reich« in seiner Autobiografie *Durch die Erde ein Riß*.

Die schonungslose und hellsichtige Selbstreflexion des Chronisten Erich Loest ermöglicht uns heute, die Mechanismen der Verführung im »Dritten Reich« und die Gründe für das spätere Verdrängen der Verführten besser zu verstehen. Viele der jungen NSDAP-Mitglieder aus der Flakhelfer-Generation, um die es in diesem Buch geht, hatten Führungsfunktionen im Jungvolk inne.

Loest wurde 1942 mit Silberlitze, Achselklappen und Offiziersmütze dekoriert und durfte als Fähnleinführer 120 Jungen kommandieren. Jedes Jahr testete die Kreisleitung Jungvolkmänner auf ihre Eignung für zukünftige Führungsaufgaben. Die klügsten, aufgewecktesten, fleißigsten und härtesten Jungen versammelten sich in der Jugendherberge, damit die künftige Elite des Reichs gemustert werden konnte: »die Gau- und Kreisleiter der Jahre 1970 und 1980, die Reichskommissare für Krim und Kaukasus, Burgund und Brabant«.[11]

So sah sie damals aus, die Zukunft. Loest war dabei, er half bei der Auswahl der Elf- und Zwölfjährigen, die im Schwimmbad von Chemnitz ihren Mut beweisen sollten und noch mehr ihre Bereitschaft zum fraglosen Gehorsam: »Wie viele von ihnen hätten später, wären sie nicht 1945 von sich selber befreit worden, auf Befehl Juden erschossen?«[12]

Loest kämpfte noch im April 1945 mit einigen tapferkeitssüchtigen Kameraden im »Werwolf« gegen die anrückenden Alliierten. Die Vorstellungskraft von Hitlers letzten Helden

Kapitel 3

reichte nicht für eine deutsche Niederlage: »Sie fürchteten noch nicht einmal Gefangenschaft, Elend, Hunger, Austreibung, für sie war die sieglose Zukunft absolute Schwärze, sie würden nichts sein, nichts würde sein.«[13]

Wenn die Korruption der Jugend durch die Macht im Führerstaat so schleichend funktionierte, wie Loest sie beschreibt – ist es dann ein Wunder, dass der Zusammenbruch 1945, der totale Machtverlust einer auf Führerschaft gedrillten Generation auch die seelischen Uhren wieder auf null zurückstellte?

Schnell verkapselte sich das Gefühl der Scham. Den Jungen half dabei der allgemeine Wunsch aller Deutschen, die Vergangenheit schnell zu vergessen. Sie bekamen weder Gelegenheit zur Aussprache noch die Chance, ihre kleine Schuld zu offenbaren. Auch der 18-jährige Loest ließ das »Dritte Reich« nach dem Mai 1945 schnell hinter sich, indem er sich einfach selbst nicht mehr danach fragte: »War er noch Nazi? Er wurde nicht danach gefragt. Eine Kruste bildete sich: Schuld bin nicht ich, und wenn schon, das bisschen. Als Fähnleinführer hier und da strafexerzieren lassen, das bisschen.«[14]

Traumwandlerisch waren die Flakhelfer dem vorgezeichneten Pfad gefolgt. Keine Frage, dass die zivile Realität nach dem bösen Erwachen nicht mehr mit jener der mittlerweile Erwachsenen übereinstimmen konnte. Was damals letztlich nur ein folgerichtiger Schritt von vielen war – der Eintritt in die NSDAP –, konnte die schamvoll nachholende Erinnerung der Ohnmächtigen nur als undenkbar vergegenwärtigen. Abenteuerspiele im Jungvolk? Das war vorstellbar. Macht und Parteimitgliedschaft? Das nicht. Doch beides gehörte, wie Erich Loest zeigt, von Anfang an zusammen.

Schonungslos wie das Auge der Kamera ist der nüchterne Blick des Chronisten. Klick, Klick, Klick macht der Apparat der Erinnerung. »Ein Familienalbum ist Wahrheit, Last,

Jungen, die übrig blieben

Druck. Man kann keine Hakenkreuzfahnen von Geburtshäusern holen.«[15] Das Silber auf der Schulterklappe, das Schießabzeichen an der Brust, die Parteiabzeichen am Revers der Schulfreunde. Die sind nur ein Jahr älter, aber schon in der NSDAP.

Und die Erinnerung sieht sogar, was selbst der Kamera verborgen blieb: Auch der junge Loest trägt manchmal schon das NSDAP-Abzeichen. Er hat es geborgt von einem Klassenfreund und steckt es sich an, wenn er im Kino Filme sehen will, die erst für Zuschauer über 18 zugelassen sind. »Das fotografierte niemand.«[16] Doch irgendwo bewahrte sich dieses Bild im Album der Erinnerung auf als Anekdote, vielleicht auch als Ersatz für ein echtes Foto, das den Jungen mit seinem eigenen Parteiabzeichen zeigt.

Denn auch der Schriftsteller Erich Loest wurde als 18-Jähriger Mitglied der NSDAP. »Ich muss wohl unterschrieben haben«, sagt der 85-Jährige achselzuckend, als das Gespräch in seiner Leipziger Wohnung auf seine Mitgliedskarte kommt. Über das Abstreiten mancher seiner Altersgenossen kann sich der alte Erich Loest nur wundern: »Das Ding mit der Verdrängung muss bei vielen Leuten klappen.«

Auch bei ihm selbst klappte es – eine Zeitlang. Loest gehört zu den wenigen seiner Generation, die nicht nur zu ihrer NSDAP-Mitgliedschaft stehen, sondern auch zu der Tatsache, dass sie diese lange Zeit verdrängt oder gar vergessen haben. Denn auch er konnte sich zunächst nicht an seinen Parteieintritt erinnern.

Im November 2009 erhielt der Schriftsteller einen Brief des Bundesarchivs in Berlin, das mit den Akten des ehemaligen amerikanischen Document Center auch die Zentrale Mitgliederkartei der NSDAP übernommen hatte. Aufgrund einer journalistischen Anfrage, teilte ihm das Archiv mit, sei eine

83

Kapitel 3

auf seinen Namen ausgestellte Mitgliedskarte entdeckt worden. Da war es schwarz auf weiß: Erich Loest, Parteigenosse Nummer 9 986 544, Aufnahme beantragt am 10. Februar 1944, erfolgt am 20. April 1944.

»Also doch«, kommentierte Loest die Nachricht in seinem Tagebuch. Denn bereits zwei Jahre zuvor hatte ihn, als einige andere Fälle publik wurden, ein Gefühl beschlichen, als ob da bei ihm etwas im Keller läge, was lange verschlossen gewesen war. »Als Dieter Hildebrandt, Walter Jens und Dieter Wellershoff ihre diesbezüglichen Probleme offenlegten oder verharmlosten, waren in mir eigene Erinnerungen geweckt worden. Mal sehen, ob und was der fündige Journalist daraus macht.«[17]

Der Journalist war ich, und ich machte erst einmal gar nichts draus. Ein Grund dafür war, dass die Veröffentlichung von NSDAP-Mitgliedschaften prominenter Flakhelfer von eilfertigen Medien schnell zur Sensationsmache missbraucht wurde – im positiven wie im negativen Sinne. Entweder wurde die neu entdeckte Mitgliedschaft großmäulig als Skandal nachgeplappert oder die bloße Nachricht bereits als Versuch einer Schmutzkampagne diffamiert. Dabei spielte es keine Rolle, wie differenziert ich – auch im Gespräch mit den Betroffenen – in meinen Artikeln dem Geheimnis der verschwiegenen und vergessenen Mitgliedschaften nachzugehen versuchte. Was zählte, schien allein die Wünschbarkeit der Information.

Da es mir nicht um billige Schlagzeilen ging, nahm ich mir vor, der Sache erst durch weitere intensive Recherchen auf den Grund zu gehen und dann das Gespräch mit Loest zu suchen. So störte es mich auch nicht, als er mir zuvorkam und 2011 im passend betitelten Interviewband *Geschichte, die noch qualmt* selbst als Erster seine Geschichte erzählte: »Ich habe mich selbstverständlich als NSDAP-Mitglied beworben, wurde

84

aber drei Wochen später zum Militär eingezogen. Nun galt die Regel, dass in der Wehrmacht jede NSDAP-Mitgliedschaft ruhte. Auf meinen Antrag erhielt ich keine Rückmeldung. Als ich dann später aus der Gefangenschaft zurückkam, ging ich in Mittweida zum Meldeamt, wo sie eine Liste über NSDAP-Mitglieder führten. Ich fragte, ob ich noch aufgenommen worden wäre. Es fand sich nichts. Prima, dachte ich, eine Schwierigkeit weniger.«[18]

Damals konnte Loest nicht wissen, dass die NSDAP-Mitgliederkartei in den qualmenden Ruinen der Geschichte überlebt hatte. Als er die Mitteilung des Bundesarchivs erhielt, zögerte er keinen Augenblick, sich dazu zu bekennen und sein Schweigen zu erklären: »Ich bin also doch Mitglied der NSDAP gewesen. Das konnte ich nicht in meine Bücher aufnehmen, auch nicht in *Durch die Erde ein Riß*, weil ich es schlichtweg nicht wusste.«[19]

Zwar hatte Loest nie erwähnt, dass er sich daran erinnern konnte, den Aufnahmeantrag gestellt zu haben. Aber genau das hätte er nun wie so viele andere leugnen können, die sich nach dem Auftauchen ihrer Mitgliedskarte als letzte Rettung auf das Nichtvorhandensein des unterschriebenen Aufnahmeantrags beriefen und jede Mitgliedschaft abstritten. In beiden Fällen handelt es sich um Formalien. Der entscheidende Unterschied ist, wie die Betroffenen damit umgingen. Indem sie wie Walter Jens »herumeiern«, wie Loest es in unserem Gespräch nennt, vielleicht einen Wisch unterschrieben haben wollen, »und dann werden Artikel völkischster Art gefunden, die er geschrieben hat«. Oder indem sie sich nüchtern dazu bekennen wie der 85-jährige Erich Loest: »Dieser Fakt ist in meinem Lebenslauf nachzutragen.«

Dann räumt er mit ein paar noch heute gängigen Mythen über die angeblich verhassten Nazifunktionäre auf: »Die SA-

Kapitel 3

Führer in der Stadt waren zum Teil sehr geachtete und tüchtige Leute.« Das ist nicht als Beschönigung gemeint. Es ändert nichts an dem moralischen Urteil über die Täter des Nationalsozialismus. Aber vielleicht an dem über all die anderen Deutschen von damals, die mit diesen Tätern ja nie etwas zu schaffen gehabt haben wollen.

In seiner Autobiografie wirft Loest einen nüchternen Blick auch auf die Nazis, die seine Jugend prägten. Er zeigt, dass man auch mit der Graupalette klare Umrisse zeichnen kann. Zum Beispiel der Schuldirektor Lehnert. Alter Kämpfer, NSDAP-Mitglied vor 1933, ein Nazi durch und durch: »es geht nicht an, ihm nachträglich eine Mitläuferbescheinigung auszustellen«.[20] Mittweidas HJ-Führer aber, die er mit politischen Schulungen auf ihre geplante Mitgliedschaft in der Partei vorbereitete, verehrten ihn. Für sie war er kein brauner Pfau, sondern ein Vorbild. »Er war nicht der fette grölende Säufer, den Bücher und Filme mit kleiner Münze darstellen, und nicht der Saalschlachttyp der Kampfzeit. Er war korrekt, gerecht, spartanisch.«[21]

Indem Loest sich der Schwarzweißmalerei und den nachholenden Legenden von peinlichen Goldfasanen in Uniform verweigert, erschließt er die gefährliche Faszination, mit der nationalsozialistische Vorbilder der Jugend die Köpfe verdrehten: »Für diesen Mann ging eine ganze Schule durchs Feuer. Er war Kathedertäter.«[22] Das heutige Wissen um die Verbrechen des Nationalsozialismus macht diese Faszination nicht ungeschehen, sondern nur umso schwerer erträglich.

Denn die törichte Verehrung Hitlers durch die meisten Deutschen mag sich nach jahrzehntelangem volkspädagogischen Bemühen in aufgeklärte Abscheu verkehrt haben. Aber ganz sicher kann man da nie sein.

Als die Kuratoren des Deutschen Historischen Museums 2010 eine Ausstellung über »Hitler und die Deutschen« zeigten, rannte ihnen das Publikum in Berlin-Mitte die Türen ein. Man hatte lange nicht gesehene Exponate aus den dunkelsten Ecken des Museumsdepots gekramt: Nazi-Nippes, der mal groß in Mode gewesen war, Untertassen mit SS-Runen, Führer-Kartenspiel und Hakenkreuzlampions. Die vorzüglich kuratierte Schau stellte der Führer-Faszination die Verbrechen gegenüber, zu denen sich die Deutschen durch Hitler hatten anstiften lassen.

Doch ganz geheuer war die Sache auch den Ausstellungsmachern nicht. Im Interview erklärte Kuratorin Simone Erpel, warum Hitlers Dinner-Jacket nicht zu sehen war: »Solche Berührungsreliquien bergen die Gefahr eines Führerkults. Auch wenn Hitler so etwas nur einmal angezogen hat. Es soll aber Distanz zwischen Besuchern und Hitler gewahrt bleiben. Auch das angebliche Schädelfragment Hitlers aus Moskau zeigen wir nicht. Das würde ja auch nichts zum Erkenntnisgewinn beitragen.«[23]

Fünfundsechzig Jahre Vergangenheitsbewältigung hin oder her, offensichtlich steht noch heute zu befürchten, dass in Sachen Hitler bei den Deutschen die böse Faszination stärker wirken könnte als der volkspädagogische Erkenntnisgewinn.

Und das ist vielleicht eines der größten Missverständnisse der Nachkriegszeit: dass wir inzwischen so viel aus der Geschichte gelernt hätten, dass sie sich nie wiederhole, dass aber gleichzeitig die Quellen dieser Geschichte nach wie vor als so gefährlich gelten, dass sie besser im Giftschrank verschlossen bleiben.

Erich Loest erinnert sich an die Anziehungskraft des Nazi-Nippes nur zu gut. Der Führer kam zwar nie nach Mittweida, aber im Kinderzimmer des kleinen Erich war er trotzdem präsent: als sieben Zentimeter großes Hitlerchen aus Zinn, das sogar den Arm strecken konnte. »Naziherz, was willst Du mehr?«, brummt Loest bitter. »So wie ich waren 90 Prozent. Wir wären nie auf den Gedanken gekommen, uns aufzulehnen.«

Natürlich sei er mit Begeisterung bei der Sache gewesen, genau wie seine Altersgenossen in Jungvolk und HJ: »Wir waren kluge, energische, ehrgeizige Jungs. Da war es selbstverständlich, dass wir in die Partei eintreten, wenn wir dazu aufgefordert wurden.«

Ist es wirklich so unbegreiflich, wenn talentierten und ehrgeizigen jungen Gymnasiasten in einer Diktatur der Eintritt in die allgegenwärtige Staatspartei als legitime Karriereoption erscheint? Vielleicht scheint es das erst im Licht späterer Kenntnisse über die Verbrechen dieses Regimes und seiner Partei zu sein. Vielleicht nur aus der Sicht der Nachgeborenen, die die Folgen totalitärer Indoktrination nie am eigenen Leib erlebt haben.

»Und sie werden nicht mehr frei ihr ganzes Leben« – so hatte sich Hitler die nationalsozialistische Indoktrination der Jugend vorgestellt. Er hat recht behalten. Noch als alten Männern klingt den ehemaligen Hitlerjungen das Echo des »Dritten Reichs« manchmal in den Ohren. Da erwischt sich ein Günter Grass dabei, wie er beim Rasieren das HJ-Lied «Die Fahne flattert uns voran« summt. Da liegt ein Erich Loest um Mitternacht wach, hört die Nationalhymne im Deutschlandradio, dann lauscht der Chronist in die Stille: »Nach einer Pause von anderthalb Sekunden meint sein Ohr, es müsste weitergehen im Stampfrhythmus, wie es tausendmal weiterging mit dem Horst-Wessel-Lied, härter jetzt, kämpferischer, nicht mehr weihevoll: Tam tam tam tam! Die Dauer dieser Pause ist eingeschliffen wie die Fortsetzung. Vernunft und die Strecke eines halben Lebens kommen dagegen nicht an.«[24] Das hört nie auf, nie hört das auf.

Und niemand hat dieses Konzert der Erinnerung eindrucksvoller arrangiert als ein weiterer Angehöriger der Flakhelfer-Generation: der Komponist Hans Werner Henze.

Das doofe Dur der Angepassten: Hans Werner Henze

Es war ein schauerliches Blechmusikgewitter, das sich am 24. Februar 1993 über das Publikum in der Kölner Philharmonie entlud. »Blasmusik von der schlimmsten Art« – so befand nicht etwa ein erboster Kritiker, sondern der Komponist selbst. Die Musik seines damals in Köln uraufgeführten Requiems solle den Zuhörern durch Mark und Bein gehen, schreibt Hans Werner Henze in seinen Erinnerungen *Reiselieder mit böhmischen Quinten*: »Es soll bewusstgemacht werden, dass das Vokabular der Unmenschen noch immer in Gebrauch ist, die Herzen vergiftet, die Begriffe von Würde und denkerischer Schönheit und schöngeistigem Denken herunter in den Schmutz des Allgemeingebräuchlichen und der Genügsamkeit zieht.«[25]

Mit der deutschen Vergangenheit hat es sich der 2012 verstorbene Komponist Hans Werner Henze, der als 17-Jähriger erst in den Arbeitsdienst und dann in die Wehrmacht verpflichtet wurde, nie leicht gemacht. Sein Werk, so hat es Henze immer wieder selbst nahegelegt, sei als Warnung vor dem Vergessen der Naziverbrechen, als musikalisches Eintreten für Frieden, Gerechtigkeit und Menschlichkeit zu verstehen: »Weltlich, multikulturell und brüderlich.« Aus vielen Stücken des – neben Karlheinz Stockhausen – berühmtesten und einflussreichsten deutschen Komponisten der Nachkriegszeit tönt laut vernehmlich das »Nie wieder«. Sein Komponieren, erklärte Henze noch vor wenigen Jahren in einem gro-

Kapitel 3

ßen Interview, sei »Trauerarbeit«, die Erinnerungen kämen manchmal wie Fieberschübe oder Albträume über ihn. Das Verfassen von Musik – für Henze eine Selbstkonfrontation bis hin zur Veräußerlichung und Preisgabe.

Ob in Partitur oder Politik: Hans Werner Henze war zweifellos einer der engagiertesten deutschen Komponisten nach dem Zweiten Weltkrieg. Er setzte sich für den Sozialismus auf Kuba ein, nahm den durch das Attentat schwer verletzten Rudi Dutschke in seiner italienischen Villa auf, machte Wahlkampf für Willy Brandt. Seine 1997 uraufgeführte 9. Sinfonie widmete er »den Helden und Märtyrern des deutschen Antifaschismus«. In seiner Autobiografie stellte sich der ehemalige Wehrmachtssoldat Henze mit behendem Wir neben die Widerstandskämpfer in Anna Seghers' Roman *Das siebte Kreuz*, auf dem seine Sinfonie beruht: »Wir identifizieren uns mit diesen unseren Landsleuten von damals, errichten ihnen, den vergessenen Helden des Widerstands, ein neues Denkmal.« Während Günter Grass, Jahrgang 1927, der trägen Nachkriegsliteratur mit seiner *Blechtrommel* eins auf den Kopf gab, mischte Henze die Musikwelt auf. Gegen das »doofe Dur der Angepassten« setzte er seine Musik: ein Mahner in Moll.

Wie ein kakophonischer Kontrapunkt musste da die Entdeckung erscheinen, die ich 2009 in einem Keller des Bundesarchivs in Berlin machte. In der dort aufbewahrten NSDAP-Mitgliederkartei fand ich eine Karteikarte, die den angehenden Komponisten mit der Nummer 9 884 828 als Parteimitglied der NSDAP verzeichnet. Laut Auskunft des zuständigen Abteilungsleiters im Bundesarchiv, Hans-Dieter Kreikamp, wurde die Parteiaufnahme am 18. Januar 1944 beantragt und erfolgte gemäß Anordnung 1/44 des Reichsschatzmeisters der NSDAP (Aufnahme von Hitlerjungen der Jahrgänge 1926 und 1927) am 20. April 1944. Ein unterschriebener Aufnahmeantrag liegt nicht vor.

Allerdings findet sich der am 1. Juli 1926 in Gütersloh geborene Hans Werner Henze auf einer namentlichen Liste von 500 NSDAP-Aufnahmescheinen, die am 15. März 1944 von der Gauleitung Südhannover-Braunschweig an die Reichsleitung in München gesandt wurden. In einem Schreiben vom 7. Juni 1944 an die Gauleitung Hannover beanstandet das Aufnahme-Amt der NSDAP-Reichsleitung das Fehlen einer eigenhändigen Unterschrift eines der 500 Antragsteller auf dieser Liste. Doch dabei handele es sich nicht um Henze, so Kreikamp, »dessen Aufnahmeantrag somit unbeanstandet blieb«. Für Kreikamp steht fest: »Ohne Schriftzug im Feld ›eigenhändige Unterschrift‹ auf diesem Formular wäre das Aufnahmeverfahren andernfalls nicht durchgeführt worden.«

Als ich Henze 2009 anrief, wollte er, der nach dem Krieg im italienischen Exil der Kommunistischen Partei Italiens beigetreten war, von einer NSDAP-Mitgliedschaft nichts wissen: »Ich erinnere mich nicht, jemals den Wunsch verspürt zu haben, der NSDAP beizutreten«, sagte der Komponist am Telefon. Seine »phantomatische Mitgliedschaft« müsse wohl ein Geburtstagsgeschenk der Gauleitung Südhannover-Braunschweig an Hitler gewesen sein.

War Hans Werner Henze, der nie einen Aufnahmeantrag unterschrieben zu haben behauptet, ein »Ausgesuchter«, der ohne eigene Unterschrift in die NSDAP aufgenommen wurde? Könnte sein Vater den Aufnahmeantrag für das älteste von sechs Kindern ausgefüllt haben, ohne es dem Jungen mitzuteilen? Die Familienkorrespondenz im Sacher-Archiv hat Henze mit einer Sperrfrist von einem halben Jahrhundert nach seinem Tod belegt. Ob auch er in Feldpostbriefen von seiner Parteiaufnahme erfahren hat, wird man also frühestens dann feststellen können – oder auch nicht, denn auch diese Unterlagen könnten nach dem Krieg mit anderen unangenehmen Dokumenten »verschwunden« sein.

Henze erwähnt in seinen Memoiren etwas kryptisch, dass seine frühesten Kompositionen nach dem Krieg noch vorhanden gewesen, »dann aber mit verschiedenen anderen Jugendsünden bei einem seiner vielen Umzüge irgendwo verschütt gegangen« seien.[26] Hinter dieses Bekenntnis setzte der Memoirenschreiber Henze den Ausruf: »tant mieux« – umso besser.

Seinen Vater, den Lehrer Franz Henze (1898–1945), beschreibt der Komponist als überzeugten Nationalsozialisten, der für ihn, den heimlich Hindemith-Partituren studierenden, homosexuellen, linkshändigen Außenseiter, zum Inbegriff des totalitären NS-Regimes wurde. »Mein Hass auf den Vater«, erzählt der Komponist, »verschränkte sich mit dem Hass auf den Faschismus und übertrug sich auf die Nation der Soldaten, die mir als eine Nation von Vätern erschien.« Noch 30 Jahre nach Franz Henzes Tod plagten seinen Sohn »Magenkrämpfe bei Erinnerungen an den Vater, die nun unentwegt heraufkommen aus dem großen schwarzen Teich des Vergessens«.

Dunkelt mit der archivalischen Hinterlassenschaft des NS-Regimes auch die Erinnerung an lange Verdrängtes auf? An die tragische Verstricktheit einer Generation, die in ihrer Jugend unwillkürlich in den Dienst des Terrorregimes geriet? »Es kommt einem so vor, als ob irgendwelche bösen Geister aus der Finsternis auftauchen« sagte Henze 2009 über seine Mitgliedschaft in der NSDAP.

Sein früher Antifaschismus, schrieb der Komponist in den 1970er Jahren, sei aufgrund des Vaters eher psychisch als politisch motiviert gewesen. In der Tat fehlt es in seiner Autobiografie nicht an Anekdoten über die angeblich regimekritische Haltung und den Antimilitarismus des jungen Arbeitsdienstlers und Wehrmachtsrekruten Hans Werner Henze, der in Magdeburg zum Panzerfunker ausgebildet wurde und dann in geheimer Mission als Soldaten-Schauspieler mit einer Filmtruppe fingierte Fronteinsätze für die Wochenschauen drehte, bis das »Dritte Reich« endgültig zusammenbrach.

Weniger eindeutig klingt die Dankesrede, die Henze zur Verleihung der Ehrendoktorwürde 1997 an der Universität Osnabrück hielt: »1945, am Ende des totalen Zweiten Weltkriegs dann, saßen wir auf den Trümmern, zählten und begruben die Leichen, beweinten sie und bedauerten unser kollektives Versagen gegenüber der Diktatur, unser Mitläufertum und unseren kollektiven Mangel an Zivilcourage … Es musste eine völlig Revision des Denkens stattfinden. Sie musste anfangen mit dem kollektiven Eingeständnis einer kollektiven Schuld. Es fand eine Katharsis statt – bei Einzelpersonen, nicht bei allen!«[27]

Neben die Scham über das kollektive Versagen tritt hier eine auffällige Betonung der individuellen Sühne – ein Erlösungsthema, das in Henzes autobiografischen Schriften immer wieder auftaucht. Das Ende der nationalsozialistischen Herrschaft, schrieb der Komponist schon 1963 in einem Aufsatz über »Musik als Resistenzverhalten«, habe den Anfang einer neuen Zeit bedeutet, »in der den Unschuldigen, den Reinen, und auch den in Reue Gereinigten, erlaubt sein würde, Freies, Entferntes, in den Menschen unerkannt schlafende Möglichkeiten von Noblesse zu empfangen«.

Die lebenslange musikalische Resistenz des Komponisten, das beharrliche Eintreten in Wort und Ton für Frieden, Menschlichkeit und Gerechtigkeit – vielleicht muss man sie als nachgeholten Widerstand einer ganzen Generation von Künstlern und Intellektuellen verstehen, als Sühne der eigenen Scham und als Wiedergutmachung für das Unrecht einer ver-

Kapitel 3

ratenen Jugend. Um individuelle Schuldzuweisung jedenfalls kann es bei der Diskussion um die mutmaßliche Parteimitgliedschaft von damals 17- und 18-Jährigen nicht gehen, auch nicht im Fall Hans Werner Henzes. Nur um das Verstehen.

Vergessen, aber nicht vergangen: Iring Fetscher

Lange vor Sigmund Freud hat der Philosoph Friedrich Nietzsche beschrieben, wie Verdrängung funktioniert: »Das habe ich getan, sagt mein Gedächtnis. Das kann ich nicht getan haben, sagt mein Stolz und bleibt unerbittlich. Endlich gibt das Gedächtnis nach.«

Es ist ein wichtiges Gleichnis, es könnte das Lebensmotto einer ganzen Generation von Deutschen sein. Der 1922 geborene Iring Fetscher zitiert Nietzsches Worte gleich zu Beginn seiner Autobiografie, die er 1995 unter dem Titel *Neugier und Furcht. Versuch, mein Leben zu verstehen* veröffentlichte. Der Verfasser gibt sich keinen Illusionen über die Verlässlichkeit der eigenen Erinnerungen hin: »Die Auswahl, die unser Gedächtnis vornimmt, erfolgt stets zu unseren Gunsten, wenn wir uns auch noch so sehr um Ehrlichkeit bemühen.«[28]

Fetschers Autobiografie ist ein ergreifendes Dokument: hellsichtig und altersweise, großzügig gegen andere und oft unnachsichtig gegen sich selbst zieht ein humanistischer Geist Bilanz. Doch trotz aller Offenheit klafft auch hier die eine Leerstelle, um die der alte Geist zweifelnd kreist. Von der Offizierslaufbahn weiß die Erinnerung, von der nicht immer vorteilhaften Begeisterung für dies und das, nur über den Eintritt in die Partei schweigt sie sich aus.

Doch, er habe sich nach dem Krieg schuldig gefühlt, erzählt Fetscher, nachdem er auf dem Sofa in seinem Frankfurter

94

Wohnzimmer Platz genommen hat. Schuldig, weil er sich anfänglich für Hitlers Deutschland und den Krieg begeistern konnte. Nach dem Krieg sei er zum Katholizismus konvertiert, erklärt der 89-Jährige bei unserem Treffen 2011. »Um beichten zu können.«

Aus allen Ritzen seines bis unter die Decke mit Büchern, alten Gemälden und Stichen vollgestopften Hauses quillt der Atem der Geschichte. Im Nachbarhaus zwei Nummern weiter, erzählt Fetscher, habe einmal Anne Frank gewohnt, bevor die Familie 1934 vor den Nazis nach Amsterdam floh.

Hellwach und klar und offen spricht der 89-Jährige von den Erfahrungen im Krieg und davon, wie man hineingezogen wird in so eine Sache: »Ich wollte auch ein Ritterkreuz haben.« Im Nebenzimmer hängt ein goldverzierter alter Spiegel, daneben steht eine gerahmte Zeichnung von 1940, die den 18-jährigen Fetscher als jungen Offiziersbewerber in Uniform zeigt. Der alte Herr mit den feinen Gesichtszügen und dem scharfen Profil deutet auf das Porträt und sagt leise: »Ich hatte immer Angst, dass dieses Porträt das Einzige ist, was meiner Mutter bleibt, falls ich nicht mehr aus dem Krieg zurückkomme.«[29] Auch nach 70 Jahren ist die Ähnlichkeit unverkennbar.

Und dann ist da noch das Bild eines Biedermeier-Fräuleins, das an der Wand lehnt: »Meine Ur-Ur-Großmutter. Ich habe immer gehofft, dass sie jüdisch gewesen ist.« Ob sie das wirklich war, weiß er bis heute nicht. Aber Marcel Reich-Ranicki habe ihm einmal gesagt, sie würde ja jüdisch genug aussehen.

In seinen Memoiren bekennt Fetscher, dass es dem 70-jährigen nur schwerlich gelang, sich in die Gefühlswelt des 18-Jährigen hineinzuversetzen und nachzuempfinden, warum er sich damals für die aktive Offizierslaufbahn bewarb: »Es fällt mir heute sehr viel leichter, den kleine Jungen zu verstehen, der in die elegante Tigerin ›Wanda‹ im Dresdner Zoo

Kapitel 3

verliebt war, als den ehrgeizigen Offizier, der sich nach Kriegs-
auszeichnungen sehnte.«[30]

Es fällt ihm schwer, seine »Kehrtwendung vom ehrgeizigen
Artillerieleutnant zum demokratischen Kriegsgegner«[31] nach-
zuvollziehen. Das ist die Formel, die der Memoirenschreiber
für seine Wandlung fand: Verblendung in erster Linie durch
den Glanz des Offiziersdaseins, durch die Heldengeschichten
aus der Wochenschau – nicht durch die Ideologie des Nationalsozialismus.

Auch für ihn war der Zweite Weltkrieg das lebensbestim-
mende Ereignis seiner frühen Jahre. Was Wunder, dass er
seine frühe Entwicklung also vor allem aus dem Blickwin-
kel des Krieges, weniger der Politik zu verstehen bemüht ist.
Der 8. Mai 1945 war der Tag der Niederlage, die auch seine
Befreiung sein sollte. Doch zunächst »war freilich die Erleichterung über das Ende des Tötens größer als das Bewusstsein
der Befreiung vom Nationalsozialismus«.[32] Am letzten Kriegs-
tag wurde Fetschers Vater, ein SA-Mann und Verfasser eines
Buchs über »Rassenhygiene«, in den Ruinen von Dresden von
einer SS-Streife erschossen.

Im April 1940 wurde Fetscher von der Ortsgruppe NSDAP
einbestellt, wo ihm der Eintritt in die Partei nahegelegt wurde.
»Da ich bereits als Offiziersbewerber angenommen worden
war, fiel es mir leicht, dieses ›Angebot‹ abzulehnen«, schreibt
Fetscher in seinen Memoiren.[33]

Entgegen seinen Bekundungen wurde er kurze Zeit später
doch als Mitglied der NSDAP geführt. Zwar will er sich bis
heute nicht erinnern, je einen Aufnahmeantrag unterschrieben zu haben. Dagegen spricht aber die auf seinen Namen
ausgestellte Karteikarte mit der Nummer 7 729 137, die ich
vor einigen Jahren im Bundesarchiv fand. Als Angehöriger
des Jahrgangs 1922 kann Fetscher sich kaum auf die fleißig

gestrickte Legende der später Geborenen berufen, ohne eigenes Wissen kollektiv in die Partei aufgenommen worden zu sein. Wahrscheinlich vergaß Fetscher die ganze Angelegenheit, weil er kurz darauf im thüringischen Altenburg in ein berittenes Feldartillerieregiment eintrat und seine Zugehörigkeit zur NSDAP daraufhin ruhte. Wie erklärt er sich seine Mitgliedschaft dann? »Ich weiß es nicht.« Eine mögliche, wenn auch äußerst unwahrscheinliche Erklärung könnte sein: Fetscher beantragte die Aufnahme, wurde aber aufgrund seines Eintritts in die Wehrmacht zunächst nur als Kandidat geführt. Als nach dem Attentat auf Hitler am 20. Juli 1944 die Unvereinbarkeit von Parteizugehörigkeit und Militärdienst aufgehoben wurde, hätte dann auch Fetschers NSDAP-Mitgliedschaft Gültigkeit erlangt. Falls ihn die offizielle Mitteilung darüber – wie in vielen anderen Fällen – nicht mehr erreichte, konnte er davon ausgehen, dass sein Antrag ergebnislos geblieben war, und die unschöne Episode dem Vergessen anheimstellen.

Dass Menschen voller Widersprüche sind, merkte schon der junge Offizier, der seinen Vorgesetzten an der Artillerie-Waffenschule in Jüterbog als »geistig hochmütig« galt, weil er sich nicht nur für Ritterkreuze, sondern auch für Spinoza und die deutschen Mystiker interessierte.[34] Schon damals tröstete sich der hin- und hergerissene junge Mann mit einem Satz Conrad Ferdinand Meyers über Ulrich von Hutten: »Ich bin kein ausgeklügeltes Buch, ich bin ein Mensch mit seinem Widerspruch.«[35]

Die Zeit und ihre Machthaber wussten die Widersprüche junger Menschen gut auszunutzen. Der Krieg auch. Täglich feuerten Fetscher und seine Soldaten ihre tödlichen Geschütze in Richtung des Gegners. Doch als der junge Leutnant eine polnische Gans für seine Mannschaften besorgt, sind sie unfähig, das Federvieh selbst zu schlachten. Sie müssen den Bauern um Hilfe bitten.

Kapitel 3

Oder Hegel. Beim großen deutschen Geschichtsphiloso-
phen las Fetscher viele Jahre später, dass das Gewehr »die
Erfindung des allgemeinen, indifferenten, unpersönlichen
Todes« sei, ein technisches Gerät, das persönliche Hassgefühle
beim Töten überflüssig mache. Der Soldat an der Waffe wird
selbst zum Rädchen im Getriebe, und je unreifer er ist, desto
weniger Gedanken wird er sich über die Folgen seines Han-
delns machen müssen. »Mit Jugendlichen«, erkennt Fetscher
nach seiner Hegel-Lektüre, »kann ›man‹ deshalb leichter
moderne Kriege veranstalten, weil sie konkrete und kom-
plexe Zusammenhänge noch nicht zu erfassen vermögen.«[36]
Und Massenaufmärsche auf Parteitagen, Deportationen und
Genozide, könnte man den Memoirenschreiber ergänzen.
Denn in einem System totalitärer Politik ist die Jugend schon
im Zustand der Unschuld verloren.

Auch so ein Widerspruch: Der im Osten eingesetzte Fetscher liebt die russischen Menschen, die russische Kultur und
ist zugleich überzeugter Antikommunist.[37] Er verehrt den holländischen Kulturhistoriker Johan Huizinga, der in seinem
Standardwerk *Homo ludens* den unreifen »Puerilismus« der
Gegenwart analysierte, wie er sich in Massenaufmärschen von
Hunderttausenden ausdrückte, die gedankenlos wie Zinn-
soldaten in Reih und Glied standen. Ihm sei damals nicht
bewusst gewesen, schreibt Fetscher später in seinen Memoiren, wie sehr er selbst von diesem Puerilismus infiziert gewesen sei.[38] Es ist das Schicksal seiner ganzen Generation, dass
die Anfälligkeit von Pubertierenden für den Großmachtwahn
der Nationalsozialisten ausgenutzt wurde.

Fetscher kennt sich aus mit Verführung, er hat sie am eigenen Leib erfahren. Der junge Wehrmachtsleutnant wollte
im Februar 1943 seine Stationierung in Holland nutzen, um
sein Idol Huizinga persönlich in Leiden zu besuchen. Doch

in seinem Haus traf Fetscher den Gelehrten nicht mehr an, die Nationalsozialisten hatten ihn kurz zuvor verhaftet. Im Tagebuch notiert der junge Leutnant Fetscher empört die »neue furchtbare Erkenntnis deutschen Barbarentums«. Statt mit dem verehrten Huizinga zu sprechen, lauscht er vier Tage später am Volksempfänger den Worten eines anderen begnadeten Redners. Da verkündete Joseph Goebbels im Sportpalast »mit rhetorischer Brillanz«[39] den totalen Krieg, wie sich der Memoirenschreiber erinnert. Der 20-jährige Fetscher zitierte Goebbels' Worte in seinem Tagebuch: »Wollt ihr den totalen Krieg? Vielleicht totaler, als wir ihn uns bisher vorzustellen vermocht haben? ... Nun, Volk, steh' auf und Sturm, brich los«.[40] Er war beeindruckt, gar berauscht? Ein »großes Schauspiel« sei die Rede gewesen, urteilt der junge Tagebuchschreiber Fetscher, dessen »tiefe Tragik wohl kaum einer der Anwesenden verstanden hat«, und bringt auch seine eigene Begeisterung über die »glänzende Volksrede eines einzigartigen gesteigerten Volksrausches« zu Papier.[41]

Nach dem Krieg studiert Fetscher Politikwissenschaft und wird als Lehrstuhlinhaber in Frankfurt von 1963 bis 1988 zu einem der bedeutendsten Vertreter seines Fachs. Als er nach der Emeritierung seine Memoiren verfasst, stößt er auf seine alte Goebbels-Notiz von 1943. Die Begeisterung des damals 20-Jährigen lässt ihm keine Ruhe. Kann das ich gewesen sein, der sich so hinreißen ließ? Fetscher schreibt daraufhin ein ganzes Buch über die Sportpalastrede. Darin rätselt er: »Goebbels muss mich beeindruckt haben. Es fällt mir heute schwer, mein damaliges Gefühl nachzuempfinden.«[42] Noch immer kein Wort von seiner eigenen NSDAP-Mitgliedschaft, kein Einfühlen in sein damaliges Ich. Totale Abspaltung: War das ein anderer Mensch?

Oder doch nicht. Vielleicht sind wir es, die Nachgeborenen, die nicht nachvollziehen können, wie Menschen sich wandeln

Kapitel 3

und doch alles – das Schlimme und das Gute – in einen Rahmen fassen müssen. Der alte Mann steht vor dem Bild des jungen Offiziersbewerbers an der Wand. Das ist nicht gealtert. Als Augenzeugen haben sie mehr gesehen als wir, haben am eigenen Leib Erfahrungen gemacht, von denen wir nur gehört haben. Goebbels' Rede, erklärt Fetscher bei unserem Treffen, sei ja rhetorisch immer noch eine große Leistung, »wenn auch grauenhaft«. Darf man so etwas sagen? Muss man es vielleicht sogar immer wieder sagen? Machen wir es uns heute nicht zu einfach, wenn wir Hitler, Goebbels und all die anderen Nazigrößen nur als fanatisch quäkende Schreihälse abtun, denen kein vernünftiger Mensch allen Ernstes hätte verfallen können? Sollten wir nicht denen genauer zuhören, die aus eigener Erfahrung von der Wirkung berichten können, welche dieses Gift auch bei klugen, feinen Menschen haben konnte, denen es in die Ohren geträufelt wurde?

Nach dreistündigem Gespräch ist es Abend geworden in Frankfurt, in der Diele schlägt die alte Standuhr achtmal. Zum Abschied schenkt mir Fetscher sein Buch *Die Wirksamkeit der Träume* und schreibt hinein: »Für Malte mit herzlichen Wünschen« – oder hegelschen Wünschen?[43] Es ist der essayistische Ausflug eines Sozialwissenschaftlers, der sich ohne die Erfahrung des »Dritten Reichs« vielleicht lieber der Literatur gewidmet hätte. Seine Erlebnisse im »Dritten Reich« aber ließen ihn in der Politikwissenschaft eine Antwort nach der Frage suchen, wie das Erlebte geschehen konnte und wie Ähnliches künftig verhindert werden könnte.

Nach unserer Begegnung lese ich noch einmal Fetschers Autobiografie und finde eine Passage, die der Autor schon 1947 geschrieben haben muss. Darin hängt er seinen Gedanken über die Kriegstoten und den inneren Frieden nach, den er noch immer nicht gefunden hat.

Über dem zerstörten Land geht die Sonne auf, die Kirchenglocken läuten, in der Welt da draußen ist der Kriegslärm der Stille gewichen und überall herrscht Frieden. Der junge Artillerieleutnant Iring Fetscher hat Granaten, Bomben, Trommelfeuer überlebt, doch wenn er der Stille lauscht, hallt in seinem Inneren das Echo noch jahrelang nach: »Es ist schon lange her, das alles. Aber es ist nur vergessen, nicht schon vergangen, nur verdrängt und verloren – nicht überwunden, nicht besiegt … Ja, draußen ist Frieden. Wenn er nur endlich auch in uns wäre!«[44]

Diese Bilder der Vergangenheit suchen den jungen Philosophiestudenten immer wieder heim. Dann kommt der junge Russe, von dem er nicht weiß, ob er ihn vielleicht erschlagen hat, und er schämt sich und entgegnet: »Sieh, ich studiere jetzt Philosophie und Sprachen, um das Versöhnende und Hilfreiche zu finden, in den Gedanken der Denker und den großen Dichtungen.«[45]

Aber der Russe ist tot, und die Antwort reicht ihm ebenso wenig wie Fetscher selbst. Tot auch der Kamerad, an dessen Grab der junge Leutnant im fünften Kriegsjahr über den Sinn des Opfers gesprochen hatte, um die Wunden der Überlebenden zu lindern. Er wusste, dass er log, und seine Worte kamen ihm leer und hohl vor, »weil ich an einem offenen Grab vor einem Toten gelogen habe … und dabei wusste ich längst, dass es kein gutes Ziel gab für diesen Krieg und dass es ein Verbrechen war, dem wir dienten, ein Verbrechen, das uns dem Tod geweiht hatte – dem sinnlosen Tod«.[46]

Immer wieder suchen ihn diese Bilder heim, und er lässt sie kommen, »weil ich weiß, dass sie notwendig sind«.[47] Wie ihm muss es vielen aus seiner Generation gehen, die im »Dritten Reich« aufwuchsen. Von einem verbrecherischen Regime dem sinnlosen Tod zugedacht, wurden sie schuldlos-schuldig, zu Tätern ernannt und als Opfer missbraucht.

Kapitel 3

Auch sie arrangierten sich im Nachkriegsdeutschland mit der eigenen Erinnerung, aber die Schuldgefühle bleiben: »Die Jahre vergehen, und der Frieden kommt nicht und ich weiß auch, daß er nicht eher kommen kann, nicht eher einziehen wird in unsere Herzen, bis wir in einer großen, friedlichen und sittlichen Tat das sühnen, was wir an ihnen allen verschuldet haben, an den Toten und an den Lebendigen, den Überleben-den, an Freund und Feind.«[48]

Vielleicht ist es nicht die eine große Tat, von der der 25-jäh-rige Fetscher hoffte, dass sie Erlösung bringen könnte. Viel-leicht brauchte es ein ganzes tätiges, friedliches und pflicht-schuldiges Leben der demokratischen Sühne.

»Fahnen kann ich bis heute nicht sehen«: Hilmar Hoffmann

Auch Hilmar Hoffmann erinnert sich immer noch genau an das Gefühl, das ihn überkam, wenn er am Volksempfänger den Reden des NS-Propagandaministers lauschte: »Wie Seife ging diese Stimme in einen rein. Man hört ihm ja heute vom Sprech-duktus her auch noch gerne zu als Beispiel für Rhetorik.«

Frankfurt, ein idyllisches Haus am Waldrand. Hier lebt Hoff-mann mit Dackel und Haushälterin. Der langjährige Präsident des Goethe-Instituts hat viel erlebt. Auf der Anrichte stehen Geschenke von Willy Brandt und Jassir Arafat. Am wuchti-gen Kaffeetisch, erklärt der Hausherr, habe er als Frankfurter Kulturdezernent mit Rainer Werner Fassbinder und Gerhard Richter verhandelt. An den Wänden seines Arbeitszimmers biegen sich die Regale unter den Büchern. Er lese nur Sach-bücher, erklärt Hoffmann. »Für Romane habe ich keine Zeit.«

Ein Buch fällt sofort auf. Es liegt aufgeschlagen auf dem lan-gen Tisch in der Mitte des Zimmers, ein kruppstahlschwerer

102

Klotz von einem Fotoband: *Africa* von Leni Riefenstahl. Die Autorin hat eine handschriftliche Widmung hineingeschrieben: »Lieber Hilmar, in freundschaftlicher Verbundenheit widme ich Dir dieses Buch. Herzlichst Deine Leni«.

Der 85-Jährige ist mit den Filmen aufgewachsen, die Leni Riefenstahl im »Dritten Reich« über Führer und Volk machte, über den Reichsparteitag in Nürnberg, über die Olympischen Spiele in Berlin 1936.

Für Jugendliche wie Hoffmann waren Riefenstahls Filme wie Opium. Ihre kunstvoll choreografierten Bilder von Massenaufmärschen und Hitler-Huldigungen zeigten das völlige Aufgehen des Einzelnen im mächtigen Kollektiv.

Diesem Massenrausch erlag wie die meisten auch der Schüler Hilmar aus Bremen. »Wir wollten so sein wie der blonde Trommler auf der Leinwand. Wir wollten Teil dieser Bewegung sein und der Gesinnung, die darüber transportiert wurde.«

Man könne sich das heute gar nicht mehr vorstellen, sagt Hoffmann und hebt grimmig die gewaltigen Augenbrauen. »Hitlers Stimme klingt heute wie der Teufel persönlich. Aber damals war das eine Stimme, die uns berauscht hat.«

Eine berauschende Stimme? Eine Stimme, die einen nicht mehr losließ? In seiner Reichenberger Rede von 1938 sprach Hitler ganz offen davon, dass die neue deutsche Jugend von klein an für den neuen Staat »dressiert« werden sollte: Mit zehn Jahren im Jungvolk, mit vierzehn in der Hitlerjugend, schließlich in Arbeitsfront, SA, SS und Partei – »und sie werden nicht mehr frei ihr ganzes Leben«.

Auch der junge Hilmar Hoffmann ging den für Hitlers Helden vorgesehenen Weg. Laut Karteikarte beantragte der 17-Jährige am 1. April 1944 den Parteieintritt und wurde am 20. April unter der Nummer 9 596 961 in die NSDAP aufgenommen.

Kapitel 3

Als er von der Existenz dieser Karteikarte erfährt, ist Hoffmann entsetzt. »Ich war ein überzeugter Jungvolkführer, aber kein überzeugter Nazi.« Er hat nie einen Hehl aus seiner jugendlichen Verblendung gemacht. Noch in amerikanischer Kriegsgefangenschaft in den Rocky Mountains hätten er und seine Kameraden an das »Dritte Reich« geglaubt, erklärt Hoffmann – bis zuletzt.

Hilmar Hoffmann hat sich ein Leben lang am »Dritten Reich« abgearbeitet und ein glänzendes Buch über die Verführung der Jugend durch den NS-Film geschrieben. Leni Riefenstahl bezeichnet er darin als »Bannerträgerin des Führers im faschistischen Film« und »ideologische Kurtisane des Führers«.

Er hat sie lange bekämpft dafür, was sie in Hitlers Auftrag mit ihm und seiner Generation angestellt hat. »Fahnen kann ich bis heute nicht sehen«, knurrt Hoffmann mit angewidertem Gesicht. Aber Hass ist kein Heilmittel, ebenso wenig wie Verdrängung.

Kurz vor ihrem Tod trifft Hoffmann die hundertjährige Riefenstahl zu einem Interview. Der unschuldig Verführte trifft die Verführerin, die sich keiner Schuld bewusst ist. Hat sie die Antworten, die Hoffmann sucht? Das Gespräch bleibt freundlich, doch die bittere Pointe wird erst heute klar: Während die Hitler-Freundin Riefenstahl sich immer herausredete, selbst ja nie in der NSDAP gewesen zu sein, muss Hoffmann heute erklären, warum er als Mitglied geführt wurde.

So behielt Hitler auf perfide Weise recht: Trotz des baldigen, schrecklichen Endes seiner Herrschaft bekam eine ganze Generation junger Deutscher eine Bürde mit, an der sie bis heute zu tragen hat. Sie hatten als Kinder das Hitlerfieber und mussten sich als junge Erwachsene selbst auskurieren, als sie noch gar nicht wissen konnten, was das ist: Demokratie. »Ich

104

bin bei der Stange geblieben«, sagt Hoffmann am Ende des Gesprächs, »mein ganzes Berufsleben lang«. Doch die Narben verschwinden nie.

»Ich frage mich selber: Warst du in der NSDAP?«: Walter Jens

Am 20. November 1942 beantragte Walter Jens die Aufnahme in die NSDAP und wurde rückwirkend zum 1. September 1942 aufgenommen.[49] Als man ihn 2003 nach seiner Mitgliedschaft fragte, antwortete der wortmächtige Gelehrte einigermaßen ratlos: »Ich frage mich selber: Warst du in der NSDAP?«[50] Er könne sich nicht einmal daran erinnern, wo die Ortsgruppe der NSDAP in seinem Stadtteil Hamburg-Eppendorf lag. »Es kann da etwas geben, was ich nicht mehr weiß. Man kann nichts bekennen, von dem man bis vor kurzer Zeit nichts wusste.«[51]

Auch die Erinnerung an die Spruchkammern nach 1945 sei ihm so fern wie die an Aufnahmeanträge, bekannte Jens. »Es mag sein, dass ich unwissentlich nicht die Wahrheit gesagt habe. Ich glaube das nicht. Ich glaube freilich auch nicht, dass ich in Tübingen von der Amnestie Gebrauch machte.« Auch der Mann seiner Freiburger Wirtin Frau Weigel, »der sich schützen musste«, war Parteigenosse. »Es könnte sein, dass er mich einmal mitgenommen hat. Kann sein, dass der Parteiführer mich mit ›Parteigenosse‹ anredete. Daran habe ich partielle Erinnerungen.«[52]

Er habe »keinen schlagenden Beweis gegen mich«, argumentierte Jens, aber auch keinen für sich. Er ignorierte die Beweiskraft der Karteikarte, da sie nicht zu der eigenen Lebenswahrheit passte, die er sich nach 1945 zurechtgelegt

Kapitel 3

hatte: »Ich glaube nicht, dass sich die Wahrheit auf Karteikarten findet.« Die ganze Wahrheit sicher nicht. Der Widerspruch ist verständlich: Zwang, Verführung, Anpassung – all das gehört zu dem komplexen Bild, das in die eigene Geschichte integriert werden muss. Das konnte es bei den meisten gewandelten Demokraten nach 1945 aber offensichtlich nur um den Preis des Verdrängens des Stigmas der Parteimitgliedschaft. So wird der eigene Fall zur Ausnahme des Eintritts ohne Wissen stilisiert, der in seiner argumentativen Konsequenz doch einen Widerspruch darstellt. Wenn Jens wirklich jeden Tag zehn Briefe von Leuten erhielt, denen es genauso gegangen war, stürzt damit das ganze Argumentationsgebäude des eigenen Ausnahmefalls zusammen. Am Ende wollten eben doch alle Ausnahmen gewesen sein, steht eben doch wieder die kollektive Entschuldigung da: Es war ja bei uns allen so, dass wir nichts wussten!

Schützenhilfe erhielt Jens von dem Historiker Götz Aly, der sich neben anderen Dokumenten aus dem »Dritten Reich« auch Jens' Promotionsakte vornahm. »Diese Quellengattung eignet sich erfahrungsgemäß gut, um die ideologische Belastung des damaligen akademischen Klimas festzustellen.«[53] Aly kommt dabei zu dem wahrlich überraschenden Ergebnis, dass sich in Jens' Dissertation über die Dialoge bei Sophokles nicht »auch nur der Hauch von politischem Konformismus« fände. Zur Beurteilung der damaligen »ideologischen Belastung« des ehrgeizigen und talentierten Philologen Walter Jens eignen sich vielleicht dessen eigene Äußerungen doch besser.

Im Gespräch mit der *Süddeutschen Zeitung* verriet der mit seiner NSDAP-Karte konfrontierte Emeritus, er habe »vor einiger Zeit mit Erschrecken eine Rede gefunden, in der ich vor zehn bis fünfzehn Mitgliedern einer Kameradschaft mit makabrer Unschuld, so indoktriniert war man von den

Lehrern, Worte wie ›entartete Literatur‹ gebrauchte«.[54] Auch seinen Abitur-Aufsatz mit dem Titel »Heinrich gewinnt das Reich« wolle er heute nicht mehr gerne lesen. Jens machte kein Geheimnis daraus, dass er zeitweise der völkischen Ideologie der Nationalsozialisten zugetan war – törichte, doch sicher lässliche Sünden eines jungen Menschen, der im totalitären Staat nach Orientierung suchte.

Gleichwohl ist Jens' Zugeständnis kein Grund, seine NSDAP-Mitgliedschaft für unwahrscheinlich zu halten, wie es Aly unter wortreichem Bezug auf Akten glauben machen will, die, wie er selbst immer wieder eingestehen muss, »nur bedingt zur Entlastung« taugen. Im Gegenteil: Wenn einerseits die unzuverlässige Aktenlage als Verteidigung ins Feld geführt wird, andererseits mit dem gleichen Argument der Unzuverlässigkeit die strenge Aufnahmeprozedur für die NSDAP-Mitgliedschaft in Frage gestellt wird, erkennt man deutlich eine Argumentation im Dienst der Wünschbarkeit.

Wie etwa ist zu erklären, dass Jens im November 1942 aufgenommen wurde, obwohl seit Februar desselben Jahres eine totale Mitgliedersperre in der NSDAP bestand? Und was hat Jens' Mitgliedschaft im Nationalsozialistischen Deutschen Studentenbund in Hamburg, die Aly zur Entlastung anführt, eigentlich mit seiner Mitgliedschaft in der NSDAP zu tun? Offenbar doch überhaupt nichts. Das Datum 1.9.1942, an dem auch Jens aufgenommen wurde, war der Stichtag für die Überführung einzelner HJ-Angehöriger der Jahrgänge 1923/24 in die Partei, die dafür eigenhändig Aufnahmeanträge unterschreiben mussten.

Offensichtlich waren einzelne Parteieintritte auch nach der Mitgliedersperre für bestimmte Personen möglich und erwünscht. Im Falle Jens schuf eben die frühere HJ-Zugehörigkeit einen solchen Ausnahmetatbestand. Dass der Ein-

Kapitel 3

tritt auch auf äußeren Druck und ohne rechte Überzeugung stattfinden konnte, ist ohne weiteres nachvollziehbar. Der Germanist Karl Otto Conrady, Jahrgang 1926 und ebenfalls als NSDAP-Mitglied geführt, spricht in diesem Zusammenhang von einer Generation junger Menschen, die »in das Regime wie in die selbstverständliche, gemäße, richtige Staats- und Gesellschaftsform hineingefunden hatten«.[55]

Erst sein Lehrer Bruno Snell habe ihn zu einem republikanischen Demokraten erzogen, erklärte Jens im Interview mit der *Süddeutschen Zeitung*: »Aber 1941/42 war ich noch nicht soweit.«[56] In seinem Vortrag vor nationalsozialistischen Studenten hatte der rhetorisch begabte Jens damals sein späteres Idol Thomas Mann noch abfällig als einen abseits der völkischen Ideologie stehenden »Literaten« bezeichnet. Das Exemplar von Thomas Manns *Lotte in Weimar* lieh sich Jens nach eigener Auskunft damals von seinem anderen Lehrer Walther Rehm. Der war zwar ebenfalls kein glühender Nazi, trat aber im gleichen Jahr wie sein Schüler Jens in die NSDAP ein.[57]

Man kann Jens keinen Vorwurf daraus machen, dass er als junger Mann zeitweise den ideologischen Versuchungen im Hitlerstaat nicht widerstand. Im Gegenteil – wie ihm ging es den meisten jungen Deutschen. Umso bemerkenswerter sind die kleinen Akte des Widerspruchs – keine Heldentaten, aber Zeichen einer beginnenden Emanzipation. Bei anderer Gelegenheit zeigte Jens den Mut, sich nicht im Einklang mit der herrschenden Doktrin zu äußern, etwa bei einem späteren Vortrag über Thomas Mann in Freiburg oder in einer Aussage gegenüber der Gestapo, die ihn über seinen Lateinlehrer verhörte.

Dennoch bleibt die Frage, warum es heute als so unwahrscheinlich dargestellt wird, dass ein junger, ehrgeiziger Mensch wie Walter Jens in einer von »ideologischen und politischen

Zugkräften« bestimmten Zeit (Aly) bewusst der NSDAP beigetreten sein sollte. Mit seiner reflexhaften Verurteilung des
»Moralgeschwätzes« untergräbt Aly genau die differenzierte
Debatte zeitgenössischer Bedingungen der NS-Zeit, die er
ansonsten bei jeder Gelegenheit einfordert.

Was bleibt, ist die Frage nach dem Schweigen. Die Enthüllung seiner NSDAP-Mitgliedschaft und die »hochnotpein-
lichen Fragen zum jahrzehntelangen Schweigen eines nicht
immer leisen Moralisten« hätten seinen Vater sprachlos
gemacht, schreibt Tilman Jens in dem Buch *Demenz. Abschied
von meinem Vater*.[58] Noch als der alte Gelehrte 2002 von der
Existenz seiner Karteikarte unterrichtet wurde, habe er den
Fund vor seiner eigenen Familie verheimlicht. »Er hat sich so
geschämt, dass er nicht einmal die Frau, mit der er mehr als
ein halbes Jahrhundert lebte, eingeweiht hat.«[59]

Für Tilman Jens stellte die fahrige Reaktion seines Vaters auf
die Enthüllung im Jahr 2003 den Beginn der »fatalen Schweige-
Krankheit« des geschliffenen Rhetorikers dar, die schließlich in
Demenz mündete.[60] Man muss der gewagten biologistischen
Analogie des Sohnes nicht folgen, um in dem jahrzehntelangen Schweigen des Vaters tatsächlich ein Lebensdrama zu
erkennen, das – um es in der Sprache der antiken Tragödie zu
benennen – im letzten Akt des Alters in die Katastrophe mündete. Walter Jens' Ehefrau Inge erklärte dem *Spiegel* gegenüber,
auch sie glaube nicht an eine unwissentliche Aufnahme ihres
Mannes in die NSDAP, es handle sich »wohl um eine schon in
frühen Jahren passierte, nicht bewusste Verdrängung«.[61] Ihr
Ehemann habe die Erinnerung an das Peinliche in sich »einfach
ausgelöscht«.[62]

Dass die Enthüllung der ein Leben lang verleugneten, verdrängten oder vergessenen NSDAP-Mitgliedschaft geeignet
war, den Betroffenen »den Boden unter den Füßen«[63] fortzu-

Kapitel 3

reißen, mag auch an den eindeutigen moralischen Kriterien liegen, mit denen wir Nachgeborenen heute über das Verhalten von Jugendlichen im »Dritten Reich« Gericht halten. Waren sie nicht selbst ein Leben lang mit sich ins Gericht gegangen, waren immer bemüht gewesen, aus ihren jugendlichen Irrtümern die richtigen Lektionen zu lernen und weiterzugeben an zukünftige Generationen? Und war ihnen das nicht im Großen und Ganzen eines erfolgreichen Nachkriegslebens geglückt?

Auch Walter Jens spielte schon wenige Jahre nach Kriegsende literarisch mit der stets gefühlten Anklage. Sein Interviewer Willi Winkler konfrontierte ihn 2003 mit Zitaten aus Jens' Hörspiel *Der Besuch des Fremden* von 1952. Darin finden sich Sätze wie dieser: »Ich musste in die Partei ... um der Kinder willen.« Winkler trifft den richtigen Punkt, wenn er darauf hinweist, Schreiben in der Moderne heiße, Gerichtstag über sich zu halten, und Jens an den Titel seines 1950 erschienenen Romans *Nein. Die Welt der Angeklagten* erinnert. Die Tatsache, dass er schon 1950 in einem literarischen Werk die Mitgliedschaft in Hitlers Partei problematisierte, erklärte Jens mit der so einfachen wie einleuchtenden Begründung, er halte das »für die Erfüllung der divinatorischen Pflicht des Schriftstellers«.[64] Es ist nicht anders als bei Walser oder Grass: Das Werk bekundet, was der Autor verschweigt. Die Schreibkammer steht über der Spruchkammer, sie ist die höchste Instanz der differenzierten Wahrhaftigkeit. Das geheime, lebenslängliche Tribunal vor dem großen Richter, der Kunst.

Die Furie des Verstummens: Dieter Wellershoff

Sieben Jahre war der Krieg vorbei, doch die Spuren der Verwüstung waren noch immer nicht verschwunden, als der Schriftsteller Dieter Wellershoff im Frühjahr 1952 auf die Aussichtsplattform des Kölner Doms stieg. Trümmer, wohin das Auge blickte. Zu seinen Füßen sah er eine Ruinenlandschaft aus Schutt und notdürftig freigeräumten Straßen.

Es war ein zwiespältiges Bild, das sich dem 26-Jährigen bot. Gerade für die junge Generation steckte in der totalen Zerstörung die Hoffnung auf einen Neuanfang. Doch im Boden schlummerten die Bomben, »die aus irgendeinem Grund nicht explodiert waren und die man erst entdecken würde, wenn der weitere Aufbau der Stadt tiefere Fundamente brauchte«.

So beschreibt es Wellershoff mehr als ein halbes Jahrhundert später in seinem Erinnerungsessay »Die Nachkriegszeit – Anpassung oder Lernprozess«. Und wagt einen vielsagenden Vergleich: Im Bereich des Geistes sei das nicht anders gewesen. »Auch da war noch mancherlei verborgen und sollte erst viel später zum Vorschein kommen.«

Die deutsche Geschichte ist ein Minenfeld, bis heute. Allein in Köln birgt der Kampfmittelräumdienst jährlich mehrere Dutzend Bomben aus dem Zweiten Weltkrieg. Ebenso explosiv, aber noch schwieriger zu entschärfen sind die Weltkriegsfunde, die in letzter Zeit in einem Keller des Bundesarchivs in Berlin gemacht werden.

»Ach, du lieber Gott, habe ich immer gedacht, wenn man von der NSDAP-Mitgliedschaft von Eich, Höllerer und Jens hörte«, sagt Dieter Wellershoff. »Ich war eigentlich entsetzt darüber. Ich habe irgend so eine Mischung empfunden von ›Ich hätte es nicht gemacht‹ und Glück der späten Geburt.«

Kapitel 3

Doch irgendwann holte auch Dieter Wellershoff, geboren am 3. November 1925 in Neuss, die Vergangenheit ein. Vor ein paar Jahren bekam er einen Brief des Bundesarchivs in Berlin: Bei Recherchen war eine auf seinen Namen ausgestellte Karte in der Mitgliederkartei der NSDAP aufgetaucht: Dieter Wellershoff, Mitglied Nummer 10 172 531 der NSDAP.

Eine hohe Zahl, eine vom letzten Aufgebot. Offenbar suchte die NSDAP noch Führungsnachwuchs für die Zeit nach dem Endsieg. Nicht jeder Hitlerjunge durfte rein, sondern nur, wer als würdig befunden wurde und unterschrieb. Sagen die Historiker. Aber was bedeutet die Parteimitgliedschaft in einem System, in dem sowieso alle mehr oder minder beteiligt waren?

»Ich war total vor den Kopf geschlagen, als ich von der Karte erfuhr«, sagt Dieter Wellershoff am Telefon. »Wir waren damals im Krieg und auf das nackte Existieren zurückgeworfen.«

Vielleicht muss man es sich vorstellen wie ein Eisenbahnunglück: Vergangenheit und Erinnerung rasen aufeinander zu wie zwei Züge. Im einen sitzen wir Nachgeborenen, im anderen sitzen die Alten, die dabei waren.

Ein paar Tage später sitzt Wellershoff in seiner Kölner Altbauwohnung und breitet Dokumente und Fotos auf dem Glastisch vor dem Besucher aus. Die Entlassungsurkunde aus britischer Militärgefangenschaft liegt da, ein Fotoalbum der Familie aus den 1930er und 1940er Jahren. Und die Kopie der NSDAP-Mitgliedskarte, die ihm das Bundesarchiv geschickt hat.

Aber an diesem Nachmittag entgleist der Zug der Erinnerung. Es ist ein Wühlen im Gedächtnis und den Dokumenten, an dessen Ende doch nur ein leeres Bild bleibt. Hat er jemals eine Karte unterschrieben? »Ja, die Karte steht da im Raum, und das ist ein erklärungsbedürftiges Phänomen, dass es diese Karte gibt. Aber es fehlt die Szene dazu«, sagt Wellershoff und tippt erregt mit den Fingern auf die Stuhllehne.

112

»Es hat mich total überrascht und ich kann mich überhaupt nicht erinnern, dass ich irgendwas unterschrieben hätte. Ich hätte nie gedacht, dass ich damit was zu tun hatte«, sagt Wellershoff. »Aber das hängt damit zusammen, dass ich innerlich immer gedacht hatte, wenn man Jungvolkführer war, ist man nicht automatisch in die Partei gekommen.«

Er springt aus seinem mit einem weißen Tuch abgedeckten Sessel auf, geht zum Bücherregal und sucht nach etwas. »Man muss nur einmal gehört haben, wie so eine schwere Luftmine neben einem runterkommt und einschlägt. Das habe ich in Berlin erlebt in der Kaserne. Da fielen rechts und links die ganz schweren Bomben.« Seine Augen gleiten über die Buchreihen, dann zieht er einen alten Lederband aus dem oberen Regal hervor. »Danach mussten wir in die Stadt und die Sachen aus den brennenden Häusern tragen«, erzählt Wellershoff. »Und da hat mir jemand ein Büchlein geschenkt, in das ich reinguckte: Nimm es mit, Junge.« Der Schriftsteller reicht das Buch aus der Bombennacht herüber, es ist Grillparzers *König Ottokars Glück und Ende.*

Lesen, das war etwas Individuelles, eine Rückzugsmöglichkeit vom Kollektiv. Überhaupt, die »Gemeinschaft«. Wenn überhaupt, habe er die Soldaten bewundert. »Aber vor diesen braunen Leuten habe ich nur Abscheu empfunden. Ich habe eine solche Abneigung gegen Parteien gehabt, dass ich als junger Mann noch nicht einmal in eine bundesdeutsche Partei eingetreten wäre.«

Könnte er verdrängt haben, dass er als 17-Jähriger einmal einen Zettel unterschrieben hat, als man ihn dazu aufforderte, in die Partei einzutreten? Wellershoff ist Erinnerungsspezialist. »Mit Verdrängungen kenne ich mich aus, Verdrängung gibt es.«

Mit zehn ging er ins Jungvolk, wurde später Jungvolkführer: »In Grevenbroich war ich der Oberste, da konnte mich

Kapitel 3

keiner kontrollieren.« Nach dem Reichsarbeitsdienst meldete er sich 1943 freiwillig zum Kriegsdienst in der Panzerdivision Hermann Göring, »um so den Werbern der Waffen-SS zu entgehen«. Am 13. Oktober 1944 wurde er in Ostpreußen verwundet und verbrachte mehrere Monate im Kriegslazarett in Bad Reichenhall. Im Frühjahr 1945 wurde er auf eigenes Betreiben wieder in Richtung Front geschickt, geriet jedoch schon bald in amerikanische und später britische Kriegsgefangenschaft, aus der er im Sommer entlassen wurde.

Wurde der 18-Jährige tatsächlich ohne eigenes Zutun oder Wissen in Hitlers Partei aufgenommen? Hat ein eifriger Ortsgruppenführer aus Wellershoffs Heimatstadt Grevenbroich vielleicht einfach dessen Namen auf die Liste gesetzt und die Unterschrift gefälscht? Schließlich hatten auch Walser, Hildebrandt und Henze beteuert, ihre Aufnahme sei lediglich ein »Geburtstagsgeschenk für den Führer« gewesen.

»Ich stelle mir vor«, versucht Wellershoff seine Mitgliedschaft zu erklären, »dass der Gau Düsseldorf durch Bombenschäden oder andere Dinge ein Jahr im Rückstand war. Und dann haben die einfach 368 Leute genannt, die sich bereit erklärt hätten, in die Partei einzutreten. Das ist dann rückdatiert worden auf das Jahr 1943.« Der Grund für die lange Rückdatierung des Aufnahmedatums geht aus einem Schreiben der Reichsleitung vom 6. Mai 1944 hervor, die sich unter Berücksichtigung der »besonderen Verhältnisse im Gau Düsseldorf« bereit erklärt, ausnahmsweise Aufnahmeanträge, die bisher noch nicht eingereicht werden konnten, noch »nach Abschluss der diesjährigen HJ-Aufnahmeaktion« anzunehmen und zu bearbeiten.

Mit den »besonderen Verhältnissen« im Gau Düsseldorf dürften die schwierigen Voraussetzungen für Parteiwerbung im katholisch geprägten Rheinland gemeint sein. Dort zeichnete sich der Jungvolkführer Wellershoff schon insofern aus, als er aus einem protestantisch-bildungsbürgerlichen Haushalt kam. Bei der »Aufnahmeaktion« handelte es sich jedoch keinesfalls um eine automatische Aufnahme ganzer Jahrgänge, wie Historiker mehrfach bestätigt haben.

Der alte Herr ist hellwach, und man muss ihm glauben, wenn er sagt, dass er sich nicht erinnert. »Ob ich in der Partei war oder nicht, hat keinen Einfluss darauf, dass ich mich grundsätzlich betroffen fühle, dass so etwas passiert ist und dass ich dabei gewesen bin. Das ist etwas, das man in seiner Dimension gar nicht wegschieben und verkleinern kann – den Krieg und die Vernichtungslager, das Zerbomben der Städte.« Warum auch sollte einer ein solches Detail verheimlichen, dessen Abrechnung mit dem »Dritten Reich« sonst schonungslos ausfällt?

Nein, die Verdrängung sitzt anderswo, und sie hat zu tun mit der Erfahrungsentfremdung zwischen den Generationen, glaubt Wellershoff. In einem wirklichen Gespräch zwischen den Generationen, findet der alte Schriftsteller, hätte die junge Generation darüber nachzudenken, wie das anthropologisch gesehen möglich ist, dass Menschen in so etwas hineingeraten. »Dieses gute Gefühl, nein, wir sind ganz andere Menschen, das ist doch auch ein Verdrängungsmechanismus.«

Dann müssen wir reden, nicht wahr? Das Zeugnis der Dagewesenen ist unverfügbar, auch wenn die Historiker etwas anderes behaupten.

Und Wellershoff ist bereit zu reden, mit bemerkenswerter Offenheit. Er erzählt von seiner Jugend in Grevenbroich, dem Elternhaus mit der Fahnenstange vor der Tür, das der als Kreisbaumeister arbeitende Vater nach eigenen Plänen hatte bauen lassen. Überhaupt der Vater, Walter Wellershoff. Dieter Wellershoff beschreibt ihn als Menschen mit einem Faible für elegante Uniformen. Auf den Fotos im Familienalbum lächelt ein hagerer, hochgewachsener Mann im Kreis seiner Familie. Walter Wellershoff war in der NSDAP, »aber er war ein völlig unpolitischer Mensch«. Ein Fachmann sei der Architektenvater gewesen, sagt sein Sohn.

Walter Wellershoff mag ein kleines Rad im Getriebe gewesen sein, ein Mitläufer. Ganz so beiläufig wie in der Erinnerung seines Sohnes scheint sein Engagement für den NS-Staat allerdings nicht gewesen zu sein, glaubt man den Angaben, die Walter Wellershoff selber auf seinem Entnazifizierungsfragebogen machte: 1.5.1933 Eintritt in die NSDAP. 1.11.1933 Eintritt in die SA, aus der er entgegen der Erinnerung seines Sohnes bis Kriegsende nicht austrat und die ihn 1937 zum Rottenführer beförderte. 1934 Eintritt in den Reichsluftschutzbund, den NSV und den NS-Bund Deutscher Technik. 1.10.1936 Eintritt in den NS-Reichskriegerbund. 1.4.1937 Eintritt in den Reichskolonialbund.

»Dass dein Vater in so vielen Vereinen war, wundert mich nicht«, ruft Wellershoffs Frau Maria aus dem Nebenzimmer, als sie von den zahlreichen Engagements ihres Schwiegervaters hört. »Der war kein Held, der war ein Anpasser.« Und Dieter Wellershoff fällt ein, dass er einmal gehört habe, wie seine Mutter den Vater anstachelte, er könnte in diesem Staat doch auch schon viel weiter sein. Ehrgeiz, Opportunismus, Anpasserei – die Einstellung von Wellershoffs Eltern war typisch für viele Erwachsene im »Dritten Reich«. Und die Jugendlichen?

Hört man Dieter Wellershoff zu, war es doch ein großer Unterschied: »Hitlerjunge und Jungvolk, das konnte man akzeptieren, das waren wir selber. Aber die Partei war was ganz anderes.« Worin lag der Unterschied? »Das waren die Erwachsenen, die dieses System zu verantworten hatten, oft Spießer und Opportunisten. Uns jungen Menschen muss man schon glauben, dass wir nicht aus Opportunismus gehandelt haben.«

Umso größer war der Schock, als Welt und Weltbild in einem zusammenbrachen. Eine Katastrophe ungeheurer Zerstörung, auf die, schon bald nach Kriegsende, die Enthüllung unfassbarer Verbrechen folgte. Als er von den KZs erfuhr, erinnert sich Wellershoff, »da war ich völlig fassungslos, dass man in diesen Zusammenhängen sein Leben zur Verfügung gestellt hat. Ein ungeheurer Betrug an der eigenen Generation, ungeheurer Betrug. Wir fühlten uns missbraucht. Unglaublich. Da konnte man doch an nichts mehr glauben.«

Aber wer war für diesen Missbrauch verantwortlich?

»Die Nazis.«

Die Nazis?

»Ja, die das gemacht haben, die Partei. Es waren natürlich viele Helfershelfer, auch in allen anderen Ländern.«

Wie unterscheidet man Nazis und Nicht-Nazis, Herr Wellershoff?

»Die Nazis unterscheidet man dadurch, dass die die Ideologie gehabt haben, wir müssen eine bestimmte Menschensorte ausrotten.«

Waren alle, die in der NSDAP waren, Nazis?

»Nein, nein, nein. Viele haben sich natürlich einfach angepasst. Mein Vater hat zum Beispiel gesagt, er müsse dafür sorgen, dass die Häuser anständig gemacht werden. Nicht dass die Juden ermordet werden, sondern dass die Häuser anständig gemacht werden.«

Häuser, Autobahnen, Vollbeschäftigung – das war die Geschichte der Erwachsenen. Wem kann man da noch trauen, wenn so ein Weltbild in sich zusammenbricht und man mit dem unglaublichen Schuldvorwurf konfrontiert wird, in etwas hineingezogen worden zu sein, von dem man es nicht besser zu wissen glaubte? Wellershoff schüttelt den Kopf. Man kann nur noch sich selbst vertrauen, Individuum sein, sich verwei-

Kapitel 3

gern. Er habe nach dem Krieg ein Motto gehabt, er wisse nicht, wo der Spruch herkomme: »Wenn ich das Wort Gemeinschaft höre, entsichere ich meine Pistole.« Es war die ultimative Absage einer verratenen Generation an jedes System, formuliert mit den Worten eines der Hauptverantwortlichen dieses Verrats: Es war Goebbels, der gesagt hatte: »Wenn ich das Wort Kultur höre, entsichere ich meine Pistole.«[65]

So zeigt sich noch in der Ablehnung, wie sehr diese verratene Generation geprägt war von Ideen, die sie dann ein aufrechtes Demokratenleben lang aufs Äußerste bekämpfte. »Ohne mich, hat unsere Generation gesagt. Wir konnten nur noch uns selbst vertrauen.«

In einem Aufsatz über Günter Grass hat Wellershoff einmal das Verdrängte mit einem Fremdkörper verglichen, der von dichtem Narbengewebe umhüllt wird. Das Problem sei für Grass nicht mehr das Verschwiegene gewesen, sondern das andauernde Verschweigen, das sich schließlich zum »Verschweigen des Verschweigens« und zur »imaginären Last« auswuchs.

»Vielleicht darf man hoffen«, schloss Wellershoff seine Ausführung über die Vergangenheitsbewältigung des Schriftstellerkollegen, »dass mit dieser exemplarischen Geschichte die Nachkriegszeit zu Ende geht«. Er hätte es besser wissen können. Die Bundesrepublik ist nun schon über 60 Jahre alt. Doch in den Trümmern der deutschen Geschichte wütet noch immer die »Furie des Verstummens«.

Als Erzähler wie Essayist ist der Kölner Schriftsteller Dieter Wellershoff ein Mann, dem Erkenntnis und Wahrheit stets wichtige Anliegen gewesen sind. Es gibt wenige, die den Verblendungszusammenhang seiner Generation so offen und nüchtern dargestellt haben. Das Schicksal einer mit Hölderlin-Versen aufgeputschten, heldentodsüchtigen Jugend, die »in den Fackeldunst und das Fahnenmeer des Nazireiches

118

hineinwuchs und dann im unaufhaltsam sich zur totalen Niederlage wendenden Krieg ihren blutigen Tribut zahlte als Teilhaber und mehr oder minder Mitverursacher eines ungeheuren moralischen Desasters, das sich nicht mehr abstreifen ließ«.[66]

Wellershoff hat offen über seine jugendliche Begeisterung für Hitlers Wehrmacht geschrieben und seinen Wunsch, als Soldat an der Front zu kämpfen. Als er in den 1990er Jahren für eine Kur nach Bad Reichenhall ging, wo er ein halbes Jahrhundert zuvor als Verwundeter gelegen hatte, schrieb er über die Begegnung mit der eigenen Vergangenheit das Buch *Der Ernstfall*. Wenig erinnerte ihn dort an das Kriegslazarett von einst, denn Hegels »Furie des Verschwindens« hatte gründliche Arbeit geleistet. In der Fußgängerunterführung hatte jemand »Welcome to Zombie-Town« an die Wand gesprüht, und nur die »Überlebenden der gelichteten Jahrgänge«, die nach wie vor zur Kur nach Reichenhall kamen, bewahrten die Erinnerung an den Krieg. »Aber werden wir nicht gerade zu Bewohnern von Zombie-Town durch das Vergessen?«, fragt sich Wellershoff. »Es ist ja immer das Vergessene, das in verwandelter Gestalt wiederkehrt.«

Welche Gründe gäbe es heute noch für ein Verschweigen einer Parteimitgliedschaft, die man einem damals 18-jährigen, in einem verbrecherischen System aufgewachsenen Jugendlichen kaum als moralisch verwerflich anlasten kann? War es »nachwachsende Scham«, wie Grass von sich behauptete? Oder eine Verdrängungsleistung der gerade mit dem Leben davongekommenen jungen Männer?

Ein Verdrängungsprozess, der vielleicht in der Projektion der Schuld auf die Erwachsenen seinen Ursprung hatte. Der Projektion auf das Volk, den Staat. So, wie die Betroffenen vielleicht auch unbewusst ihre eigene Schuld als moralische Überväter

Kapitel 3

der Bundesrepublik kompensierten, indem sie Deutschland und den Deutschen immer wieder die Leviten lasen.

In *Der Ernstfall* berichtet Wellershoff von einem Gespräch, das er 1950 mit einem Schweizer Schüler führte, der dem deutschen Volk moralisches Versagen vorwarf. »Wahrscheinlich ist eine ganze Generation mehr oder minder verstummt«, vermutet Wellershoff, »weil die nachfolgende Generation das Gespräch so eröffnet hat, wie es jener Schweizer Schüler mit mir getan hat.«

Seit Kriegsende wurden die Angehörigen der Flakhelfer-Generation immer wieder mit den moralischen Konsequenzen einer von ihnen nicht verschuldeten Katastrophe konfrontiert und unter Rechtfertigungszwang gesetzt – erst durch die alliierten Siegermächte, dann von einer jungen Generation im eigenen Land. Wie konnten sie damit umgehen, ohne der Selbstverneinung und dem Selbsthass zu verfallen?

Noch heute kann man das Gefühl der Empörung spüren, mit der sich die nun über 80-Jährigen gegen moralische Vorhaltungen und Pauschalurteile wehren. So verurteilt Wellershoff in seinem Erinnerungsbuch *Der lange Weg zum Anfang* (2007) den »Generalverdacht der 68er-Generation, dass die schweigenden Väter, die sich nach ihrer Rückkehr aus dem Krieg sofort an den Wiederaufbau des Landes und ihrer Existenz machten, sämtlich verkappte Nazis seien«. Martin Walser löste einen Skandal aus, als er sich in seiner umstrittenen Paulskirchenrede gegen die »Moralkeule« Auschwitz wehrte.

Dahinter mag die Befürchtung stecken, dass die eigenen Leistungen durch das »beschämende Odium des Mitläufertums« (Wellershoff) entwertet werden sollen. Dass das Parteiabzeichen als brauner Fleck auf dem Lebenslauf der tatsächlich vorbildlichen Demokraten haftet. Wie prägend diese durch Zusammenbruch und Entnazifizierung verschärfte Angst vor

120

dem Makel ist, zeigt ein Missgeschick, von dem Wellershoff in *Der Ernstfall* berichtet. Nachdem er im Sommer 1945 aus der Kriegsgefangenschaft in seinen Heimatort Grevenbroich zurückgekehrt ist, grüßt er gedankenlos einen alten Lehrer auf der Straße mit dem Hitlergruß: »Es war mir herausgerutscht, ein blöder Versprecher, kompromittierend wie bekleckerte Kleidung. Der Makel klebte an mir und ließ mich lächerlich aussehen. Ich konnte ihn nicht abwischen, nicht durch irgendeine rasche beflissene Korrektur.«

Kapitel 4

Das Vorleben der Anderen

Von ehemaligen Politikern heißt es, sie müssten nach dem Verlust von Dienstwagen und Chauffeur das Autofahren neu lernen. Wenn das bei Hans-Dietrich Genscher auch so war, hat es prima geklappt. Seinen 250-PS-Audi hat der ehemalige Innen- und langjährige Außenminister so fest im Griff wie einst Amt und Partei. »Ich will Ihnen mal was erzählen«, sagt der 84-jährige FDP-Altstar, und während er seine Silberlimousine in Richtung Bad Godesberg jagt, geht die Reise zurück in die Vergangenheit: an die Friedrich-Nietzsche-Schule in Halle, wo der 15-jährige Genscher 1942 mit einem Deutschaufsatz über Grillparzer ringt.

Er erinnert sich noch genau an die Verse des Dichters. »Eines nur ist Glück hienieden, eins: Des Innern stiller Frieden und die schuldbefreite Brust!«, deklamiert Genscher und gibt Gas. »Und die Größe ist gefährlich, und der Ruhm ein leeres Spiel; was er gibt, sind nicht'ge Schatten, was er nimmt, es ist so viel.«

Er habe Grillparzers Worte immer als Leitmotiv in sich getragen, sagt Genscher, vor allem später als Politiker. Doch für einen 15-Jährigen im »Dritten Reich« ist das Thema gefährlich. Wenn es wirklich auf die inneren Werte ankommt, fragt der Schüler in seinem Aufsatz, warum rennen in Deutschland dann alle in Uniformen herum?

Genscher hat Glück gehabt, so erzählt er es heute. Bei der Rückgabe der Klausur habe ihm der Lehrer erklärt, sein Tintenfass sei ausgelaufen, er habe die Arbeit weggeworfen. Dann

Kapitel 4

habe er die Hände auf seine Schultern gelegt, erinnert sich
Genscher, und gesagt: »Nicht wahr, mein Junge, jetzt gibt es
auf der ganzen Welt nur zwei Menschen, die wissen, warum
es besser war, dass ich deine Arbeit weggeworfen habe.«

Ruhm und Größe sind vergänglich, das ist die eine Lektion, die der 15-Jährige damals lernt. Die andere lautet: Wissen
ist Macht. Es ist das erste Mal, dass der junge Genscher die
Bedeutung von Geheimnissen erkennt – und die Macht, die
sie einem über andere Menschen verleihen. Es ist eine unge-
mein nützliche Lektion für das Leben in der jungen Bundesrepublik, die nur den Blick nach vorn kennt, weil der Blick
zurück die meisten Deutschen an ihre eigenen kleineren oder
größeren Geheimnisse erinnern würde.

So wuchs schon bald nach dem Krieg in Deutschland der
dringende Wunsch, die Vergangenheit am besten einzumot-
ten. Bereits 1964 hatte FDP-Chef Thomas Dehler auf einem
Parteitag verkündet, wer an der formalen Mitgliedschaft bei
der NSDAP Anstoß nehme, »der will einer Generation von
jungen Menschen, die unter bestimmten Verhältnissen leben
musste, die Lebensmöglichkeit, auf jeden Fall die politische
Wirkungsmöglichkeit abschneiden«. Da saß Genscher, den
Dehler 1956 in die Bonner FDP-Fraktion geholt hatte, bereits
als Bundesgeschäftsführer auf dem Podium. Und auch in seinem Leben gab es ein Geheimnis, eine Zahl: 10 123 636. Unter
dieser Nummer wurde der 17-jährige Genscher ab 1944 als
Mitglied der NSDAP geführt – ohne sein Wissen, wie Genscher versichert: »Ich habe keinen Aufnahmeantrag unterschrieben.«

Tatsächlich gibt es im Bundesarchiv, das heute die NSDAP-
Mitgliederkartei aufbewahrt, keinen solchen Aufnahmeantrag – lediglich eine Karteikarte auf Genschers Namen, die
als Antragsdatum den 18. Mai 1944 und für die rückwirkende

Das Vorleben der Anderen

Aufnahme den 20. April 1944 verzeichnet, den 55. Geburtstag Adolf Hitlers. Aber Genschers Name taucht noch einmal auf: in einer »Namentlichen Liste« der Aufnahmescheine, die von der Gauleitung in Halle am 23. August 1944 an die Reichsleitung der NSDAP in München geschickt wurde.

Von der Existenz seiner Mitgliedskarte habe er erst Anfang der 1970er Jahre erfahren, erklärt Genscher. Da war er bereits Innenminister in der sozialliberalen Koalition unter Willy Brandt. Ein Fraktionskollege habe ihm den Hinweis gegeben: Es gebe da eine Unterlage. »Daraufhin habe ich ganz förmlich vom Innenministerium anfragen lassen, und dann haben die mir das geschickt.«

Genscher behielt die Information für sich. Seine Mitgliedskarte wurde aus der Hauptkartei im Berlin Document Center, das die Parteikartei der Nazis hütete, entfernt und verschwand – wie die anderer deutscher Spitzenpolitiker – im Bürosafe des amerikanischen Leiters.

»Freund, Feind, Parteifreund«, lautet eine alte Politiker-Weisheit. Doch der »Fraktionskollege« verriet Genscher nicht. Jedenfalls nicht in Westdeutschland.

In Ostberlin aber setzte sich am 4. September 1970 ein Oberleutnant des Ministeriums für Staatssicherheit an seinen Schreibtisch und verfasste einen Vermerk für die hausinterne Arbeitsgruppe Aktuelle Fragen: »Aus einer Information der Zentralen Auswertungs- und Informationsgruppe Nr. E 8125/70 ist ersichtlich, dass laut Unterlagen des Document Center der USA in Westberlin der Innenminister Genscher am 20.4.1944 von der HJ in die NSDAP übernommen wurde.«[1]

Die Zentrale Auswertungs- und Informationsgruppe (ZAIG) im Ministerium für Staatssicherheit war nach dem Volksaufstand vom 17. Juni 1953 ins Leben gerufen worden, um die Parteiführung der SED mit aktuellen Informationen zur politi-

125

schen Lage zu versorgen. Sie war spätestens ab den 1970er Jahren »die zentrale Schaltstelle im Apparat der Staatssicherheit«.[2] Die Informationen, die hier aus operativen Vorgängen – im Volksmund: Spionage – zusammenliefen, wurden auch von der Abteilung Agitation im MfS für Propagandaaktionen gegen westdeutsche Politiker genutzt.

Politisch, ja, da könnte eine Mitgliedschaft in der NSDAP oder SS schon von Belang gewesen sein, räumt der ehemalige MfS-Offizier Dieter Skiba ein. »Für Leute, die man möglicherweise nicht haben wollte.« Und natürlich: geheimdienstlich! »Dass man sagt: Pass mal auf, wir halten die Schnauze.«

Das Geheimwissen um die NS-Vergangenheit vieler Ostdeutscher diente Parteiführung und Staatssicherheit auch als nützliches Druckmittel. Als der junge Günter Guillaume von seinem Vorgesetzten im Verlag Volk und Wissen beim Flunkern über seine Parteimitgliedschaft erwischt wurde, presste ihn die Staatssicherheit in ihre Dienste. Guillaume war am 20. April 1944, dem gleichen Datum wie Genscher, in die NSDAP aufgenommen worden. Drei Jahrzehnte später war der Stasi-Spion Guillaume enger Berater Willy Brandts, Genscher dessen Innenminister und Günther Nollau, ebenfalls ein ehemaliges NSDAP-Mitglied aus Ostdeutschland, Präsident des Verfassungsschutzes.

Doch auch die Stasi verriet Genschers NSDAP-Mitgliedschaft nicht. »Ist ja im Geheimdienst so üblich«, erklärt Dieter Skiba. »Alles wissen wollen und dann gelegentlich mal was aus der Tasche ziehen, wenn es notwendig ist. Wir haben viel auf Vorrat gearbeitet.«

Es sollte noch zwei Jahrzehnte dauern, bis die NSDAP-Mitgliederkartei im Sommer 1994 in den Besitz des deutschen Bundesarchivs überging. Wenige Wochen später erfuhr die Öffentlichkeit von Genschers Karteikarte. »Vorher wollte es die BRD nicht wissen«, glaubt Skiba, »und wir haben immer gesagt: Was ich offiziell nicht besitze, darüber brauche ich nicht Bescheid zu wissen. Wenn ich die Unterlagen nicht habe, bin ich nicht dafür verantwortlich, sie in die Öffentlichkeit zu bringen oder damit umzugehen. Das war für die BRD eine bequeme Geschichte zu sagen: Wir? Moment, das wissen wir nicht. Da sitzen die Amerikaner drauf.«

Operativ bedeutsam: Wie die Stasi das Document Center auszuspionieren versuchte

Für die Akten des Document Center mit seiner NSDAP-Kartei interessierten sich nicht nur westdeutsche Wissenschaftler, sondern auch das Ost-Berliner Ministerium für Staatssicherheit. Die Stasi dürfte immer wieder an Informationen aus der Berliner Archiv-Villa gelangt sein, glaubt der langjährige BDC-Direktor David Marwell.[3]

Schon 1960 kam das MfS dank einer Quelle im Document Center an detaillierte Informationen über Gebäude, Mitarbeiter und Organisation der geheimen US-Dienststelle. Ein »IM Bolz« und ein »IM Alexander«, der »direkt im feindlichen Objekt tätig« war, verschafften dem MfS nicht nur die Telefonnummern des BDC-Direktors James Beddie und anderer Abteilungen, sondern auch Namen und persönliche Informationen über ein halbes Dutzend deutscher Mitarbeiter, darunter des späteren stellvertretenden Direktors Egon Burchartz.[4]

Bis 1952 bekamen die DDR-Behörden bisweilen noch Auskunft über Material zu faschistischen Organisationen und ehemaligen Angehörigen der Nazipartei, das im Document Center lagerte. Doch als der Kalte Krieg sich immer mehr zuspitzte, machten die Amerikaner die Schotten dicht. Die

Kapitel 4

Gründe lagen auf der Hand: Es konnte kaum im Interesse der USA sein, ausgerechnet ostdeutschen Regierungsstellen Zugang zu den immer noch heißen Naziakten zu gewähren, deren Inhalt in Ostberlin für Propagandaaktionen gegen amerikanische Bündnispartner verwendet werden konnte.

Seit den 1960er Jahren bemühte sich die Staatssicherheit, anhand der in ostdeutschen Archiven vorhandenen Akten systematisch Informationen über die Karrieren prominenter Bundesdeutscher vor 1945 zu sammeln. 1967 wurde per Ministerbefehl 39/67 eigens die Hauptabteilung IX/11 im MfS gegründet mit dem Ziel, braunes Belastungsmaterial zu finden, auszuwerten und anderen Abteilungen im Ministerium zur Verfügung zu stellen. Die erarbeiteten Informationen wurden ab 1965 im *Braunbuch* veröffentlicht. Mitten auf dem Höhepunkt der Studentenunruhen in Westdeutschland 1968 erschien die dritte Auflage des *Braunbuchs*, in dem die DDR-Propaganda ehemalige Nationalsozialisten in Staat, Wirtschaft, Verwaltung, Armee, Justiz und Wissenschaft der Bundesrepublik anprangerte.

Das *Neue Deutschland* berichtete am 3. Juli 1965 über die Pressekonferenz mit dem Politbüromitglied Albert Norden in Ostberlin: »21 Minister und Staatssekretäre der Bundesrepublik, 100 Generale und Admirale der Bundeswehr, 828 hohe Justizbeamte, Staatsanwälte und Richter, 245 leitende Beamte des Auswärtigen Amtes, der Bonner Botschaften und Konsulate sowie 297 mittlere und hohe Beamte der Polizei und des Verfassungsschutzes waren einflussreiche Stützen der Hitlerdiktatur.« Im MfS klopfte man sich währenddessen für die investigative Rechercheleistung auf die Schultern. In einem Memo der Abteilung Agitation an Minister Mielke werden artig die Fleißpunkte aufgelistet: »Das Braunbuch entstand mit wesentlicher Unterstützung der Abt. Agitation des MfS.

128

Zu allen Abschnitten wurden von der Abt. Agitation des MfS Materialien bzw. Informationen geliefert. Die Abschnitte ›SS-Mörder von A bis Z‹ (Seite 75) und ›Angehörige der Gestapo, des SD und der SS in der Westberliner Polizei‹ (Seite 91) wurden fast nur aus unseren Materialien zusammengestellt.«[5]

Der beträchtliche Propagandaaufwand, der unter Leitung von Albert Norden betrieben wurde, um die braune Vergangenheit prominenter Westdeutscher zu enthüllen, darf nicht darüber hinwegtäuschen, dass die reißerisch präsentierten Fakten zu 99 Prozent der Wahrheit entsprachen. Zwar trug die Manipulation von Dokumenten über den westdeutschen Bundespräsidenten Heinrich Lübke dazu bei, dass das *Braunbuch* in Westdeutschland schnell als Propagandalüge abgetan und auf der Frankfurter Buchmesse sogar beschlagnahmt wurde. Im Großen und Ganzen gelten die im *Braunbuch* dargestellten Fakten heute jedoch als gesichert.[6]

Das Document Center allerdings war der heilige Gral der Nazijäger in Ost und West. Die Stasi-Rechercheure konnten im besten Fall mühsam die in DDR-Archiven verbliebenen Akten republikflüchtiger Ostdeutscher zusammensuchen, während die Amerikaner viel schneller auf die Daten zugreifen konnten, die sofort nach der Übernahme 1945 alphabetisch nach Personennamen sortiert worden waren. Zudem waren die NSDAP-Mitgliederkartei und andere Akten im Document Center umfassender und nahezu vollständig vorhanden.

Von Anfang an waren die Amerikaner darauf bedacht, das Machtwissen über ihren Bündnispartner nicht nur zu schützen, sondern auch zu nutzen. Aus dem bereits erwähnten IM-Auskunftsbericht von 1960 geht hervor, dass es noch einen weiteren Grund gab, warum die Amerikaner ihr Machtwissen sorgsam hüteten. Darin nämlich teilt der Inoffizielle Mitarbeiter »Alexander« seinen Führungsoffizieren mit, »dass der

Kapitel 4

amerikanische Geheimdienst dieses Objekt für seine verbrecherische Tätigkeit gegen die DDR ausnutzt, indem er Personenkreise, die dort erfasst sind, aufklärt und zur Werbung vorbereitet«.[7]

Auch das MfS hatte ein Interesse daran, westdeutsche Personen mit Hilfe kompromittierender Akten aus der Zeit vor 1945 zur geheimdienstlichen Mitarbeit zu pressen. Der Versuch, über inoffizielle Mitarbeiter an Informationen aus dem Document Center zu gelangen, scheiterte aber nach drei Jahren erst einmal. 1963 brach die Verbindung zu »Alexander« ab und konnte nicht wieder aufgenommen werden. Das bis dahin erarbeitete Material hatte den Ostberliner Spionen keine Möglichkeit geboten, ins Innerste der amerikanischen Dienststelle vorzudringen.

Deshalb verlegte man sich erst einmal auf Äußerlichkeiten und ließ das Gelände des Document Center von der Aufklärung des Grenzkommandos Mitte observieren.

MfS-Offizier Dieter Skiba berichtet von einem Gespräch, das er 2012 mit seinem ehemaligen Chef Wolfgang Schwanitz führte, der in den 1960er Jahren Leiter der Ostberliner Bezirksverwaltung des MfS war: »Wir haben damals aufgeklärt, das von außen fotografiert, versucht, an die Namen dranzukommen, wer dort beschäftigt ist. Aber einen direkten Zugang zu den Archivalien oder zur Kartei hatten wir nicht. Natürlich hat uns das gewurmt, wir hätten auch in Ludwigsburg gerne einen Fuß durch die Tür bekommen.«

1968 meldete der geheime Mitarbeiter »Horst Meyer« immerhin die äußeren Abmessungen des Document Center und gab zu Protokoll, dass es sich um einen Flachbau von 15 x 12 Meter Ausdehnung handele, der durchgehend von einem amerikanischen Posten bewacht werde und von einem Maschendrahtzaun mit Stacheldrahtkrone umgeben sei.[8]

130

Das Vorleben der Anderen

1970 war das Gebäude in IM-Berichten schon auf 50 Meter Breite angewachsen und hatte angeblich 13 unterirdische Etagen. Ob die Vorstellung von ungeheuren Mengen an Naziakten die Fantasie der Spione angeregt hatte? Jedenfalls waren die Angaben so widersprüchlich, dass die Verantwortlichen entschieden, über das Objekt erst einmal keine Information abzusetzen.[9]

Zwei Jahre später wurde ein westdeutscher Staatsanwalt aus Osnabrück dabei beobachtet, wie er das Document Center betrat und nach drei Stunden wieder ging. Am gleichen Tag war auch der Intendant des RIAS vor Ort und nahm mehrere Filmkästen mit.

1974 bekam die Stasi Lageskizzen und detaillierte Beschreibungen des Document Center. Vom Holzhaus für den amerikanischen Guard-Posten über unterirdische Betonbunker bis zu jenem flach gebauten Steingebäude, das nach Ansicht der MfS-Quellen als Lagerhaus für den *Völkischen Beobachter* diente, vermaßen die Spione das inmitten von Berliner Gartengrundstücken gelegene obskure Objekt ihrer Begierde am Wasserkäfersteig.

Sieben Jahre später gelang es dem »IM Horst Fischer«, Offiziere des Guard-Bataillons abzuschöpfen. Dabei erfuhren die Ostberliner Spione, dass das BDC ab dem 1. August 1981 nicht mehr von den Amerikanern bewacht werden sollte und angeblich die Übergabe der Naziakten an die Behörden der BRD vorgesehen war. Da das MfS ansonsten keine Beziehungen mehr zum Document Center hatte, war den Verantwortlichen unklar, »ob BRD-Behörden das Objekt übernehmen und selbst bewachen, oder ob die Akten in die BRD umgelagert werden sollen«. Das allerdings war in Bonn und Washington ebenso unklar – und sollte es noch jahrelang bleiben. In Ostberlin vermutete man, dass die Naziakten »in die Hände der Bundesbehörden« gekommen seien.

»Recherchen müssten geführt werden«

Für Bundestagspräsident Karl Carstens war der November 1978 Gelegenheit, alten Erinnerungen an seine Zeit als Referendar im »Dritten Reich« nachzuhängen. Tagelang durchforstete der CDU-Politiker Keller und Dachboden auf der Suche nach persönlichen Dokumenten aus der Zeit des »Dritten Reichs«. »Wieder ist ein führender Christdemokrat auf der Suche nach seiner Vergangenheit«, schrieb der *Spiegel*, nachdem Gerüchte über eine Parteimitgliedschaft Carstens' publik geworden waren. Mitgliedschaft wohlgemerkt nicht in der Partei, die ihn demnächst als Bundespräsidenten-Kandidaten aufzustellen gedachte, sondern in der Nationalsozialistischen Deutschen Arbeiterpartei, der Carstens seit 1940 bis Kriegsende angehört hatte.[10]

Mit der gezielten Indiskretion schien die schon sicher geglaubte Kandidatur des rechten CDU-Manns für das höchste Amt im Staat auf einmal wieder in weite Ferne gerückt. 1979 sollte nämlich in Bonn nicht nur ein neuer Präsident gewählt, sondern auch die Aufhebung der Verjährungsfrist für Mord im deutschen Bundestag beschlossen werden – eine entscheidende Voraussetzung, damit NS-Verbrechern auch 35 Jahre nach Kriegsende noch der Prozess gemacht werden konnte. Lübke, Globke, Kiesinger und Filbinger – drohte jetzt ein Fall Carstens? Das hätte den Konservativen nicht nur von Seiten der SPD Kritik eingebracht, sondern auch im Ausland.

Für den Kandidaten lohnte sich das Abtauchen im Privatarchiv: Er konnte ein Spruchkammerurteil vom 3. Juni 1948 präsentieren, das ihm bescheinigte, die Parteimitgliedschaft 1937 »auf Druck seiner vorgesetzten Dienststelle« beantragt, die Unterlagen jedoch absichtlich unvollständig und verspätet eingereicht zu haben, sodass sein Antrag am 12. Mai 1939 auf-

Das Vorleben der Anderen

grund einer da bereits wirksamen Aufnahmesperre abgelehnt
worden sei. Weil Carstens 1935 seine Entlassung aus der SA
beantragt hatte und damit nicht mehr in der Genuss der staatlichen Studienhilfe kam, erklärte ihn die Spruchkammer gar
zu einer Art Widerständler, der »nach dem Maß seiner Kräfte
aktiv Widerstand gegen die Nazi-Gewaltherrschaft geleistet
und auch dadurch Nachteile erlitten« habe.[11] Einstweilen sei
Carstens bei der Selbsterforschung nur auf entlastendes Material gestoßen, spottete der *Spiegel* im November 1978 über dessen Rechtfertigungsversuche.

Carstens selbst behauptete 1978, zwar kein Widerständler
gewesen zu sein, aber dem System ablehnend gegenüberge-
standen zu haben: eine moralische Gratwanderung, denn um
seine Promotion nicht zu gefährden, sammelte der einstweilen
verhinderte Parteigenosse zwischen 1937 und 1939 während
seiner Referendarzeit in Bremen Mitgliedsbeiträge für die
NSDAP ein – das System ablehnend und ihm doch behilflich?

Auch die Stasi interessierte sich für die NS-Vergangenheit
von Carstens, konnte ihrerseits jedoch nichts zur Anheizung
der Debatte beitragen. In der Normannenstraße war man
im Fall Carstens ganz auf die Westpresse angewiesen und
exzerpierte einfach Artikel aus dem *Spiegel* und anderen
Medien. Die Stasi-Akte von Carstens (Spitzname »Matrose«)
etwa vermerkt, dass er »besonders durch seine nazistische
Vergangenheit und Gesinnung belastet«, Mitglied in SA und
NSDAP gewesen sei und als Jurist an Kriegsgerichtsverfahren
teilgenommen habe. Allerdings hört man den Stoßseufzer
eines Ostberliner Datensammlers zwischen den Zeilen, der
danach vermerken muss: »Zum gegenwärtigen Zeitpunkt
liegen noch keine dokumentarischen Beweise bzw. interne
Informationen vor, die schon bekannte oder neue Aspekte
der faschistischen Vergangenheit von Carstens dokumen-

tieren bzw. geeignet sind, ihn weiterer Aktivitäten zu über-
führen und seine Person entscheidend zu belasten. Die
dargestellten Erkenntnisse beruhen ausschließlich auf BRD-
Presseveröffentlichungen.«[12]

Denn so brisant und zutreffend die Informationen über
den späteren Bonner Bundespräsidenten gewesen sein moch-
ten, da sie bereits in Westdeutschland enthüllt worden waren,
taugten sie kaum als Munition für *Braunbuch*-ähnliche Propagandaaktionen. Die demokratische Presse im Westen hatte
die Aufklärungsarbeit selbst geleistet – auch ohne Mithilfe
des MfS, das vielmehr auf sie angewiesen war.

Dabei ließen es sich die Stasi-Mitarbeiter nicht nehmen, die
Enthüllungen in den westdeutschen Medien zu bewerten und
kommentieren. Carstens habe als Mitglied der SA »seine positive Haltung zum faschistischen Deutschland« demonstriert
und dafür die staatliche Beihilfe zum Studium erhalten, die
nur solchen Studenten bewilligt wurde, die ihre nationalsozialistische Gesinnung zeigten.[13] Genau um solche Interpretati-
onsfragen drehte sich auch die westdeutsche Debatte über die
NS-Vergangenheit des Bundespräsidenten-Kandidaten.

Im Kern ging es dabei um die Frage, ob der 1914 in Bremen
geborene Carstens überzeugter Nationalsozialist gewesen war
oder lediglich ein opportunistischer Mitläufer, der sich aus
Karrieregründen dem Anpassungsdruck seiner Umgebung
fügte. Hatte Carstens als Ausbilder an der Flakartillerieschule
Berlin 1943 wirklich demonstrativ das Parteiabzeichen auf
der Wehrmachtsuniform getragen, was mehrere Zeitzeugen
behaupteten, er selbst aber vehement bestritt? Üblicherweise
ruhte bei Wehrmachtsangehörigen die Parteimitgliedschaft.
Davon hatte man auch bei der Stasi gehört und schränkte
deshalb ein: »Diese Angabe kann nicht überprüft werden, sie
entspricht normalerweise nicht der damals geübten Praxis.«

Carstens war 1934 dem SA-Sturm beigetreten und 1940 in die NSDAP aufgenommen worden. Den Aufnahmeantrag hatte er, angeblich auf Druck seiner Vorgesetzten, schon 1937 gestellt. Den weiteren Fortgang seiner Karriere fassen die Stasi-Rechercheure wie folgt zusammen: »Er promovierte und legte sein zweites Staatsexamen ab. Vorsitzender bei der Prüfung war der Hamburger Oberlandesgerichtspräsident Rothenberger, später Staatssekretär im Reichsjustizministerium, ein Mann Hitlers. Er bewertete die Examensleistung als ›lobenswert‹; das war das zweitbeste Prädikat, das vergeben werden konnte. Anfang 1940 wurde die bis dahin in der NSDAP bestehende Mitgliedersperre aufgehoben und die Mitgliedschaft von Carstens in der NSDAP wirksam. Die Mitgliedschaft soll von Anfang an geruht haben, da Carstens schon 1939 Soldat wurde.«[14]

Doch die Stasi-Rechercheure wollten sich nicht damit zufriedengeben, das in westlichen Medien veröffentliche Belastungsmaterial zu referieren. Es gab Hausaufgaben für die Historiker der Abteilung IX/11: »Recherchen müssten geführt werden«, heißt es da, zum Kriegs- und Feldgericht Bremen und dem Reichskriegsgericht Berlin, an denen Carstens zwischen 1939 und 1945 als Beisitzer und Verteidiger gewirkt hatte. Denn die Mitwirkung an NS-Gerichtsurteilen stellte eine weitaus schwerere Belastung dar als eine nominelle Parteimitgliedschaft. Das hatte kurz zuvor bereits der Fall des baden-württembergischen Ministerpräsidenten Hans Filbinger gezeigt, der von seinem Amt zurücktreten musste, nachdem bekannt geworden war, dass er als Marinerichter noch kurz vor Kriegsende an Todesurteilen mitgewirkt hatte.

Doch so detailliert die Stasi den Lebenslauf von Carstens zu rekonstruieren versuchte, so wenig kam am Ende dabei heraus. 1980 berichtete ein IM aus Bremen, dass westdeutsche NS-Opferverbände planten, im Bundestagswahlkampf neue

Kapitel 4

Beweise für Carstens' ehemalige NS-Gefolgstreue zu veröffentlichen, »um der CDU eine Wahlkampfniederlage beizufügen«.

Für das MfS blieb – aus Mangel an Beweisen – eine Propagandaaktion zur NS-Vergangenheit des neuen westdeutschen Bundespräsidenten Wunschdenken. Carstens' wahre Gegner saßen ohnehin nicht in Ostberlin, sondern in seiner eigenen Fraktion. Von dort waren die Gerüchte über seine Vergangenheit im »Dritten Reich« lanciert worden – und zwar ausgerechnet von seinem, dem rechten Flügel der Christdemokraten. Das war auch Ostberlin nicht entgangen, wo man schon bald merkte, dass es bei dem Bonner Streit nicht um die NS-Vergangenheit von Carstens ging, sondern um einen Machtkampf des rechten CDU-Flügels mit Parteichef Helmut Kohl: »Carstens soll öffentlich belastet werden, um ihn für das Amt des Bundespräsidenten ungeeignet erscheinen zu lassen. Das eigentliche Ziel der Aktion ist auf Kohl und dessen Abschieben gerichtet. ... Die gleichen extremen Rechtskräfte, die bisher solche ›rechten‹ Leute wie Carstens gestützt haben, würden ihn jetzt auch bedenkenlos opfern, nur um Kohl loszuwerden.«[15]

Die sogenannte »Vergangenheitsbewältigung« war, solange das Herrschaftswissen über die Vergangenheit deutscher Politiker noch in deren eigenen Händen war, in Ost- und Westdeutschland viel öfter Mittel zum Zweck, als es die Sonntagsreden eben dieser Politiker vermuten ließen, ein Werkzeug zur Intrige, das gerne und oft genutzt wurde.

Die Kartei hat immer recht

Am Montag klingelte das Telefon von Oberstleutnant Dieter Skiba schon um 8 Uhr morgens. Der Leiter der Abteilung IX/11 im Ministerium für Staatssicherheit nahm den Hörer ab, aus dem eine barsche Stimme bellte: »Hast du heute schon Zeitung gelesen?« Es war Stasi-Chef Erich Mielke persönlich. »Jawohl, Genosse Minister«, meldete Skiba pflichtschuldig, »das *Neue Deutschland* habe ich durch.« – »Ach was, ich meine den *Spiegel*. Steht was drinnen, sag Bescheid.«

Montag war *Spiegel*-Tag, auch in der Normannenstraße. Skiba hatte nur ein Problem: Wie sollte er wissen, mit welchen Enthüllungen das Hamburger Nachrichtenmagazin mal wieder für Aufsehen gesorgt hatte? Das einzige Exemplar in seinem Abschnitt lag beim Leiter der für Untersuchung zuständigen Hauptabteilung IX. »Da musste ich erst zum General und im Vorzimmer warten, bis der fertig war.«[16]

Nach einer Stunde bekam Skiba das Magazin und konnte anfangen zu recherchieren, ob in seiner Abteilung Informationen über die Betroffenen aus der NS-Zeit vorlagen. »Da war nicht bloß mit anrufen: Genosse Minister – wir haben nichts! Deswegen haben wir immer alles gesammelt, auch die Zeitungsausschnitte, falls dem Alten einfällt, wir müssen was machen.« Noch am Montagabend habe Mielke einen schriftlichen Bericht erwartet, »damit er's dienstagfrüh bei der Politbüro-Sitzung mit dem Generalsekretär bequatschen konnte«.

Man kann es sich einfach machen und die Geschichte in Sieger und Verlierer unterteilen. Dann wäre Dieter Skiba, Oberstleutnant a. D. des Ministeriums für Staatssicherheit der DDR, historisch gesehen schon zum zweiten Mal auf der Seite der Verlierer.

Sein Staat ging unter, seine Behörde wurde aufgelöst, seine Partei benannte sich auf dem Weg in die postsozialistische Bedeutungslosigkeit immer wieder um. Auf diesem Weg von der SED über die PDS zur Partei DIE LINKE gingen der allmächtigen Einheitspartei der DDR einige Millionen Mitglieder verloren.

Der frühere Stasi-Offizier sitzt in einem Konferenzzimmer im Berliner Verlagshaus des *Neuen Deutschland* und macht seinem Herzen Luft. »Es gab etwa zwei Millionen Mitglieder der SED. Nun überlegen Sie mal, wer von den zwei Millionen heute noch in der Linkspartei ist und sich wirklich zur DDR bekennt.«

Dieter Skiba mag ein Verlierer sein, aber er ist kein Opportunist. Das kann man von vielen seiner ehemaligen Genossen nicht sagen. »Die haben sich gedreht und gewendet wie die Zicke am Strick und waren auf einmal Widerständler.« Grimmig blickt der 74-Jährige auf die taubenblaue Tapete des abgenutzten Bürozimmers.

Hier, im 20. Stock des Verlagshauses der einstigen Parteizeitung, hat die »Gesellschaft zur Rechtlichen und Humanitären Unterstützung« (GRH) ihren Sitz, die sich laut Vereinssatzung »für Rehabilitierung, Gerechtigkeit und Historische Wahrheit« einsetzt. Der ehemalige DDR-Staatschef Egon Krenz ist auch Mitglied, was eigentlich alles über die Anschlussfähigkeit der GRH an den heutigen politischen Konsens der Bundesrepublik sagt.

Dass der Verein, den er zusammen mit anderen ehemaligen Kadern aus SED, MfS und Nationaler Volksarmee gegründet hat, von Kritikern als ein verbohrter Haufen Ewiggestriger angesehen wird, nimmt Skiba mit einem Schulterzucken hin. Aber dass er ein Wendehals sei, kann man ihm nicht vorwerfen.

Mit Wendehälsen kennt sich Skiba aus. »Solche Figuren gibt's eben immer und überall, und deshalb sage ich: Die bloße Mitgliedschaft in einer Partei sagt noch lange nichts über die Gesinnung und das Verhalten der Leute aus. Deswegen haben wir auch die 11 Millionen NSDAP-Mitglieder wieder in die Gesellschaft zu integrieren versucht. Man konnte doch in der DDR nicht sagen: Jeder Achte ist von vornherein ein Nazi, das geht gar nicht!«

Fragt sich nur: Wie baut man eine sozialistische Volksrepublik auf mit Millionen ehemaligen Faschisten? Skiba ist sieben Jahre alt, als das »Dritte Reich« den Krieg verliert und Deutschland geteilt wird. Allmählich wurde das unvorstellbare Ausmaß der deutschen Verbrechen bekannt, und so verschieden die beiden deutschen Staaten waren, in einem Punkt waren sich die Regierungen in Bonn und Ostberlin einig: Nie wieder durften von deutschem Boden aus faschistische Verbrechen verübt werden.

Der Bauernsohn Skiba engagiert sich beim Aufbau der DDR – erst in der Landwirtschaft, dann bei der Staatssicherheit. »Das Thema Nazis war für mich früher nicht relevant, ich war ja Landwirt.« Dann geht er 1958 zum MfS und wird in die Kreisdienststelle Oranienburg versetzt. Dort soll er sich um die Neugestaltung der Nationalen Mahn- und Gedenkstätte des KZ Sachsenhausen kümmern. Im Laufe der Zeit wertet Skiba auch Verfahren gegen SS-Männer in Sachsenhausen aus und kommt 1968 schließlich – »kein Fachmann auf der Strecke, aber schon etwas versiert« – als einer der Ersten zur neu gegründeten Hauptabteilung IX/11 im Ministerium für Staatssicherheit.

Jahrzehntelang befassten Skiba und seine Mitarbeiter sich mit dem Vorleben der Anderen, sammelten biografisches Material aus dem »Dritten Reich«, werteten es aus, leiteten es weiter. Seine Dienststelle war das ostdeutsche Gegenstück zur Zentralen Stelle der Landesjustizverwaltungen in Ludwigsburg, die in der Bundesrepublik für die Strafverfolgung von nationalsozialistischen Verbrechen zuständig war.

Seit seiner Gründung 1950 habe das MfS schon über Akten aus der Zeit des »Dritten Reichs« verfügt, erklärt Skiba. »Die sind aus der Kriminalpolizei K5 übernommen worden, wo Mielke maßgeblich bei der Fahndung nach Nazis involviert

Kapitel 4

war.« Nach Befehl Nr. 201 der Sowjetischen Militärverwaltung von 1947 war die K5 für die Verfolgung von NS-Verbrechern in der DDR zuständig.[17]

Seit 1952 gab es im MfS die Abteilung XII, Zentrale Registratur und Archiv, wo auch Naziakten registriert, aufgearbeitet und archiviert wurden. Daraus entstand schließlich Skibas Spezialeinheit, die IX/11, die von Stasi-Chef Mielke per Ministerbefehl 39/67 offiziell ins Leben gerufen wurde. Sie arbeitete eng mit dem 1964 gebildeten Dokumentationszentrum des DDR-Innenministeriums zusammen, das ebenfalls Akten aus der Zeit von 1933 bis 1945 sammelte.[18]

Dass Mielkes Mannen zwei Jahrzehnte nach Kriegsende die Suche nach Naziakten intensivierten, war auch den großen politischen Debatten der 1960er Jahre in Westdeutschland geschuldet. »Das hängt alles zusammen mit den Verjährungsproblemen«, erklärt Skiba. »Die Archivmaterialien sollten nutzbar gemacht werden für den Kampf gegen Verjährung von Nazi- und Kriegsverbrechen in der Bundesrepublik und für die Unterstützung des Nationalrats der Nationalen Front.«

Wie bereits erwähnt nutzte das Politbüromitglied Albert Norden schon in den frühen 1960er Jahren belastendes Material für gezielte Kampagnen zur Diskreditierung westdeutscher Politiker und Beamter. Mit Propagandaaktionen wie den *Braunbüchern* sollte in der Verjährungsdebatte Druck auf die Regierung der Bundesrepublik ausgeübt werden.

Wenn es politisch angeraten schien, versorgte die Staatssicherheit auch Westdeutsche wie Beate Klarsfeld oder Günter Wallraff mit Belastungsmaterial gegen bundesdeutsche Politiker. Das geschah offiziell über das Dokumentationszentrum der Staatlichen Archivverwaltung der DDR. Die Ohrfeige, die Klarsfeld 1968 dem deutschen Bundeskanzler und ehemaligen NSDAP-Mitglied Kurt Georg Kiesinger auf dem CDU-Parteitag

140

verpasste, ging in die Geschichte ein. Da sie eine Woche später auf Veranlassung von Norden eine Zahlung von DM 2000,- »für weitere Initiativen« erhielt, wurde ihr 2012 während ihrer Kandidatur für das Amt des Bundespräsidenten vorgeworfen, eine »SED-Marionette« gewesen zu sein.[19] Allerdings: Dass sie direkt von der Stasi beliefert wurde, dürfte Klarsfeld nicht gewusst haben. »Dass dahinter das MfS maßgeblich mitgewirkt hat, war den Leuten meist nicht bekannt«, sagt Skiba, der seinerzeit zugegen war, als Klarsfeld die NS-Unterlagen über Kiesinger übergeben wurden.

Damals verjährte Mord nach dem deutschen Strafgesetz bereits nach 20 Jahren. NS-Tötungsverbrechen hätten damit ab 1965 nicht mehr wirksam verfolgt werden können. Nach einer Reihe hitziger Debatten einigten sich die Bonner Parlamentarier auf einen Kompromiss: Sie verlegten den Beginn der Verjährungsfrist vom Ende des Zweiten Weltkriegs auf das Jahr der Republikgründung. So konnten während des Nationalsozialismus verübte Morde bis 1969 strafrechtlich verfolgt und geahndet werden. Vergangenheitspolitik auf Raten, ein Aufschub, immerhin.

Als diese Frist abzulaufen drohte, verschoben die Parlamentarier 1969 das Verjährungsproblem noch einmal, indem sie die Frist nun auf 30 Jahre erhöhten. Erst 1979 schuf der Bundestag eine endgültige Regelung, als er mit einer Mehrheit von 255 zu 222 Stimmen die Verjährung von Mord und Völkermord ein für alle Mal aufhob.

Zwei Jahrzehnte rang die Bundesrepublik mit der Verjährungsfrage, und in Ostberlin sammelten nicht nur Skiba und seine Mitarbeiter fleißig Material. Die für Auslandsspionage zuständige Hauptverwaltung Aufklärung (HVA) des MfS interessierte sich auch dafür, wo westdeutsche Politiker in der Verjährungsfrage standen.

Kapitel 4

Vor allem bei CDU und FDP gab es Vorbehalte gegen eine mögliche Strafverfolgung von »Schreibtischtätern« wegen Beihilfe zum Mord.[20] Gerade in ihren Kreisen befanden sich noch in den späten 1960er Jahren nicht wenige, die persönlich betroffen gewesen wären, wie etwa der FDP-Abgeordnete Ernst Achenbach (NSDAP-Mitglied Nummer 4 789 478 seit 1.12.1937), der sich jahrzehntelang als Anwalt und Bundestagsmitglied für die Belange von NS- und Kriegsverbrechern einsetzte. So entging der HVA auch nicht, dass Achenbachs Fraktionskollege Hans-Dietrich Genscher 1968 dessen Gesetzesentwurf für die Verjährung von NS-Verbrechen unterstützte.[21]

Im Laufe der Zeit wuchs die HA IX/11 auf 50 Mitarbeiter an: Rechercheure, Archivare, Karteimitarbeiter, Forscher, Bibliothekare und technische Hilfskräfte. »Ein Tropfen auf den heißen Stein«, sagt Skiba. »Das war nicht viel, wenn man dagegenhält, dass die Ludwigsburger Zentrale anfangs über 200 Staatsanwälte beschäftigte.«

Aber die Stasi-Forscher interessierten sich nicht nur für kompromittierende Details aus der braunen Vergangenheit des Klassenfeinds im Westen. Sie erforschten auch das politische Vorleben der eigenen Genossen im Arbeiter- und Bauernstaat, »die wir aus den Archivmaterialien als tatverdächtige DDR-Bürger identifizieren konnten«.

Sie durchkämmten ostdeutsche Behördenarchive, beschafften aus Polen, der Tschechoslowakei und der Sowjetunion Materialien auf der Suche nach Hinweisen zur Nazivergangenheit verdächtiger Deutscher. Nicht immer war die Zusammenarbeit mit dem großen Bruder in Moskau einfach: »Die Sowjets hatten eine Unmenge an Akten, da haben wir viele gekriegt, aber die haben uns nicht überall reingucken lassen. Wir hätten gerne sämtliche Akten über die Politemigranten aus Deutschland gehabt, die in den Schauprozessen der drei-

142

ßiger Jahre verurteilt und hingerichtet worden sind. Aber die haben sie uns nicht gegeben.«

Am Ende hatten die Stasi-Historiker 10 Kilometer Akten gesammelt und 1,5 Millionen Karteikarten erstellt. Jede Diensteinheit des MfS, jede Kreisdienststelle oder Abwehrdienststelle konnte bei der IX/11 Anfragen stellen: Was war das NSFK? Welche Rolle spielte die SA in Pößneck? »Das waren ungefähr mehrere Tausend im Monat«, schätzt Skiba. »Statistisch haben wir, würde ich mal so sagen, zwischen 15 000 und 18 000 Auskünfte im Jahr geschrieben.«

Der Aktentausch

Über die Benutzer waren Skiba und seine Leute stets gut informiert. Jeder, der im Staatsarchiv der DDR Aktenmaterial aus dem »Dritten Reich« recherchieren wollte, musste einen offiziellen Antrag stellen, der an die HA IX/11 weitergeleitet wurde. Galt der Antragsteller der Staatssicherheit als unverdächtig, konnte er Zugang zu den Akten erhalten – solange sie nicht in einem laufenden Verfahren von der IX/11 genutzt wurden. »Dann kriegte er nichts.«

Bei der Staatssicherheit, dem »Schild und Schwert der Partei«, ging man ganz in der Logik des Kalten Krieges davon aus, dass auch der Gegner nicht untätig sein und DDR-Archive ausspionieren würde. In einem Aktenvermerk von 1983 über die Zusammenarbeit zwischen Staatssicherheit und staatlicher Archivverwaltung findet sich die eindringliche Warnung, »dass die Feindangriffe gegen das staatliche Archivwesen in den letzten Jahren spürbar zugenommen haben, insbesondere in Richtung Ausforschung der Archivbestände der DDR im Zuge von komplexen Forschungsthemen, ideologischen

Kapitel 4

Angriffen unter Missbrauch von Archivmaterialien der DDR und Ausnutzung von Möglichkeiten für Kontakttätigkeit/ Kontaktpolitik bei Archivbenutzern«.[22]

Um den »subversiven Missbrauch von Archivgut der DDR« rechtzeitig erkennen und verhindern zu können, sollten Sperrbestände neu bestimmt, der direkte Kontakt von ausländischen Forschern in die Archive verhindert und die Staatliche Archivverwaltung als zentrale Behörde für das Genehmigungsverfahren bestimmt werden.[23]

Zu westlichen Archiven hatten die Stasi-Historiker während des Kalten Krieges offiziell keinen Zugang. Das galt selbst für offiziell gehandelte Mikrofilme. Skibas Leute hatten sich einen Katalog der Archiv-Mikrofilme in Washington beschafft und eine Einkaufsliste gemacht. Es gab nur ein Problem: »An uns haben die Amerikaner die nicht verkauft!«

So versuchten die Stasi-Historiker, über Tauschgeschäfte an die begehrten Informationen zu kommen. »Wir haben Wissenschaftlern aus dem Westen angeboten: Ihr könnt von uns das Volksgerichtsurteil gegen den und den kriegen, wenn ihr uns das und das in Washington beschafft.« Mitunter erließ man Historikern aus dem Westen die Kopierkosten, wenn sie im Gegenzug Archivmaterial besorgten. Dabei traten die Agenten immer als Mitarbeiter des Archivs auf.

»Anhand des Geizes haben wir sie bekommen«, erinnert sich Skiba ohne einen Anflug von Genugtuung. Schließlich hatte auch seine Abteilung ständig Geldprobleme. In den letzten Jahren der DDR wurde die Arbeit der Stasi-Historiker empfindlich durch die grassierende Devisenknappheit behindert.

Als in den 1980er Jahren aus dem Document Center gestohlene Originaldokumente auf dem schwarzen Markt in Westberlin gehandelt wurden, bekam das auch die Stasi bald mit.

144

»Aber wir hatten ja kein Geld, wir konnten das nicht kaufen«, erinnert sich Skiba.

Es entbehrt nicht einer gewissen Ironie, dass der allgegenwärtige Geheimdienst der DDR in den späten 1980er Jahren zunächst nicht einmal mehr in der Lage war, die Kriegsverbrecherliste der Vereinten Nationen zu erstehen. Als Skibas Abteilung Anfragen aus dem Westen zu gesuchten Kriegsverbrechern bekam, wurde er auf die Liste aufmerksam.

»Da habe ich an den Minister geschrieben, dass es doch für die DDR wichtig wäre zu wissen, welche Leute auf der Kriegsverbrecherliste der UNO stehen, und wir 500 Dollar brauchten, um die Geschichte aufzukaufen.« Mielke war sich nicht sicher, ob die Kriegsverbrecherliste für die DDR noch wichtig war. »Muss denn das sein?« Nach einigem Hin und Her wurde Skiba das Geld genehmigt. Doch da war es bereits zu spät. »Das ging schon zum Ende zu, sodass wir mit der Liste gar nichts mehr anfangen konnten.«

Die Regierung kann sich ihr Volk nicht aussuchen

Es gehört zu den Mythen der deutsch-deutschen Nachkriegsgeschichte, dass die DDR ein Bollwerk des Antifaschismus war, während in der Bundesrepublik Zehntausende Altnazis schon bald wieder in führende Positionen von Staat und Gesellschaft gelangten.

Die Phase der Entnazifizierung war auch im Osten bald beendet. Nach dem Krieg verfolgten die sowjetische Besatzungsmacht und die Kriminalpolizei K5 der DDR mutmaßliche Naziverbrecher in Ostdeutschland. Zehntausende Ostdeutsche wurden zwischen 1945 und 1948, dem offiziellen Ende der Entnazifizierung, verhaftet und ohne Gerichtsurteil in Speziallagern interniert. Nach der Staatsgründung wurden 1950 die letzten verbliebenen Insassen der sowjetischen Speziallager unter rechtsstaatlich fragwürdigen Umständen in den Waldheimer Prozessen abgeurteilt.

Wäre die Vergangenheitsbewältigung eine olympische Disziplin, dann hätte die DDR-Justiz bis zuletzt vor der Bundesrepublik gelegen. Noch 1989 listete der Generalstaatsanwalt der DDR 12 881 Urteile auf, die gegen NS-Verbrecher gefällt worden waren. In der Bundesrepublik waren es zum gleichen Zeitpunkt lediglich 6485. Die ostdeutsche Statistik erfasste allerdings nicht nur 4000 Urteile aus den Waldheim-Prozessen, sondern auch zahlreiche Entnazifizierungsverfahren, bei denen lediglich die Mitgliedschaft in NS-Organisationen bestraft wurde.[24]

»Es gab viele, die in der NSDAP oder der SS gewesen waren«, sagt Dieter Skiba. »Aber wir haben Wert darauf gelegt zu verhindern, dass ehemalige Akteure aus der Zeit des Faschismus wieder in wichtige Funktionen geraten.« Vorher, ja vorher sei das anders gewesen. »Die IX/11 ist eigentlich zu spät gegründet worden.«

Tatsächlich schien es in Ost wie West anfangs nahezu unmöglich, ohne die Technokraten und Millionen ehemaliger Mitläufer von Hitlers Regime Staat zu machen. Stasi-Akten enthüllen erstaunliche Parallelen: Auch in der DDR drängten, nicht anders als im Westen, ehemalige NSDAP-Mitglieder bald nach der Staatsgründung in leitende Funktionen zurück. Erst ab den späten 1960er Jahren zeichnet sich – auch infolge des Generationenwechsels – ein Rückgang NS-belasteter Personen in wichtigen gesellschaftlichen Ämtern ab.

»Aber solche exponierten Nazieliten, wie sie in der Bundesrepublik wieder in Amt und Würden gekommen sind, solche gab's in der DDR nicht«, wehrt sich Stasi-Offizier Skiba. »Wir hatten solche SS-Generale, die Memoiren schrieben oder bei

Das Vorleben der Anderen

Aufmärschen dabei waren, nicht.« In der Tat wäre es unklug gewesen, sich in der DDR allzu offen als Ewiggestriger zu bekennen, wie es in Westdeutschland im Rahmen der Meinungsfreiheit möglich war.

Dafür klaffte im Osten die Schere zwischen Anspruch und Wirklichkeit etwas weiter auseinander. Zum Beispiel in der Kirche. Die Agitationsabteilung des ZK der SED wurde von den Stasi-Rechercheuren fleißig mit kompromittierenden Details über die Vergangenheit bundesdeutscher Kirchenfunktionäre beliefert. Das Ergebnis waren Propagandaaktionen mit Titeln wie: »Klerikal-Militarismus in Aktion! SS-Führer, Nazis und Militaristen in führenden Positionen der Evangelischen Kirche Westdeutschlands«.[25] Allerdings: Auch im Osten hatten zahlreiche Ex-Nazis wieder Unterschlupf in der Kirche gefunden, wie die Staatssicherheit nur zu genau wusste.

Die Stasi-Rechercheure beschafften heimlich Schriftproben evangelischer Würdenträger im Osten. Sie sprachen Menschen in deren Umfeld unter Legende an und verfassten Auskunftsberichte.[26] Sie legten lange handschriftliche Listen über die »Pfarrer mit aktiver faschistischer Vergangenheit« an, auf denen Ämter und Organisationsmitgliedschaften im »Dritten Reich« angeführt waren.

Das Ergebnis war niederschmetternd. Eine 1962 erstellte Analyse über die Konzentration ehemaliger faschistischer Offiziere in der Evangelischen Kirche der DDR kommt zu dem Ergebnis: »Es ist festzustellen, dass alle wichtigen militärischen und zum Teil auch ökonomischen Schwerpunkte unserer Republik durch ehemalige Faschisten mit Spezialkenntnissen besetzt sind, bzw. durch Amtswechsel entsprechend qualifizierter Pfarrer besetzt werden.«[27]

Ein großer Teil der damals in der Evangelischen Kirche der DDR tätigen Funktionäre in den Kirchenleitungen, Ausbildungsstätten, kirchlichen Organisationen und Gemeinden sei vor 1945 aktive Faschisten gewesen. Allein im Amtsbereich der Kirchenleitung Sachsen gab es 22 ehemalige Mitglieder der NSDAP und 5 der SA. Wie einflussreich die Position der Kirchenmänner mit brauner Vergangenheit war, zeigt das Beispiel des Superintendenten Ernst Kracht, geb. 27.5.1893 in Rügen: 17 Gemeinden, 21 Pfarrstellen, ab 1933 förderndes Mitglied der SS.

Die Etablierung ehemaliger Nazis in den Landeskirchen war weniger ein Ergebnis geheimdienstlicher Aktionen des Westens, wie die MfS-Analysten argwöhnten. Sie war vor allem deshalb möglich, weil bei der Entnazifizierung ostdeutscher Pfarrer lediglich die meisten Mitglieder der NS-Organisation »Deutsche Christen« aus ihren Ämtern entfernt und durch Mitglieder der »Bekennenden Kirche« ersetzt worden waren. »Diese scheinbare Säuberungsaktion«, erkannten man nun beim MfS, »bezog sich jedoch nicht auf ehemalige Mitglieder der NSDAP, SA und andere faschistische Gliederungen«.[28]

Eine Stasi-Dossier von 1963 kommt zu dem ernüchternden Ergebnis: »Die Mehrheit der Kirchenvorstände setzt sich überwiegend aus ehemaligen NSDAP-Mitgliedern zusammen, die noch heute eine feindliche Einstellung zur Politik von Partei und Regierung haben.«[29]

Beim MfS erkannte man bald, dass auch Mitglieder der »Bekennenden Kirche«, die sich im »Dritten Reich« gegen eine Gleichschaltung gewehrt hatte, Angehörige der NSDAP oder sogar der SS gewesen sein konnten. Das hinderte die Staatssicherheit nicht an dem Versuch, ehemalige NSDAP-Mitglieder in der Landeskirche Sachsen zur Mitarbeit zu werben.[30]

In den Geheimdiensten beider deutschen Staaten hatte man noch in den 1960er Jahren wenig Bedenken bei der Auswahl von Agenten und Inoffiziellen Mitarbeitern. Nicht anders als beim Bundesnachrichtendienst, wo man nichts dabei fand, mit Leuten wie dem SS-Mörder Klaus Barbie zusammenzuarbeiten, hatte auch das MfS wenig Skrupel bei der Wahl geeigneter Handlanger. Im Gegenteil: Konnte doch das Wissen um braune Flecken dazu dienen, die Agenten des Gegners zum Geheimnisverrat und zu Doppelagententätigkeit zu erpressen.

Auch das MfS warb ehemalige SS-Männer, NSDAP-Mitglieder und Angehörige von Gestapo oder SD an, wie der Historiker Henry Leide gezeigt hat.[31] Darunter waren NS-Verbrecher, die nach der alliierten Kontrollratsdirektive 38 vom Oktober 1946 als »Hauptschuldige« galten. An die Kreisdienststellen des MfS erging die Anweisung, möglichst viele der Betroffenen für »eine ehrliche Zusammenarbeit mit dem MfS zu erziehen oder aufgrund der Umstände zu zwingen«.[32] Die braune Vergangenheit der NS-Leute sollte auch als Druckmittel genutzt werden, um sie in den Westen zu schleusen und von dort für das MfS arbeiten zu lassen.

Frage an den letzten Chefaufklärer der NS-Vergangenheit im MfS: Herr Skiba, war das kein Widerspruch? »Ich sag immer: wer mit dem Teufel zu Tisch sitzen will, braucht 'nen langen Löffel«, erklärt Skiba. Man hätte ja wohl keine ausgewiesenen Antifaschisten in westdeutsche Nazinetzwerke einschleusen können! »Deshalb brauchten wir auch ehemalige NSDAP- oder SS- oder selbst Gestapo- und SD-Mitarbeiter, um in westdeutsche Geheimdienste einzudringen und an Informationen ranzukommen.«

Beim Umgang mit ehemaligen Nationalsozialisten in den eigenen Reihen waltete in der DDR nüchterner Pragmatismus. Skiba muss es wissen, er wertete jahrzehntelang die Unterlagen aus, suchte und fand Tausende ehemalige Parteimitglieder, SS-Angehörige, Gestapo-Mitarbeiter, die sich längst als

Volksgenossen im real existierenden Sozialismus eingerichtet hatten. Was geschah, wenn die Stasi diesen Leuten auf die Schliche kam?

»Gar nichts. Die bloße NSDAP-Mitgliedschaft war für uns nicht relevant. Wir haben zwar eine Auskunft gegeben, wenn wir eine Karteikarte hatten, dass jemand NSDAP-Mitglied war. Aber wenn wir über Nazis reden, muss man erst mal klar definieren, wen wir damit meinen. Für uns waren die Mitglieder der NSDAP oder die Angehörigen der Hitlerjugend oder was weiß ich, das waren für uns nicht die Nazis, um die wir uns gekümmert haben. Wenn wir von Nazis geredet haben, waren das Aktivisten, sowohl der Nazipartei, aber vor allem in den Geheimdiensten, bei der Gestapo, der Polizei und Justiz, im Propagandaministerium. Wir machten den Begriff Nazis nicht an der Mitgliedschaft zur NSDAP fest, sondern an der Rolle, die jemand in der Zeit des Faschismus gespielt hat.«

Dass eine NSDAP-Mitgliedschaft oder Zugehörigkeit zur SS grundsätzlich kein Problem darstellte, hieß allerdings nicht, dass das MfS nicht daran interessiert gewesen wäre, alles über die Vergangenheit der DDR-Bürger vor 1945 zu erfahren. Eine als »Geheime Verschlusssache« gestempelte Dienstanweisung des Staatssekretariats für Staatssicherheit vom 2. Juni 1954 ordnete alle Kreisdienststellen an, innerhalb von zwei Monaten sämtliches Material an die Bezirksverwaltungen abzugeben und »schnellstens« auszuwerten.

Den Gründern des MfS war schon bald klargeworden, dass die in den Behörden verstreuten Naziakten eine Quelle interessanter Informationen über die eigene Bevölkerung waren. In der Praxis habe es sich erwiesen, schrieben die Stasi-Oberen, dass durch die Auswertung alter Unterlagen »wichtige Hinweise in der operativen Arbeit gegeben werden können«.[33] Deshalb sollten alle NS-Akten unverzüglich zentralisiert werden.

Das Vorleben der Anderen

Fortan gaben sich die Stasi-Rechercheure alle Mühe, nicht nur Personenverwechslungen, etwa aufgrund von Namensgleichheit, zu vermeiden. Sie versuchten auch in jedem Fall, den Verdächtigen individuelle Schuld nachzuweisen. Gelang das nicht, mussten sie dem Verfolgungseifer ihrer Genossen in den Kreisdienststellen vor Ort wohl oder übel einen Dämpfer versetzen. Bis 1948 konnten Verdächtige noch im Rahmen der alliierten Kontrollratsdirektive interniert und abgeurteilt werden. »Aber für uns war das zumindest seit den 1950er Jahren nicht mehr die Maxime.«

»Die Zugehörigkeit zur SS oder NSDAP war für uns strafrechtlich nicht relevant«, erklärt Skiba. »Einen Mitarbeiter der Gestapo oder des RSHA, zu dem wir nichts hatten, den hätten wir auch nicht einsperren können.«

Kam die Anfrage einer örtlichen Diensteinheit, dann mussten die Mitarbeiter der Hauptabteilung IX/11 prüfen, ob belastendes Material über die betroffene Person in ihren Archiven vorhanden war. Offiziell war Skibas Abteilung zuständig für die »politisch-operative Auswertungs- und Informationstätigkeit zu Materialien aus der und über die Zeit des Faschismus und deren operative Nutzbarmachung für die Tätigkeit der verschiedenen Linien und Diensteinheiten des MfS und die Untersuchungstätigkeit«.[34] Im Gegensatz zur bundesdeutschen Staatsanwaltschaft bedienten sich die Stasi-Verfolger aber auch geheimdienstlicher Mittel. »Wir konnten auch mit inoffiziellen Mitarbeitern arbeiten, Postkontrolle, Telefonüberwachung und Observation am Wohngebiet, das konnte man alles machen. Wir haben auch versucht, Zeugen zu finden und zu vernehmen, aber eigentlich durften wir nicht rauslassen, um wen und was es da ging.«

Anders als im Westen wurden die Verdächtigen nicht informiert, dass ein Ermittlungsverfahren gegen sie stattfand. Sie

151

Kapitel 4

blieben ahnungslos.«Wir sind immer davon ausgegangen, wenn die vorzeitig wissen, dass wir gegen sie wegen Nazi- und Kriegsverbrechen ermitteln, besteht die Möglichkeit, dass alte Kameraden ihnen zur Flucht verhelfen.«

Kam die Staatssicherheit in den Besitz irgendwelcher persönlicher Unterlagen von DDR-Bürgern der entsprechenden Generation, wurden die Namen mit Täterlisten im Archiv der IX/11 abgeglichen. Als Skibas Leute Ende der 1970er Jahre an Kontenkarten der Sparkasse Ravensbrück gelangten, ergab die Aufenthaltsermittlung, dass 84 ehemalige Wärterinnen des KZ Ravensbrück noch in der DDR lebten.»Nicht zu einer einzigen von diesen 84 konnten wir irgendwelche Beweise über Misshandlungen, Vergasungen, Erschießungen nachweisen. Wir haben dann zwar die örtlichen Diensteinheiten informiert, Martha sowieso wohnt bei euch, achtet mal ein bisschen auf die, was das für eine Dame ist. Aber strafrechtlich war da nichts zu machen.«

Noch 1988 geriet der 1925 geborene Walter O. in Erfurt ins Visier der Staatssicherheit. Bei der Neuerschließung von Archivmaterial war sein Wehrstammbuch aufgetaucht, das den DDR-Bürger als ehemaliges Mitglied der Waffen-SS auswies. Der Chef der Abteilung IX/11 informierte die anfragende Kreisdienststelle Erfurt allerdings auch, dass aus der bloßen Mitgliedschaft des O. keine weiteren Schlüsse gezogen werden könnten:»Da keine Angaben über die konkrete Dienstdurchführung und die Verhaltensweisen der Person bei der Waffen-SS vorhanden sind, beweisen die Dokumente zwar die frühere Zugehörigkeit zur Waffen-SS, begründen jedoch nicht den Verdacht einer Beteiligung an Verbrechen.«[35]

Auch im Fall des 1923 in Ehrenberg geborenen KZ-Wärters Rudolf M., über den ein Auskunftsersuchen vorlag, konnten die Stasi-Experten nur seine Truppenzugehörigkeit bestätigen

152

und wiesen eigens darauf hin, »dass hinsichtlich eines individuellen Tatbeitrags des [M.] an Verbrechen gegen die Menschlichkeit, insbesondere während seines Einsatzes in Auschwitz
und als Begleiter einer der als Todesmärsche bekannten ›Eva-
kuierungen‹ von Konzentrationslagern« keine Hinweise vorlagen.[36]

Nachdem es in der unmittelbaren Nachkriegszeit zu rigo-
rosen Säuberungen gekommen war, war auch in der DDR bald
Schluss mit der Entnazifizierung. Der sogenannte »Erlass über
Sühnemaßnahmen« klärte die Stellung ehemaliger Nazis und
Wehrmachtsangehöriger in der neu gegründeten DDR. Alle
ehemaligen Mitglieder und Anhänger der NSDAP oder deren
Gliederungen sowie Offiziere, Unteroffiziere und Soldaten der
faschistischen Wehrmacht konnten fortan im öffentlichen
Dienst und in allen Betrieben tätig sein. Ausgenommen von
dieser Regelung war die Tätigkeit innerhalb der Volkspolizei,
Justiz und der inneren Verwaltung. Zum zweiten Jahrestag
der Gründung der DDR wurden im Rahmen einer Gnaden-
aktion des DDR-Präsidenten die letzten Verfahren nach dem
Befehl Nr. 201 von den Amnestiekommissionen eingestellt,
wenn keine höhere Freiheitsstrafe als ein Jahr Gefängnis zu
erwarten war.[37]

Am 2. September 1952 trat das »Gesetz über die Aufhebung
der Beschränkungen für ehemalige Mitglieder der NSDAP und
ihrer Gliederungen und frühere Offiziere« in Kraft. Es hob
alle »festgelegten Einschränkungen der Rechte für ehemalige
Mitglieder der NSDAP oder deren Gliederungen sowie für frühere Offiziere der Hitlerwehrmacht« auf und gewährte ihnen
fortan die gleichen bürgerlichen und politischen Rechte wie
allen anderen Bürgern.

Das Integrationsangebot der neuen Machthaber an die ehemaligen Nazis kam gut an. Trotz diverser »Parteisäuberun-

Kapitel 4

gen« waren Mitte der 1950er Jahre allein im Bezirk Erfurt fast 11 000 SED-Genossen ehemalige NSDAP-Mitglieder, wie die Historikerin Sandra Meenzen herausgefunden hat.[38] In anderen Bezirken herrschten ähnliche Verhältnisse. Die Zahlen waren im Auftrag der SED-Parteizentrale erhoben worden und bescherten den Parteioberen mulmige Gefühle. Waren das nicht doch ein wenig zu viele Altnazis unter den Genossen?

In manchen Kreisen hatte nahezu die komplette Genossenschaft braune Flecken auf der Weste, wie ein Bericht des Zentralkomitees von 1954 warnt: »So gibt es im Kreis Hildburghausen Grundorganisationen, deren Mitglieder fast hundertprozentig ehemals Mitglieder der NSDAP waren, z. B. die Parteiorganisation Vermessungsdienst, dort sind von 19 Mitgliedern 18, die ehemals der NSDAP angehörten.«[39] Rechnet man neben der Parteimitgliedschaft auch die ehemaligen Angehörigen von Hitlerjugend und Bund Deutscher Mädel hinzu, steigt der damalige Anteil von SED-Mitgliedern mit NS-Vergangenheit im Bezirk Erfurt sogar auf 35,8 Prozent.[40]

Nimmt man allein den Maßstab der NSDAP-Mitgliedschaft, dann hätte Beate Klarsfeld auch in DDR-Regierungskreisen fleißig Maulschellen austeilen können. Auch dort saßen nach dem Krieg in Volkskammer, Ministerrat und SED-Zentralkomitee ehemalige NSDAP-Mitglieder wie Manfred Ewald, Hans Bentzien oder Horst Stechbarth. Noch in den 1980er Jahren saßen im SED-Zentralkomitee unter Erich Honecker mehr ehemalige NSDAP-Mitglieder als frühere SPD-Angehörige. Der westdeutsche Publizist Olaf Kappelt hatte die meisten Namen bereits 1981 im *Braunbuch DDR* veröffentlicht und resümierte zwei Jahrzehnte später die braune Vergangenheit der alten DDR-Garde: »Mehr als vierzig Jahre, bis März 1990, saß der einstige NS-Gaustudentenführer von Thüringen Siegfried Dallmann in der DDR-Volkskammer. Im DDR-Staatsrat

154

Das Vorleben der Anderen

hatte bis zuletzt Prof. Heinrich Homann ausgehalten; der großbürgerliche Reedereisohn war bereits 1933 in die NSDAP eingetreten. Sekretär des DDR-Staatsrates war bis 1989 ein weiteres ehemaliges NSDAP-Mitglied: Heinz Eichler. Und als langjähriger Leiter des DDR-Presseamtes wurde am 7. November 1989 Kurt Blecha abgelöst; auch er gehörte zur alten Garde der ehemaligen NSDAP-Mitglieder.«[41]

An der Parteibasis sah es nicht anders aus. Kein Wunder, denn das ZK der SED hatte bereits 1946 den Unvereinbarkeitsbeschluss aufgehoben, dem zufolge ehemalige NSDAP-Mitglieder nicht in die Sozialistische Einheitspartei Deutschlands aufgenommen werden durften.

»Natürlich gab's bei uns auch Nazis«, räumt Dieter Skiba ein, »die DDR konnte sich ja ein Volk nicht aussuchen.« Auch die DDR-Führung sah nach Krieg und Zerstörung ebenso wie die Regierung der Bundesrepublik keine andere Wahl, als die Millionen ehemaliger Nationalsozialisten zu integrieren. Ohne die Mitläufer und Experten des Hitlerstaats ließ sich offensichtlich kein neuer Staat aufbauen – erst recht nicht ohne die jungen Menschen, die noch mit 17 oder 18 Jahren in Hitlers Partei eingetreten waren und die nun die Zukunft darstellten.

»Wer sich mit 17 oder 18 Jahren zu einer Mitgliedschaft in einer Partei entschließt, muss deshalb nicht Nazi in dem Sinne sein, wie wir ihn sehen«, erläutert Skiba dem Umgang mit der jüngsten Generation ehemaliger NSDAP-Mitglieder in der DDR.

Auch in der DDR war man zunehmend bereit, über jugendliche Verirrungen aufstrebender Genossen hinwegzusehen. Wer sich mündlich zur eigenen NSDAP-Mitgliedschaft bekannte, musste sie im schriftlichen Kader-Fragebogen nicht mehr erwähnen.

155

Kapitel 4

»Wir haben uns nie mit Leuten beschäftigt, die als Jugendliche von der Hitlerjugend 1944/45 zu Führers Geburtstag in
die NSDAP übernommen worden sind. Da gab's in Ostdeutschland bereits 1948 einen Amnestieerlass der Sowjetischen Militärverwaltung, wonach die Hitlerjungen der Jahrgänge, die
1943/44 überwiesen worden sind, als entlastet eingestuft wurden. Die brauchten auch ihre NSDAP-Mitgliedschaft in den
Unterlagen später nicht mehr angeben.«

Gemeinhin wurde auf Kader-Fragebögen die NSDAP-Mitgliedschaft abgefragt, auch die der Eltern des Kandidaten oder
der Kandidatin. Es spricht jedoch viel dafür, dass auch zahlreiche SED-Mitglieder ihre frühere NSDAP-Mitgliedschaft hart-
näckig verschwiegen, wie die Historikerin Meenzen glaubt:
»Denn ungeachtet aller Integrationsangebote vonseiten der
SED blieb ein öffentliches Bekenntnis vor dem Hintergrund
eine allgegenwärtigen Antifaschismus-Rhetorik in der DDR
und wechselnder Ausschlusskriterien bei ›Parteisäuberungen‹
durchaus eine Gefahr.«[42]

Obwohl SED-Mitglieder per Status zur ehrlichen Selbst-
auskunft verpflichtet waren, wurde dem nicht immer Folge
geleistet. Im Februar 1963 etwa wurde der stellvertretende
Landwirtschaftsminister Karl-Heinz Bartsch seines Amtes
enthoben und aus dem Zentralkomitee der SED ausgeschlos-
sen. Das Parteiorgan *Neues Deutschland* begründete die
Maßnahme damit, der 1923 geborene Bartsch habe »seine
Zugehörigkeit zur Waffen-SS verschwiegen und dadurch der
Partei großen Schaden zugefügt«.[43] Das Zentralkomitee der
SED nahm seine Zweite Tagung im April 1963 daraufhin zum
Anlass, eine Diskussion über die »Ehrlichkeit gegenüber der
Partei« auf die Tagesordnung zu setzen. Die Parteioberen for-
derten jedoch nicht Parteiausschlüsse, sondern appellierten
an die Wahrhaftigkeit aller Genossen. Es gebe keinen Grund,

Das Vorleben der Anderen

seine Vergangenheit zu verschweigen oder gar zu verfälschen, schließlich habe die SED »allen ehemaligen einfachen Mitgliedern der Hitlerpartei die Möglichkeit zur Mitarbeit und zum Beginn eines neuen Lebens« gegeben. Das gelte besonders für die »irregeleitete und im faschistischen Sinne erzogene Jugend«.[44]

Und doch: Vertrauen ist gut, Kontrolle ist besser. »Vorbereitet sein« lautete die Devise des MfS. »Es gab auch viele Figuren, die in der DDR das Sagen hatten, zu denen wir als MfS ein gespaltenes Verhältnis haben«, erinnert sich Skiba. »Wo wir wussten, da gibt's unsaubere Geschichten aus der Vergangenheit. Aber das muss man erst einmal nachweisen. Vieles hat sich ja im Nachhinein bestätigt.«

Besonders kritisch wurde die NS-Vergangenheit ostdeutscher Funktionäre und Spitzenpolitiker, wenn ihnen der Westen schneller auf die Schliche kam als die eigene Staatssicherheit. In der Bundesrepublik reagierte man auf die ostdeutschen Kampagnen gegen westdeutsche Politiker mit Enthüllungen über die NS-Vergangenheit ostdeutscher Spitzenfunktionäre und war dabei schon insofern im Vorteil, als man sich bei den Recherchen der Hilfe des amerikanischen Bündnispartners und der Akten des Document Center bedienen konnte.

Ein Stasi-Memorandum vom Februar 1969 über die »Zerschlagung der Westkampagne über angebliche Nazis in der DDR« vermutet zudem den »Nazijäger« Simon Wiesenthal als Tippgeber.[45] Allerdings: Die Enthüllungen über die braune Vergangenheit ostdeutscher Politiker waren zumeist ebenso sorgfältig recherchiert wie die Angaben im *Braunbuch West*. So sorgte der Kalte Krieg dafür, dass die beiden deutschen Staaten sich mit Braunbüchern in Ost und West gegenseitig aufklärten.

Als der Publizist Olaf Kappelt 1981 sein *Braunbuch DDR* veröffentlichte, schäumte Mielke. Das »hetzerische Machwerk«

157

eines bekannten Antikommunisten und Republikflüchtlings versuche den Eindruck zu erwecken, »dass im staatlichen und gesellschaftlichen Leben der DDR eine Reihe ehemaliger NSDAP-Mitglieder aktiven Einfluss ausübt«.[46] Beim MfS vermutete man sofort, dass Kappelt seine Informationen aus dem Document Center in Westberlin bekommen hatte. Umgehend wurde eine Sondereinheit aus Mitarbeitern der Hauptabteilung XX/2 und der Hauptabteilung IX/11 aufgeboten, um Kappelts Angaben zu überprüfen. In einer als »Streng Geheim!« eingestuften Mitteilung des Ministerrats der DDR vom 19. Mai 1982 wurden die Leiter der Diensteinheiten im MfS daran erinnert, dass es sich bei der Mehrzahl der Genannten um Persönlichkeiten handele, »die sich seit Jahrzehnten aktiv für die Entwicklung der DDR eingesetzt haben«. Die Überprüfungen seien deshalb »streng intern« durchzuführen, ohne dass die Betroffenen davon Kenntnis erhielten. Dabei sollte auch die Möglichkeit erwogen werden, ob die genannten Personen keine Kenntnis ihrer NSDAP-Mitgliedschaft gehabt haben könnten. Mielkes Leute kamen zu dem Ergebnis, dass dem Buch »eine gewisse neue Qualität nicht abzusprechen« sei.

»Wir hatten den Auftrag, das zu prüfen und zu gucken, was ist dort an strafrechtlicher Relevanz dran«, erinnert sich Dieter Skiba. »Da haben wir nichts gefunden.« Die Fakten, räumt Skiba heute ein, die stimmten. »Die Frage ist: Wie werte ich sie?«

Für die Bewertung der Parteimitgliedschaft spielte vor allem die Frage eine Rolle, wie es zu dieser Mitgliedschaft gekommen war. Stimmte die oft von den Betroffenen gemachte Aussage, sie seien ohne eigenes Wissen in die NSDAP aufgenommen worden?

Immerhin wollte man auch beim MfS die Möglichkeit nicht ausschließen, dass die im *Braunbuch DDR* Genannten »belas-

Das Vorleben der Anderen

tende Momente in ihren Personalunterlagen verschwiegen haben und dadurch dem Feind Ansatzpunkte für Erpressungen und weitere Verleumdungen bieten«.[47] Dem MfS war die NS-Vergangenheit zahlreicher Kader auch deshalb so lange verborgen geblieben, weil deren Personalunterlagen als Nomenklaturkader des ZK der Hauptabteilung IX/11 nicht zugänglich gewesen waren. Bei der Überprüfung der Angaben aus dem *Braunbuch* kam man nun zu dem Ergebnis, dass es sich dabei um 90 Personen handelte, davon 10 ZK-Nomenklaturkader und Mitarbeiter des zentralen Parteiapparats, 25 andere Personen in zentralen Funktionen, 31 Personen in bezirklichen Funktionen und »24 Rentner«.[48] Hinzu kamen 75 Personen, die nach 1943 Mitglieder in Hitlers Partei geworden waren. Zumindest bei NSDAP-Eintritt bis 1942, schlossen die Ermittler, sei davon auszugehen, dass die Betroffenen um ihre Mitgliedschaft gewusst hätten und eine Nichtangabe in den Personalunterlagen nach 1945 »in der Regel ein bewusstes Verschweigen darstellt«.

In diesem Zusammenhang widmeten sich die Rechercheure im MfS auch der Frage, wie die Angehörigen der Jahrgänge 1926 und 1927 in die NSDAP gekommen waren. Einem »Hinweis zu Gesichtspunkten der Kenntnis bzw. Nichtkenntnis der NSDAP-Mitgliedschaft« zufolge wurden diejenigen Mitglieder der Hitlerjugend, die im laufenden Jahr das 18. Lebensjahr vollendeten, am 1. September des jeweiligen Jahres und ab 1943 auch am 20. April durch einen »Verwaltungsakt der Reichsleitung« in die NSDAP überwiesen, sofern sie vorher vier Jahre ununterbrochen Mitglieder der HJ gewesen waren.[49] »Die so überwiesenen ehemaligen HJ-Angehörigen«, folgerte man beim MfS, »hatten dadurch nicht immer Kenntnis von ihrer NSDAP-Mitgliedschaft, da bei jahrgangsmäßigen Überweisungen zum Teil auf individuelle Antragstellung, die

159

Kapitel 4

entsprechend den allgemeinen Organisationsrichtlinien der NSDAP erforderlich gewesen wäre, verzichtet wurde«. Dies treffe insbesondere auf Jugendliche zu, die zum Zeitpunkt der Überweisung bereits zum Kriegsdienst eingezogen worden waren und deren Mitgliedschaft während der Zeit des aktiven Wehrdienstes ruhte. Allerdings erwog man die Möglichkeit, dass die Betreffenden auch dann bei Heimaturlaub, Lazarettaufenthalten oder anderweitig individuell durch die NSDAP-Ortsgruppe über ihre Überweisung in die NSDAP in Kenntnis gesetzt worden sein könnten.

Ob das der Fall war oder nicht, blieb das Geheimnis der Betroffenen, die sich in Ost und West zumeist auf Unwissen beriefen. Dass bei angeblich »jahrgangsmäßigen Überweisungen« auf individuelle Antragstellung verzichtet worden sei, blieb eine reine Spekulation, die sich in diesem Fall auch dem Umstand verdanken dürfte, dass die Entlastungsbemühungen der betroffenen DDR-Kader sich mit denen der Parteiführung deckten, die sich nicht – schon gar nicht von westlichen Antikommunisten – als Sammelbecken alter Nazis darstellen lassen wollte. »Wir sind zwar immer davon ausgegangen, dass diese kollektive Mitgliedschaft verhängt worden ist, aber Beweise haben wir nicht gehabt«, räumt Skiba ein. Folglich erschien es den MfS-Oberen auch im Fall der nach 1943 aufgenommenen NSDAP-Mitglieder zweckmäßig, nach vorheriger Prüfung der Hinweise im Dokumentationszentrum der DDR persönliche Aussprachen mit den im *Braunbuch* Genannten zu führen, um eventuelle Fragebogenfälschungen aufzudecken.[50]

Schließlich war man in der Hauptabteilung IX/11 dann doch bereit, den Entlastungsstrategien der ehemaligen Hitlerjungen zu folgen. Die Amerikaner wussten es nach eingehendem Studium der NSDAP-Bestände längst besser. Aber in Unkenntnis der im Document Center aufbewahrten NS-Parteiakten gingen die Stasi-Experten nach wie vor davon aus, dass ganze Jahrgänge der Hitlerjugend ohne eigenes Wissen übernommen worden waren.

Diese Annahme verdankte sich keiner systematischen Auswertung, sondern der Untersuchung einiger weniger Einzelfälle, in denen die Betroffenen den MfS-Rechercheuren treuherzig versichert hatten, nie von ihrer NSDAP-Mitgliedschaft gewusst zu haben.

Skiba erinnert sich an ein persönliches Gespräch mit dem ehemaligen DDR-Verteidigungsminister und NVA-General Heinz Kessler, der den Akten zufolge 1943 Mitglied der NSDAP geworden war. »Der hat mir selbst gesagt: Ich weiß davon gar nichts.« Kessler behauptete, bereits in sowjetischer Kriegsgefangenschaft gewesen zu sein, als die Parteiaufnahme wirksam wurde. Was natürlich nicht dagegen sprechen muss, dass Kessler einige Monate vor diesem einschneidenden Erlebnis seine eigenhändige Unterschrift unter den Aufnahmeantrag in die NSDAP gesetzt haben könnte – zu einem Zeitpunkt, als die Perspektiven des jungen Mannes noch ganz andere gewesen sein dürften. Der 1920 geborene Kessler gehörte zudem auch nach damaligem Kenntnisstand im MfS nicht zu den jüngeren Jahrgängen ab 1926, die angeblich kollektiv übernommen wurden.

Bisweilen war man im MfS schon vor Veröffentlichung des *Braunbuchs* durch diskrete Recherchen auf Ungereimtheiten gestoßen. 1979 befasste sich der stellvertretende Leiter der Hauptabteilung IX/11 mit einer Anfrage zur »NSDAP-Mitgliedschaft einer männlichen Person des Jahrgangs 1927« aus Bautzen. Die NSDAP-Mitgliedsnummer des Ungenannten lautete 9 974 320, und Oberstleutnant Dr. Nieblig von der IX/11 räsonierte: »Bekannt ist, daß die 1944 aufgenommenen Mitglieder Mitgl.-Nr.- von über 9 und 10 Millionen hatten. Aufgrund der

Kapitel 4

zentralen Registratur läßt sich ein konkreter Zeitraum für die
Vergabe der Mitgl.-Nr. 9 974 320 nicht feststellen, während der
Ausstellungsort in jedem Fall München war. Hier vorliegende
Original-Karteikarten (eine geschlossene Sammlung existiert
allerdings nicht) lassen die Schlußfolgerung zu, daß der Jahrgang 1927 offensichtlich vollständig im Jahre 1944 überwiesen
wurde und in der überwiegenden Mehrzahl als Beitrittsdatum
der 20.4.1944, in geringerer Zahl der 1.9.1944, angegeben ist.
Entsprechend des dargelegten Verfahrensweges wurde mit
Sicherheit auch in Bautzen eine derartige Praxis angewandt
und 1927 geborene HJ-Mitglieder am 20.4.1944 in die NSDAP
überführt. In welcher Form das konkret geschah und wen
es im Einzelnen betraf, ist aus den vorliegenden Archivalien
nicht nachweisbar, die Überweisungslisten von Bautzen liegen
hier nicht vor.«[51]

Damit schien der Fall erledigt – bis zwei Jahre später das
Braunbuch DDR erschien, in dem Generalmajor Helmut Nedwig, der es bis zum Chef der DDR-Kriminalpolizei gebracht
hatte, als ehemaliges NSDAP-Mitglied Nummer 9 974 320
enthüllt wurde. Die daraufhin eingeleitete Überprüfung des
Kripo-Chefs ergab, dass er im Fragebogen seiner Kaderakte
unter Punkt 15 (»Zugehörigkeit zu Parteien und Organisationen von 1933 bis 1945«) angegeben hatte, damals keiner Partei
oder Organisation angehört zu haben. Tatsächlich war seine
Mitgliedschaft schon 1948 kein Geheimnis mehr. Damals
hatte die Kriminalpolizei K5 in Bautzen Mitgliederlisten der
NSDAP gefunden, auf denen Nedwig mit Datum vom 1. Mai
1944 verzeichnet war.[52] Auch Nedwigs zweite Frau stand auf
der Liste. Nedwig stritt seine Mitgliedschaft damals entschieden ab, diese sei mit 16 bzw. 17 Jahren gar nicht möglich
gewesen, hätte die Einwilligung der Eltern erfordert. Außerdem sei er bereits beim Reichsarbeitsdienst (RAD) gewesen,

es habe sich um eine »örtliche Maßnahme, ohne seine Kenntnis« gehandelt.

Diese Darstellung, notierten die Stasi-Rechercheure, widerspreche allerdings den Angaben im *Braunbuch*, dem zufolge Nedwig bereits am 20. April 1944 in die NSDAP aufgenommen worden war, also bevor er zum RAD eingezogen wurde. Auch Nedwigs schneller Aufstieg in der Wehrmacht machte die Ermittler nun stutzig: Weshalb war Nedwig bereits nach drei Monaten Gefreiter und nach weiteren vier Monaten Unteroffizier und Kompanietruppführer geworden?

Diese Widersprüche im Lebenslauf des obersten Kriminalbeamten der DDR veranlassten das MfS, im Mai 1982 »konspirative Überprüfungsmaßnahmen« in Bautzen einzuleiten, um weiteres Schriftgut zu sichern und »zuverlässige Auskunftspersonen« zu finden, die Nedwig aus der Zeit von 1940 bis 1950 kannten.

Kurz darauf wurden die Ermittlungen gegen Nedwig eingestellt. Wie der Leiter der Hauptabteilung IX/11 am 3. August 1982 mitteilte, war kein Archivmaterial zu Nedwig gefunden worden. »Folglich kann eine NSDAP-Mitgliedschaft von hier aus weder bestätigt noch widerlegt werden.« In Ermangelung neuer Ergebnisse zitierte MfS-Oberst Stolze die Annahmen seines Stellvertreters aus dem Jahre 1979 noch einmal und vermutete, dass mit Sicherheit auch in Bautzen alle HJ-Mitglieder des Jahrgangs 1944 in die NSDAP überführt worden waren.[53]

Tatsächlich gingen, wie man heute weiß, nur etwas mehr als ein Drittel der Hitlerjungen des Jahrgangs 1927 in die NSDAP. Von den 18 Millionen Jugendlichen, die seit dem 30. Januar 1933 die HJ bis zum 18. Lebensjahr durchliefen, wurden insgesamt sogar nur 7 bis 8 Prozent in die Partei aufgenommen.[54]

Für Kripo-Chef Nedwig aber war die Sache damit erledigt. Er wurde wenig später zum Generalleutnant befördert.

Kapitel 5

Im Safe von Mr Simon

Am 17. September 1987 erwartete Direktor Daniel Simon hohen
Besuch im Berlin Document Center am Wasserkäfersteig. US-
Botschafter Richard Burt und sein Stellvertreter James Dobbins hatten sich angekündigt. Nach einem Rundgang durch
das Archiv führte Simon die Männer in sein Büro. Als sie
unter sich waren, erkundigte sich Burt nach dem Stand der
Rückgabeverhandlungen mit den Deutschen. Simon erklärte
den Besuchern, beide Seiten seien sich darüber einig, dass
die Übergabe erst stattfinden könne, wenn die Verfilmung der
Dokumente abgeschlossen sei. Die dafür nötigen Gelder habe
das Bonner Innenministerium bereits genehmigt. Sie würden
aber erst ausgezahlt, wenn ein offizielles Abkommen geschlossen worden sei.

Der Botschafter nickte, doch Dobbins schien unzufrieden
mit der Antwort des BDC-Direktors. Seit Jahrzehnten ver-
handle man bereits mit der Bundesregierung, erklärte er ungeduldig. »Warum sagen wir den Deutschen nicht einfach, dass
sie die Akten bekommen, sobald wir mit der Verfilmung fertig sind, und fertig?« Simon entgegnete, dass niemand wisse,
wie die Lage in fünf Jahren aussehen werde. »Das könnt Ihr
Jungs in Bonn und Washington wohl besser beurteilen.« Der
Botschafter pflichtete ihm bei und deutete an, dass es in der
Frage der Rückgabe mehr diplomatische Verwicklungen gebe,
als auf den ersten Blick ersichtlich sei.

Dann kamen die beiden Besucher auf einen heiklen Punkt
zu sprechen. Sie hätten von einer »Spezialliste« gehört, ob sie

Kapitel 5

die mal sehen könnten? Der Direktor ging zu dem Safe in der
Ecke seines Büros, zog ein Dokument hervor und legte es auf
seinen Schreibtisch. »Unglaublich«, murmelte der Botschafter,
während seine Augen über die Namen von mehr als siebzig
führenden deutschen Politikern glitten, die allesamt Mitglieder der NSDAP gewesen waren. Auch Dobbins traute seinen
Augen kaum.

Die Namen lasen sich wie ein *Who's Who* der deutschen Politik: Richard Stücklen, Hans-Dietrich Genscher, Karl Schiller,
Theodor Oberländer, Horst Ehmke, Walter Scheel, Karl Carstens, Gerhard Schröder, Josef Ertl, Liselotte Funcke, Friedrich
Zimmermann, Alfred Dregger, Erhard Eppler, Heinrich Lübke.
Vom Kabinett Konrad Adenauers bis zu dem Helmut Kohls
saßen in jeder deutschen Regierung ehemalige NSDAP-Mitglieder am Kabinettstisch. Allein unter Bundeskanzler Willy Brandt
dienten zwölf ehemalige Nationalsozialisten als Minister.[1]

Simon hatte die Liste unter strengster Geheimhaltung für
den internen Gebrauch anfertigen und die NSDAP-Mitgliedskarten der Betroffenen aus der Hauptkartei aussortieren lassen, um sie gesondert in seinem Safe zu verwahren. Lediglich
Don Koblitz, der Rechtsberater der amerikanischen Gesandtschaft, besaß eine Kopie.

Als die Besucher sich nach einer Stunde verabschiedeten,
hatte Simon sie davon überzeugt, dass eine Rückgabe der
Naziakten verheerende Folgen für die deutsche Politik hätte.
Der Direktor nahm wieder hinter seinem Schreibtisch Platz
und setzte ein Memo an den amerikanischen Gesandten in
Berlin auf: »Ich glaube, die Liste hat ihnen deutlich gemacht,
dass das Document Center ein politischer Mühlstein um den
Hals der Bundesrepublik wäre.«[2]

Das Memo des BDC-Direktors und die ominöse »Spezialliste« befinden sich heute im Nationalarchiv von Washing-

166

ton. Die Informationen über die Nazivergangenheit deutscher Spitzenpolitiker galten als so brisant, dass der US-Gesandte Harry Gilmore Simon postwendend anwies, Botschafter Burt und James Dobbins keine Kopie zur Verfügung zu stellen, falls sie nicht explizit darum baten.

Für die Amerikaner waren die Akten in erster Linie ein diplomatisches Problem. Immer wieder versuchten andere Geheimdienste, aber auch Journalisten, Wissenschaftler und obskure Privatpersonen, an Informationen über die Nazivergangenheit prominenter Deutscher zu kommen. Die Amerikaner aber hatten kein Interesse daran, ihren westdeutschen Bündnispartner im Kalten Krieg durch Enthüllungen über die NS-Vergangenheit seines politischen Personals zu düpieren. Die Spezialliste diente zur Kontrolle bei Anfragen zu bestimmten Personen, über die keinesfalls Informationen an Dritte herausgegeben werden durften. Schon seit den frühen 1960er Jahren und bis 1991 sortierten die Amerikaner immer wieder die Namen prominenter deutscher Politiker aus der Hauptkartei aus und verschlossen sie im Safe des BDC-Direktors. Allein unter Daniel Simon wurden die Akten von rund 50 Personen auf diese Art gesichert.[3]

Das Pikante daran war: Das Personal mit brauner Vergangenheit kam aus der Mitte der Gesellschaft – 28 Mitglieder der CDU/CSU, 25 SPD-Genossen, 9 FDP-Politiker. Allein der Republikaner Franz Schönhuber war dem rechtsextremen politischen Spektrum zuzurechnen.[4] Darüber hinaus gehörten Männer wie Wolfgang A. Mommsen (Präsident des Bundesarchivs), Bundesbankpräsident Helmut Schlesinger und der Generalinspekteur der Bundeswehr Klaus Bremm ebenso dazu wie der Leiter und mehrere Mitarbeiter der Zentralen Stelle der Landesjustizverwaltungen in Ludwigsburg, die mit der Verfolgung von NS-Verbrechern befasst war.[5]

Kapitel 5

Dabei stellten die von den Amerikanern entnommenen Karteikarten nur die Spitze des Eisbergs dar. Die tatsächliche Anzahl NS-belasteter Personen in deutschen Behörden und Parlamenten war wesentlich höher. Noch in den 1960er Jahren hätten die ehemaligen NSDAP-Mitglieder im Bundestag die größte Fraktion stellen können. Erst heute wird das Ausmaß der jahrzehntelangen Verdrängung deutlich. Im Februar 2013 stellte der Hessische Landtag eine Studie zur NS-Vergangenheit seiner ehemaligen Abgeordneten vor, nach der zeitweise rund ein Drittel aller Abgeordneten ehemalige NSDAP-Mitglieder gewesen waren.

»Vor Rückgabe vernichten«

Diese Nachforschungen sind heute nur dank der NS-Akten möglich, die von den Amerikanern fast fünfzig Jahre lang im Berlin Document Center verwaltet wurden. Doch auch nach der Rückgabe an die Deutschen sollte für immer geheim bleiben, wessen Naziakten während der nahezu fünfzigjährigen US-Verwaltung von wem überprüft worden waren. Einer Anfang der 1990er Jahre erstellten Liste des US State Department zufolge sollte ein Großteil der Akten vor der Übergabe an die Deutschen in den Reißwolf wandern. Unter der Überschrift »Records of the Berlin Document Center« verfügte das US-Außenministerium im Dezember 1991, dass die Akten der Abteilungen Visa und Rechtshilfeersuchen, Listen mit überprüften Namen und Personendossiers vernichtet werden sollten: »Destroy upon termination of U. S. administration of the BDC«.[6]

Doch in vielen Fällen wurden die entsprechenden Akten nicht entsorgt und liegen noch heute im Nationalarchiv in Washington, wie aus den handschriftlichen Archivsignaturen hervorgeht, die ein Mitarbeiter des Nationalarchivs um 1997 an den Rand der Liste schrieb, als er ein Findbuch für die BDC-Akten erstellte und dabei die Liste mit den tatsächlich in den National Archives vorhandenen Beständen verglich. Nicht immer lässt sich aus diesen handschriftlichen Anmerkungen schließen, was wann mit den jeweiligen Dokumenten in den entscheidenden Jahren zwischen 1991 und 1997 geschehen ist. Die von BDC-Mitarbeitern auf 5 x 8 Zoll großen Karteikarten erstellten Personendossiers (»File Summaries«) etwa wurden »offensichtlich« – so die Randbemerkung – noch im Document Center vernichtet. Dutzende von Archivkartons voller Anfragen und Korrespondenz hingegen sind katalogisiert worden. Dazu zählen auch von BDC-Mitarbeitern in der Nachkriegszeit aufwändig kompilierte Listen von NSDAP-Mitgliedern in Deutschland und in aller Welt sowie eine unvollständige Liste von NSDAP-Bewerbern, die lediglich Namen mit den Anfangsbuchstaben I–K, M und P–R umfasst.

Angesichts der bruchstückhaften Überlieferungslage der Anträge, die offensichtlich auf die 1945 von der US-Army erbeuteten Originalakten zurückgeht, erscheint es kaum überraschend, dass von Genscher, Wellershoff, Walser und anderen keine Anträge gefunden werden konnten. Da Aufnahmeanträge die Voraussetzung für die Parteiaufnahme waren, ist davon auszugehen, dass sie bereits bei Kriegsende zerstört worden oder verloren gegangen waren.

Allerdings scheint es fraglich, warum die Amerikaner die Information als streng geheim behandeln sollten, wenn die mutmaßliche NSDAP-Mitgliedschaft – wie Genscher umgehend behauptete – ohne sein Wissen zustande gekommen und somit bedeutungslos war.

Tatsächlich weist vieles darauf hin, dass die amerikanischen Hüter des BDC, die nach Jahrzehnten kontinuierlicher Archiv-

Kapitel 5

arbeit besser mit den NS-Parteiunterlagen vertraut waren als irgendjemand sonst, die angeblich »unwissentlichen« Mitgliedschaften für ein Lügenmärchen hielten, die Brisanz der Akten richtig einschätzten und sie deshalb besonders streng vor Zugriff sicherten.

Die Anfrageformulare und Personendossiers in den Verwaltungsakten des BDC belegen nicht nur, wie frühzeitig und umfassend die USA über die NS-Vergangenheit deutscher Spitzenpolitiker im Bilde waren. Sie zeigen auch, wie diskret die Amerikaner jahrzehntelang mit den brisanten Informationen über ihre deutschen Verbündeten umgingen. Die Hoffnung so mancher deutscher Politiker auf »Schutz vor Schnüffelei« in den nationalsozialistischen Aktenkonvoluten wurde de facto unter amerikanischer Leitung erfüllt. Während die deutsche Öffentlichkeit erst am Ende seiner Amtszeit von der NSDAP-Mitgliedschaft von Bundespräsident Walter Scheel erfuhr, hatten BDC-Mitarbeiter bereits 1954 seine Mitgliedskarte entdeckt. Ein Jahr zuvor war Scheel in den Bundestag gewählt worden und wurde deshalb routinemäßig überprüft.[7] Als Scheel 1961 Bundesminister für wirtschaftliche Zusammenarbeit im Kabinett Adenauer wurde, wurde seine NSDAP-Mitgliedsakte erneut angefragt.

Die Existenz seiner NSDAP-Mitgliedskarte hielt Scheel nicht davon ab, sich in Sonntagsreden als Aufklärer zu positionieren. Als Außenminister kündigte er in einer Festschrift zum 100-jährigen Bestehen des Auswärtigen Amtes vollmundig an, er werde die Geschichte seines Ministeriums im »Dritten Reich« aufarbeiten lassen.[8] Die eigene Vergangenheit dürfte er dabei eher nicht im Sinn gehabt haben.

Denn Scheel versäumte es nicht nur, die angekündigte Untersuchung zum Auswärtigen Amt umzusetzen, sondern auch, seine eigene Vergangenheit im »Dritten Reich« offenzulegen. Die wurde erst 1978 publik, als sich der mittlerweile zum Staatsoberhaupt aufgestiegene Scheel mit dem Vorwurf konfrontiert sah, ein Parteigenosse Hitlers gewesen zu sein.

Der Hinweis auf die NSDAP-Mitgliedschaft des Bundespräsidenten stammte vom einem einstigen Parteigenossen Scheels, dem früheren FDP-Vorsitzenden Erich Mende, der im Oktober 1970 in die CDU übergetreten, aber offensichtlich noch gut über die NSDAP-Mitgliedschaft seiner ehemaligen Fraktionskollegen informiert war.[9] Wie Scheel hatte auch Hans-Dietrich Genscher 1970 von einem Parteifreund erfahren, dass im BDC eine NSDAP-Mitgliedskarte auf seinen Namen lag.

Erst als im November 1978 die NSDAP-Mitgliedschaft von Karl Carstens bekannt wurde, der sich gerade als CDU-Bundespräsidentschaftskandidat warmlief, trat der 1919 geborene Scheel die Flucht nach vorn an und gestand in einer seltsam gewundenen Erklärung, er sei ab 1942 ebenfalls NSDAP-Mitglied gewesen. Ob er selbst einen Aufnahmeantrag gestellt habe, wisse er allerdings nicht mehr, seine Mitgliedschaft habe während des Militärdienstes aber geruht. »Eine größere Überraschung hätte Walter Scheel dem Lande nicht bescheren können«, kommentierte verwundert *Die Zeit*.[10]

Mit seiner absonderlichen Ausflucht wies der FDP-Politiker den Weg für alle anderen, die ihre NSDAP-Mitgliedschaft in den nächsten Jahrzehnten verharmlosen wollten. Je öfter die Mär von den unwissentlichen Parteimitgliedschaften gebetsmühlenartig wiederholt wurde, desto mehr glaubten die Betroffenen selbst daran. Als er 2010 in einem Interview nach seiner NSDAP-Mitgliedschaft gefragt wurde, verneinte Scheel diese gar rundheraus: »Ich war von dem Tage an, als Deutschland und Frankreich gegeneinander Krieg geführt haben, bis zum Kriegsende Soldat der Luftwaffe. Und als Soldat der Wehrmacht war es gesetzlich verboten, Mitglied der

Kapitel 5

NSDAP zu sein. Im Übrigen wäre eine NSDAP-Mitgliedschaft für mich nicht infrage gekommen.«[11]

In Wirklichkeit konnten Soldaten und Offiziere der Wehrmacht seit Einführung der Wehrpflicht 1935 durchaus Parteigenossen sein, ihre Mitgliedschaft *ruhte* lediglich während der aktiven Dienstzeit. Zudem wirft es ein bezeichnendes Licht auf die Entlastungsbehauptung jüngerer NSDAP-Mitglieder, wenn schon Scheel suggeriert, nie einen Aufnahmeantrag gestellt zu haben und demnach möglicherweise ohne eigenes Wissen in Hitlers Partei aufgenommen worden zu sein. Schon bei den Jahrgängen 1926/27 lässt sich bis heute kein einziger Beleg für Kollektivaufnahmen ohne Wissen der Beteiligten finden. Dafür zeigen der Fall Scheel und viele andere, dass es spätestens seit den 1970er Jahren auch älteren Deutschen möglich war, ohne jeden Beleg aus der Aktenlage die Mär von den unwissentlichen Parteimitgliedschaften zu verbreiten, ohne sich zum Gespött der Öffentlichkeit zu machen.

Nur keine neue Entnazifizierung

Die Entlastungsbemühungen ehemaliger NSDAP-Mitglieder fielen in den 1970er Jahren auch deshalb auf fruchtbaren Boden, weil trotz der neuen Konjunktur öffentlicher »Vergangenheitsbewältigung« unter den Vertretern aller politischen Parteien Konsens bestand, keine Rufe nach einer Wiederauflage der Entnazifizierung aufkommen zu lassen. Dieser Konsens ging auf die Zeit des Wiederaufbaus unmittelbar nach dem Krieg zurück und schloss nicht nur Pragmatiker wie Kanzler Adenauer («Man schüttet kein schmutziges Wasser aus, ehe man reines hat«) ein. Auch der erste SPD-Chef Kurt Schumacher hatte sich 1951 für die Rehabilitierung Hunderttausender ehemaliger Angehöriger der Waffen-SS eingesetzt, soweit diese sich keiner Kriegsverbrechen schuldig gemacht hatten.[12] Der politische Graben zwischen den vom Kommunismus und dem vom Nationalsozialismus gebrannten Deutschen wurde 1966 am Kabinettstisch der Großen Koalition überbrückt, an dem der ehemalige Kommunist Herbert Wehner und der einstige Emigrant Willy Brandt neben den ehemaligen NSDAP-Mitgliedern Kiesinger (CDU), Gerhard Schröder (CDU) und Karl Schiller (SPD) saßen.

Als 1978 die NSDAP-Vergangenheit von Scheel publik wurde, meldeten die Zeitungen, dass sich nicht nur Hans-Dietrich Genscher hinter seinen Parteifreund stellte. Auch Willy Brandt halte an Scheel fest, während Bundeskanzler Helmut Schmidt und Oppositionsführer Helmut Kohl sich öffentlich gegen eine »neue Entnazifizierung« aussprachen.[13]

Zwar machten sich die Deutschen seit den 1960er Jahren auf den langen Weg in die Vergangenheitsbewältigung: von den Auschwitz-Prozessen über die US-Serie *Holocaust*, Claude Lanzmanns Film *Shoa*, Richard von Weizsäckers Rede zum 5. Mai 1985, die Wehrmachtsausstellung bis hin zum Holocaust-Mahnmal und den öffentlichen Diskussionen über die NS-Vergangenheit deutscher Behörden, die 65 Jahre nach Kriegsende endlich zur Einsetzung historischer Kommissionen führten. Doch solange die politischen Geschicke der Bundesrepublik von Zeitgenossen bestimmt wurden, die das »Dritte Reich« am eigenen Leib erlebt hatten, bestand über Parteigrenzen hinweg ein breiter Konsens, dass der Blick nach vorne zu richten sei. Dass die NS-Vergangenheit von Politikern wie Scheel und Carstens überhaupt bekannt wurde, lag nicht etwa am historischen Aufklärungsbedürfnis einer kritischen demokratischen Öffentlichkeit. Die Amerikaner sorgten

Kapitel 5

schließlich aus Furcht vor »Missbrauch« bis 1994 dafür, dass die Vertreter einer solchen Öffentlichkeit – Journalisten und Wissenschaftler – keinen Zugang zu sensiblen Informationen über deutsche Spitzenpolitiker bekamen.

Amerikanische und deutsche Behörden sowie Regierungsstellen befreundeter Staaten hingegen erhielten Auskunft. Auch einige internationale Organisationen wie die Jewish Claims Conference, das Dokumentationsarchiv des Österreichischen Widerstands in Wien und das Wiesenthal-Zentrum konnten im Document Center zu einzelnen Personen Anfragen stellen, vorausgesetzt, gegen die Betroffenen waren bereits Gerichtsverfahren anhängig.[14]

Als 1985 der ehemalige SS-Sturmbannführer und verurteilte Kriegsverbrecher Walter Reder aus italienischer Haft entlassen wurde und nach Österreich zurückkehrte, erhielt der stellvertretende Chefredakteur der Wiener *Wochenpresse* durch Vermittlung der US-Botschaft persönliche Dokumente über Reder aus dem Document Center, darunter Kopien von SS-Auszeichnungslisten, Beurteilungen über Reder und dessen Lebenslauf.[15] Reders Rückkehr löste einen Skandal aus, weil der Kriegsverbrecher nach seiner Einreise vom österreichischen Verteidigungsminister, dem FPÖ-Politiker Friedhelm Frischenschlager, mit Handschlag begrüßt wurde. Durch die Freigabe von Informationen über Reders SS-Karriere im »Dritten Reich« trugen die Amerikaner dazu bei, dass dessen Taten – und seine Hofierung durch gegenwärtige Regierungsmitglieder – zum Anlass für eine der ersten großen öffentlichen Debatten über die NS-Vergangenheit Österreichs wurden. Über Personen, gegen die nach dem Wissen der BDC-Verwalter nichts vorlag, wurden generell keine Auskünfte erteilt.[16]

174

»Eine Last, von der man sich nur schwierig wieder reinwaschen kann«

Die Amerikaner taten alles, um eine neue Entnazifizierung zu verhindern. Die politische Vorgabe war einfach: Informationen über Nazi-Kriegsverbrecher konnten herausgegeben werden, die kleinen Geheimnisse großer Bundespolitiker hingegen waren etwas anderes – sie galt es auch in den 1980er Jahren noch zu schützen. »Während wir die legitime Verfolgung von Nazi-Kriegsverbrechern unterstützen«, heißt es in einem internen Memo der US-Vertretung in Berlin vom 9. September 1986, »ist es unserer Auffassung nach in niemandes Interesse oder hinsichtlich der Privatsphäre der Betroffenen zu rechtfertigen, wenn wir Journalisten und anderen Zugang gewähren, damit sie auf Fischfang gehen können.«[17]

Hinter dieser politischen Vorgabe stand das strategische Kalkül, wichtige politische Bündnispartner im Kalten Krieg vor peinlichen Affären zu schützen. Schließlich war auch bei den Amerikanern noch die Erinnerung an die erstaunlich akkurat recherchierten Braunbücher der DDR-Propaganda wach, die in den 1960er Jahren nicht wenige Stützen der westdeutschen Justiz und Politik medienwirksam als ehemalige Nationalsozialisten enttarnt hatten. Die geheimen Memoranden, die in den 1970er und 1980er Jahren zwischen dem State Department in Washington, der US-Vertretung in Berlin und diversen BDC-Direktoren hin- und hergingen, bestätigen den Eindruck, dass die Amerikaner kein Interesse daran hatten, bei der Entlarvung »einfacher Nationalsozialisten« behilflich zu sein: »Als Nazi gebrandmarkt zu werden ist eine Last, von der man sich nur schwierig wieder reinwaschen kann«, heißt es in dem bereits erwähnten Memorandum weiter. »Wir wollen keiner Sensationsberichterstattung Vorschub leisten, die

Kapitel 5

im Fall einer offenen Zugangsregelung sehr wahrscheinlich wäre.«[18] Die restriktive Vorsicht, mit der die Amerikaner noch in den 1980er Jahren den Zugang zum Archiv regelten, zeigt einmal mehr: Die Herren des Document Center wussten ganz genau, dass sie auf 50 Tonnen politischem Sprengstoff saßen, der immer noch explodieren konnte.

Dabei waren die Amerikaner schon bald nach Kriegsende bemüht, einen Großteil der Aktenbeute wieder dem rechtmäßigen Besitzer zu überlassen. Bereits 1952 hatte die US-Regierung beschlossen, die meisten Beuteakten an Westdeutschland zurückzugeben – mit Ausnahme solcher Dokumente, »die das Nazi-Regime glorifizierten oder den Charakter von Propaganda hatten oder die Verwaltung, das Personal und die Funktionsweise von Organisationen der NSDAP betrafen, es sei denn, ihre Rückgabe würde das demokratische Leben in der Bundesrepublik nicht gefährden«.[19]

Ein Jahr später gab die US-Army die Kontrolle des Document Center in zivile Hände, das Archiv unterstand fortan dem State Department, vertreten durch die US-Mission in Berlin. Damals arbeiteten zwischen 40 und 60 deutsche Mitarbeiter unter amerikanischer Führung in dem Archiv.[20] Nachdem die Bundesrepublik 1955 ihre staatliche Souveränität wiedererlangt hatte, kehrten nach und nach die Akten des Auswärtigen Amtes, der Reichskanzlei und Sachakten ohne direkten Personenbezug aus den Beständen des BDC nach Deutschland zurück. Seit 1962 stellte das BDC vor allem ein Personenarchiv dar, das regelmäßig von alliierten und auch deutschen Behörden in offiziellen Angelegenheiten angefragt wurde: Kriegsverbrecherprozesse, Entnazifizierung, Rentenansprüche, staatliche Auszeichnungen.[21]

1968 wurde ein »National Archives Liaison Committee« mit drei amerikanischen Historikern ernannt, die das Nationalarchiv bei der Rückgabe der BDC-Akten beraten sollten. Wie das State Department Senator George McGovern ein Jahr später mitteilte, erwog man dort zu dem Zeitpunkt bereits die Rückgabe der Akten an Deutschland, »da es sich um Akten deutscher Provenienz handelt«.[22] Voraussetzung war, dass der komplette Bestand zuerst verfilmt werden sollte und die Originalakten in Deutschland auch nach der Übergabe weiterhin *bona fide* Wissenschaftlern zugänglich sein müssten. Die Mikroverfilmung entsprach den Grundvoraussetzungen, die auch bei der Rückgabe anderer von den USA beschlagnahmter deutscher Akten galten.

1969 war die Verfilmung der Akten von SS-Offizieren, des Volksgerichtshofs und des NSDAP-Parteizensus von 1939 bereits im Gange, als das Komitee von »chaotischen Zuständen« im BDC berichtete. Die Organisation des Archivs ließ zu wünschen übrig, und viele der Mitarbeiter, die sich mit den Akten auskannten, gingen bereits auf das Rentenalter zu.

Der Archivar Robert Wolfe empfahl, zuerst die alphabetisch organisierten Personendossiers zu verfilmen, da diese die sensibelsten Daten darstellten und somit als Erste an Bonn oder Koblenz zurückgegeben würden.[23] Nach einem vierwöchigen Besuch im BDC legte Wolfe dem Komitee 1969 einen weiteren Empfehlungskatalog für die Übergabevorbereitungen vor. Im Dezember 1969 verfasste das Liaison-Komitee einen sechsseitigen Bericht, der ein ungünstiges Licht auf das Document Center warf und dringenden Handlungsbedarf anmeldete. Eine vermutlich vom damaligen BDC-Direktor annotierte Kopie dieses Berichts hat sich in den Akten erhalten. Die Mitarbeiter des Document Center hatten allein mit monatlich 4000 Anfragen alle Hände voll zu tun, und für eine Verfilmung des in ständiger Nutzung befindlichen Materials standen damals lediglich drei Kameras zur Verfügung. Allein die

Kapitel 5

Verfilmung der NSDAP-Mitgliederkartei, die ganz oben auf der Liste stand, würde mehr als zwei Jahre dauern, klagte der BDC-Direktor in einer Randnotiz: »Mit den Methoden von 1969 wären wir damit 1985 fertig.« Auch die von den Historikern angeregte detaillierte statistische Analyse der Daten in der NSDAP-Mitgliederkartei betrachtete man beim BDC mit Skepsis: »Welche Analyse von 10 Millionen Karten, auf denen sich lediglich Name, Geburtsdatum, Wohnung, Beruf und Aufnahmedatum in die Partei finden?«

Hansen und die heiße Kartoffel

1968 forderte der SPD-Bundestagsabgeordnete Karl-Heinz Hansen, das BDC solle in die Obhut der Bundesrepublik zurückkehren. Schon ein Jahr zuvor hatte sich die US-Regierung mit der Zukunft des BDC befasst, 1968 empfahl die US-Vertretung in Berlin dem State Department, das gesamte Archiv samt Liegenschaften und Dokumenten an die Bundesrepublik zurückzugeben. Die westdeutsche Regierung jedoch hatte kein Interesse an einer neuen Entnazifizierung. Selbst unter amerikanischer Leitung war nicht immer gesichert, dass Daten über das braune Vorleben führender Persönlichkeiten der Bundesrepublik nicht an die Öffentlichkeit dringen konnten. Auch die Enthüllungen über die NSDAP-Mitgliedschaft von Bundeskanzler Kiesinger im selben Jahr hatten schließlich auf durchgesickerten Informationen aus den amerikanischen Beuteakten beruht. Immerhin konnte die Bundesregierung jede Verantwortung für die Öffnung des Archivs auf den amerikanischen Bündnispartner schieben. Wären die Unterlagen schon in den 1960er Jahren in deutschen Besitz gekommen, hätte sich eine Debatte um deren Inhalt angesichts des

178

Im Safe von Mr Simon

beträchtlichen öffentlichen Aufarbeitungsdrucks kaum vermeiden lassen.

Auch in der amerikanischen Öffentlichkeit gab es Widerstand gegen eine sofortige Übergabe. Die US-Verwaltung
hatte bis Ende der 1960er Jahre erst drei Archivserien auf
Mikrofilm kopiert. Namentlich aufseiten von Historikern
und jüdischen Verbänden gab es scharfe Kritik an dem Vor-
haben, die Akten zurückzugeben, bevor ein kompletter Satz
Mikrofilme existierte.

Von 1970 an traktierte der SPD-Abgeordnete Hansen die
Bundesregierung acht Jahre lang mit parlamentarischen
Anfragen zur Rückgabe des Document Center. Als Hansen
Ende 1971 dem BDC einen Besuch abstattete, versicherte ihm
dessen Direktor Richard Bauer, dass auch Bundestagsvertreter
Anfragen stellen könnten. Als der SPD-Abgeordnete daraufhin
nach der Akte eines Parlamentskollegen von der CDU forschen lassen wollte, beschied ihm Bauer jedoch, die Anfrage
müsse über offizielle Kanäle laufen.[24]

Die Antworten, die der Parlamentarier vom Auswärtigen
Amt erhielt, waren wenig optimistisch. Auf dem Höhepunkt
des Kalten Krieges konnten sich weder die Bundesregierung noch ihre US-Verbündeten entscheiden, was mit der
braunen Erblast geschehen sollte. Immer wieder wurde die
Rückgabe an die Bundesrepublik verschoben, die das Archiv
längst finanzierte. 1974 beschied der zuständige Außenminister Hans-Dietrich Genscher dem SPD-Abgeordneten, eine
Übergabe hänge lediglich noch von der Prüfung »finanzieller
und haushaltswirtschaftlicher Fragen« und »Fragen der Siche-
rung des Archivs gegen gewaltsame Übergriffe« ab.[25] Zwei
Jahre später erklärte Genschers Staatsminister Hans-Jürgen
Wischnewski, dass die Bundesregierung die Fortsetzung der
Verhandlungen für »nicht opportun« halte.[26] Die Sowjets wür-

179

Kapitel 5

den kaum die Etablierung einer weiteren Bundespräsenz in der geteilten Frontstadt Berlin tolerieren. Zudem fehle es an Haushaltsmitteln für den Unterhalt des Archivs – dabei wurde das Document Center zu dem Zeitpunkt ohnehin bereits von Bonn mit 1,3 Millionen DM aus dem Besatzungsfolgelastenhaushalt finanziert.[27]

Nicht dass die Bundesregierung kein Interesse an der Rückgabe des deutschen Archivguts habe. Davon könne »gar keine Rede sein«, erklärte Karl Moersch, neben Wischnewski Außen-Staatsminister, auf erneute Anfrage des hartnäckigen Hansen im Juni 1976. Vielmehr sei der Regierung sehr an einer »zügigen und abschließenden Regelung« gelegen.[28]

Der SPD-Linksaußen Hansen sah einen anderen Grund für die zögerliche Haltung Bonns, wie er dem Nachrichtenmagazin *Der Spiegel* erklärte: »Ehemaligen NS-Dienern, die heute wieder dem Staat dienen und ihn gegen ›Radikale‹ schützen, peinliche Erhellungen ihrer dunklen Vergangenheit zu ersparen.«[29] Das Durchschnittsalter der im Document Center erfassten Altnazis liege ohnehin bereits bei über 70 Jahren, ergänzte das Nachrichtenmagazin und zitierte den damals amtierenden Präsidenten des Bundesarchivs Hans Booms mit der Prognose, das Problem dürfte sich bis in die 1990er Jahre »von selbst bereinigt haben«.

Als Hansen 1978 der Bundesregierung schließlich in einer BBC-Sendung vorwarf, dass sie »die Dokumente nicht will, weil sie frühere Nazis decken will, die in peinliche Verlegenheit kämen, wenn gewisse Dokumente veröffentlicht würden«, platzte seinen Parteifreunden der Kragen. Auf der daraufhin eilig einberufenen Fraktionssitzung der Sozialdemokraten herrschte laut *Spiegel* eine regelrechte »Pogromstimmung« gegen den hartnäckigen Querulanten. Bundeskanzler Schmidt fühlte sich persönlich beleidigt und verlangte Satisfaktion. Die

180

SPD-Fraktion folgte ihm und tat, was es in der Geschichte des Bundestags bis dahin noch nie gegeben hatte: Sie erteilte ihrem Abgeordneten eine öffentliche Rüge.[30]

Die Kritik aus den eigenen Reihen hätte für die sozialliberale Regierungskoalition zu keinem ungünstigeren Zeitpunkt kommen können. Just im März 1978 war die Strafverfolgung von NS-Verbrechen ein aktuelles Thema, zu dem die Bundesregierung eine Dokumentation plante und Zahlen genannt hatte: Zwischen 1945 und dem 1. Januar 1978 waren demzufolge 82 667 Ermittlungen gegen Personen geführt worden, die der Beteiligung an NS-Straftaten verdächtigt wurden. Lediglich 6425 Personen waren rechtskräftig verurteilt worden, während die Betroffenen in 71 554 Fällen straffrei ausgingen und 4688 Verfahren noch anhängig waren.[31]

Die im Document Center aufbewahrten Unterlagen waren entscheidend für die Beweisführung in solchen Ermittlungsprozessen. Aufgrund ihres offensichtlichen Desinteresses an der Fortsetzung der Übernahmeverhandlungen mit den Amerikanern drohte die Bundesregierung sich zu blamieren. Zwar hatte die SPD-Fraktion während des Hansen-Tribunals betont, dass es berechtigte Zweifel daran gebe, ob die Auseinandersetzung »mit den Untaten des SS-Regimes« nach 1945 immer mit dem nötigen Nachdruck geführt worden sei.[32] Andererseits musste Ex-Kanzler Willy Brandt zugeben, er habe in seiner Regierungszeit schlicht vergessen, dass es ein Document Center gebe.[33] Möglicherweise nicht ganz unfreiwillig. »Wir wären von allen guten Geistern verlassen«, soll Brandt auf der Fraktionssitzung gepoltert haben, »wenn wir … jetzt anfangen würden, das, was vor 35 (sic!) Jahren ein gewisses Ende gefunden hat, nochmals aufrollen zu wollen. Das bringt uns innenpolitisch auch nicht einen Millimeter weiter voran.«[34] Regierungschef Schmidt verteidigte sich mit der Begründung,

Kapitel 5

niemand habe ihm bisher vom Problem der Übernahme des BDC Mitteilung gemacht.[35]

Wie aus Akten des Auswärtigen Amtes hervorgeht, half Schmidt seinem Informationsbedarf wenige Tage später nach und schrieb einen Brief an Außenminister Genscher, Innenminister Maihofer und Justizminister Vogel, in dem er seine Kabinettskollegen um Aufklärung bat: »Die Übernahmeverhandlungen sind nach meinen Informationen bereits im Jahre 1967 aufgenommen worden. Ich habe bisher nicht erkennen können, warum es nicht möglich war, die Verhandlungen abzuschließen.«[36]

Er habe außerdem erfahren, schrieb Schmidt weiter, dass einige der Unterlagen im Document Center »einer besonderen Aufbewahrungsform unterliegen«, und bat um Überprüfung, ob diese Unterlagen deutschen Strafverfolgungsbehörden wie der Ludwigsburger Zentralstelle zur Aufklärung von NS-Verbrechen ebenfalls zugänglich seien.

Möglicherweise bezog Schmidt sich mit der etwas kryptischen Formulierung auf die Unterlagen prominenter deutscher Politiker, die eigens im Safe des BDC-Direktors verschlossen wurden, damit sie nicht in unbefugte Hände gelangten.

In den Unterlagen des amerikanischen Nationalarchivs findet sich eine Bestandsliste, auf der der Inhalt des Safes von Mr Simon aufgeführt wird. Dazu gehörten nicht nur SS-Ansteckmadeln, Hitler-Autografen und Originaldokumente zu Adolf Eichmann, Alfred Rosenberg und den Verschwörern vom 20. Juli 1944, sondern auch »Informationen über deutsche Regierungsmitglieder mit Geburtsdatum 1927 und davor«.[37] Diese Informationen allerdings waren offensichtlich 1997 nicht mehr aufzufinden, ein Archivar hat den Eintrag durchgestrichen. Wurden sie vor der Rückgabe des Document Center an die Bundesrepublik beiseite geschafft?

Im Safe von Mr Simon

Immerhin steht damit fest, dass die USA es für wichtig hielten, die NS-Vergangenheit auch jener deutschen Politiker zu überprüfen, die zur Generation der Flakhelfer gehörten. Man glaubte nicht an die von den Deutschen selbst gestrickte Legende, dass ihre NSDAP-Mitgliedschaft auf einem Irrtum beruhte und ohne eigenes Wissen erfolgt war. Warum sonst hätten die NSDAP-Unterlagen der Jahrgänge bis 1927 ausdrücklich einer besonderen Geheimhaltung unterliegen sollen?

»Verbrenne es!«

Damit aber war auch in den 1970er und 1980er Jahren noch ein weitaus größerer Kreis bundesdeutscher Politiker betroffen, als in der Öffentlichkeit angenommen wurde. Noch um 1980 ließen die Amerikaner das gesamte Kabinett von Kanzler Helmut Schmidt im Document Center überprüfen. Dabei ging das amerikanische Außenministerium mit äußerster Diskretion vor. Im Juli 1979 schickte Robert D. Johnson vom State Department eine Namensliste an BDC-Direktor Simon mit der Bitte, diese zu überprüfen. In vagen Worten umschrieb Johnson, worum es bei den Checks ging: »Ich will oder brauche nicht die Informationen selbst, sondern einen Hinweis, ob es irgendwelche Unterlagen gibt. Bitte lassen Sie bei der Überprüfung Ihre bekannte Diskretion walten, da aus den Namen ziemlich deutlich wird, worum es hier geht. Sie können Ihren eigenen Code für Treffer und Fehlanzeigen verwenden, ich bin nur an folgendem interessiert: 1. Parteimitgliedschaft; 2. irgendwelche SS-Aktivitäten; und 3. jede andere, weniger sensible Kategorie an BDC-Akten.« In James-Bond-Manier forderte Johnson den Empfänger schließlich auf, den Brief nach Bearbeitung zu vernichten.

183

Kapitel 5

Allerdings folgte Simon der Anweisung, das Schreiben zu verbrennen (»Burn it!«), nicht. Im gleichen Aktenkonvolut befindet sich auch eine Liste der Mitglieder von Schmidts Kabinett 1980. Die Namen von Außenminister Genscher, Landwirtschaftsminister Josef Ertl (FDP) und Kanzler Schmidt sind darauf durchgestrichen. Ertl und Genscher wurden im Document Center als NSDAP-Mitglieder geführt. Warum auch Schmidts Name durchgestrichen war, über den bis heute keine derartigen Informationen vorliegen, ist nicht klar.[38] Bisher spricht nichts dafür, dass die Amerikaner damals mehr Informationen über den Bundeskanzler hatten, als heute bekannt ist.

Er habe auch keine Ahnung, warum sein Name durchgestrichen sei, erklärt Helmut Schmidt im Dezember 2012 bei unserem Gespräch in Hamburg. »Dass die uns überprüften, überrascht mich nicht. Ich trau' den Amerikanern jeden geheimdienstlichen Blödsinn zu.«[39] Dass Genscher und Ertl ehemalige NSDAP-Mitglieder waren, will Schmidt nie gewusst haben. Auch die NSDAP-Mitgliedschaft seines SPD-Parteigenossen Karl Wienand, Sohn eines kommunistischen Vaters, überrascht ihn. »War mir nicht bekannt, höre ich zum ersten Mal«, raunt der Altkanzler mürrisch. »Hat mich auch nie interessiert.« Wahrscheinlich habe Genscher es selbst nicht gewusst.

Tatsächlich wusste Genscher, wie er mir erzählt hatte, seit Anfang der 1970er Jahre von seiner Karteikarte. Aber warum bestritten er und die meisten anderen Betroffenen bis heute entgegen allem Anschein und ohne Beweise für ihre Sicht der Dinge, jemals NSDAP-Mitglied gewesen zu sein?

»Tell a lie and stick to it«, sagt Schmidt, ohne sich ausdrücklich auf Genscher oder andere seiner Ministerkollegen zu beziehen. »Die haben am Anfang gelogen und jetzt sind sie dabei geblieben.« War es jenen führenden Demokraten nicht möglich, angesichts ihrer unbestrittenen Verdienste in

der Nachkriegszeit eine vergleichsweise harmlose Jugend-
sünde wie den NSDAP-Eintritt als 18-Jähriger zuzugeben? »Es
ist nicht leicht, öffentlich zuzugeben, dass man gelogen hat«,
gibt Schmidt zu bedenken.

Der Safe von Mr Simon

»Im Giftschrank lag noch mehr«, munkelte der *Spiegel* 1994
nach Bekanntwerden von Genschers NS-Unterlagen. Doch
es sollte noch mehr als fünfzehn Jahre dauern, bis zwei weitere Namen aus dem Safe von Mr Simon auftauchten. 2011
erforschte der Historiker Hans-Peter Klausch im Auftrag der
Partei DIE LINKE die NS-Vergangenheit hessischer Landtagsabgeordneter zwischen 1946 und 1987 im Bundesarchiv. Dabei
ermittelte Klausch nicht nur, dass über zwanzigmal mehr ehemalige NSDAP-Mitglieder als offiziell bekannt im hessischen
Landtag gesessen hatten und dort in nahezu sämtlichen Parteien vertreten waren. In einigen Fraktionen stellten die ehemaligen Parteigenossen zeitweise sogar die Mehrheit.[40]
   Der Historiker machte während der Arbeit an den NS-Akten
im Bundesarchiv auch eine merkwürdige Entdeckung. Dabei
erwies es sich als Glücksfall, dass das Bundesarchiv auf die Scho-
nung von Originalakten Wert legt und Forschern nach Möglichkeit nur Mikrofilmkopien vorlegt. Für seine Recherchen hatte
das Bundesarchiv Klausch deshalb die Mikrofilm-Kopien zur
Verfügung gestellt, die von den Amerikanern vor der Übergabe
des Document Center gemacht wurden und von denen jeweils
eine Kopie in Washington und im Bundesarchiv in Berlin liegt.
   Bei der Durchsicht der Filme entdeckte der Klausch bei zwei
Landtagsabgeordneten anstelle der NSDAP-Mitgliedskarten
die Aufnahmen handschriftlicher Platzhalter, auf denen Name

Kapitel 5

und Geburtsdatum der Betroffenen sowie der Hinweis »SAFE –
MR. SIMON 1976« verzeichnet waren.[41] Dabei handelte es sich
um die CDU-Abgeordneten Alfred Dregger (1920–2002) und
Otto Zink (1925–2008). Als die Karten der CDU-Politiker 1976
im Safe des BDC-Direktors Simon verschwanden, saßen Dregger und Zink nicht mehr im hessischen Landtag, sondern im
deutschen Bundestag. Klausch folgerte daraus: »Es war das
Jahr 1976, in dem die CDU ihren Bundestagswahlkampf unter
der von Dregger geprägten Losung ›Freiheit statt Sozialismus‹
führte. In dieser politisch angespannten Situation wäre es für
die CDU alles andere als hilfreich gewesen, wenn die frühere
NSDAP-Mitgliedschaft zweier hoher Repräsentanten der Hes-
sen- und Bundes-CDU bekannt geworden wäre.«[42]

Unter welchen Umständen die Namen der beiden Politiker
in den Safe wanderten, muss Spekulation bleiben. In jedem
Fall belegen die BDC-Akten, dass die Amerikaner deutsche
Politiker jahrzehntelang routinemäßig überprüften, sobald
diese in höhere Ämter aufstiegen. Dazu zählten Bundestags-
mandate, Minister-, Fraktions- und Regierungsämter. Die
Bundestagsmitgliedschaft von Dregger und Zink dürfte aus-
gereicht haben, um sie in den Genuss der besonderen Sicher-
heitsverwahrung im Safe von Mr Simon kommen zu lassen.

Dort befanden sich die CDU-Politiker in bester Gesellschaft.
Doch bis heute ist unklar, wessen NSDAP-Akten noch im Safe
verwahrt wurden. Der letzte BDC-Direktor David Marwell
sagte mir, er könne sich außer an Genscher nicht mehr an
einzelne Namen erinnern. Aber Marwell gab mir noch einen
Hinweis, als wir uns 2011 in seinem Haus in College Park,
Maryland trafen. Die Verfilmung der NSDAP-Zentralkartei sei
zu einem Zeitpunkt erfolgt, als einige der Karteikarten noch
im Safe lagen. Allerdings wurden die im Safe aufbewahrten
Mitgliedskarten vor der Rückgabe an das Bundesarchiv wie-

186

der in die Zentralkartei einsortiert. Die zufällig abgelichteten Platzhalter seien mithin der einzige Hinweis darauf, welche Karten einmal im Safe gelegen hätten.

Nach dem Gespräch mit Marwell machte ich mich mit einem etwas flauen Gefühl im Magen an die Arbeit, zwischen den auf Hunderten Filmrollen abgelichteten 10,7 Millionen Karteikarten einige Dutzend Platzhalter zu finden. Doch zu meinem Glück entdeckte ich in den Archivunterlagen ein Dokument, das mir monatelange Arbeit ersparte: Versteckt zwischen den Verwaltungsunterlagen war eine Kopie der vermeintlich verschwundenen Bestandsliste von Mr Simons Safe erhalten geblieben.[43]

Darauf sind alphabetisch die Namen von 134 Deutschen aufgeführt, über die Originalmaterialien oder Kopien aus der NS-Zeit oder Nachkriegsdeutschland vorlagen. Sie reichen von Nazi-Persönlichkeiten wie Hitler (41a), Himmler (39) und Martin Bormann (9) über Hans Globke (25), Kurt Georg Kiesinger (48) und Walter Scheel (80) bis zu Hans-Dietrich Genscher (110), Karl Carstens (114), Erhard Eppler, Friedrich Zimmermann und Alfred Dregger (alle 115).[44]

Nicht alle der aufgelisteten Personen waren wie Genscher oder Scheel bei den Amerikanern als NSDAP-Mitglieder aktenkundig. Auch die Namen von Bundeskanzler Konrad Adenauer, Bundespräsident Gustav Heinemann oder CSU-Chef Franz Josef Strauß sind aufgeführt. Ebenso wenig ist die Liste erschöpfend, es fehlt zum Beispiel der Justizminister und Kanzleramtschef Horst Ehmke. Eine Gemeinsamkeit aber haben alle genannten Personen: Die Unterlagen über sie wurden von den Amerikanern als »politisch sensibel« eingestuft und deshalb eigens im Safe des BDC-Direktors verschlossen. So finden sich auch prominente Namen wie die des Dirigenten Wilhelm Furtwängler oder des Archivars Wolfgang A. Momm-

Kapitel 5

sen auf der Liste. Letzterer war NSDAP-Mitglied gewesen und hatte vor 1945 im Osten für den Archivschutz gearbeitet.[45] Mommsen wurde 1967 Präsident des Bundesarchivs und damit Vorsitzender just der bundesdeutschen Behörde, die nach der Rückgabe durch die Amerikaner für die NSDAP-Mitgliederkartei zuständig sein würde.

Schutz vor Schnüffelei

Während die bilateralen Verhandlungen zwischen den USA und Deutschland in den 1970er Jahren nur schleppend vorangingen, führten erneute Konsultationen in Berlin und Washington 1980 zu einer diplomatischen Einigung, die die endgültige Übergabe des BDC nach Abschluss der Verfilmung aller Personendaten vorsah. Darin wurde vereinbart, dass die Benutzung der Dokumente in Berlin und der Mikrofilmkopien in Washington sich nach den jeweils geltenden Vorschriften in den National Archives bzw. dem Bundesarchiv richten solle. »Da beide Archive die Persönlichkeitsrechte schützen«, heißt es in dem Vertragsentwurf, »wird festgestellt, dass der Persönlichkeitsschutz den Gesundheitszustand, die Familienverhältnisse und andere Fragen der Intimsphäre, Vermögensangelegenheiten und Beurteilungen umfasst«. Doch das Papier wurde nie unterzeichnet. In Bonn gab man sich öffentlich immer nur den Anschein der Eile, doch hinter den Kulissen bremsten Mitarbeiter des Auswärtigen Amts jeden amerikanischen Versuch aus, die Verhandlungen endlich zu beenden. In einem Gesprächsvermerk aus dem Auswärtigen Amt von 1986 findet sich die ominöse Einschätzung, »dass bis zur effektiven Rückgabe noch 6–7 Jahre verstreichen und dann die Sache unproblematisch sein wird«. War mit der »Sache« die Karteikarte des Herrn Minister gemeint? Wohin mit dieser und anderen Naziakten? Im Auswärtigen Amt verfuhr man nach der Devise: Kommt Zeit, kommt Rat. Ein vorgesetzter Ministerialer vermerkte handschriftlich auf demselben Dokument, es schade nicht, »wenn noch einige Jahre vergehen, bevor wir das BDC übernehmen«.[46]

Als ein Reporter des Berliner *Volksblatt* das Document Center am Wasserkäfersteig besuchte, wunderte er sich über »die paradoxe Situation, dass sich US- oder japanische Historiker in Zehlendorf gegenseitig die Türklinken in die Hand drücken, bundesdeutsche Forscher – vor allem Doktoranden – aber nicht Quellenmaterial über die Geschichte ihres eigenen Landes offen sichten können«.[47]

Zwar durften auch Historiker und Publizisten in den Akten des Document Center forschen. Doch über Lebende wurde Privatpersonen und Forschern nur dann Auskunft erteilt, wenn sie wegen Kriegsverbrechen verurteilt oder prominente Nazis waren. Außerdem wurden nicht alle Anfragen gleich behandelt. Während Ausländer bei den Amerikanern Anträge auf Akteneinsicht stellen konnten, mussten sich Bundesbürger eine Genehmigung vom Bonner Innenministerium holen. Forscher aus Westberlin mussten sich an den Berliner Innensenator wenden, der nach wenig transparenten Kriterien und oft rigider als das Innenministerium entschied.

Als Grund für die restriktive Genehmigungspraxis verwiesen die deutschen Behörden auf den Datenschutz, der die Persönlichkeitsrechte Einzelner schütze. Schon die Herausgabe eines einfachen Mitgliedsantrags in die NSDAP erfolgte nur mit Genehmigung der Betroffenen oder, falls diese bereits gestorben waren, ihrer nächsten Angehörigen. Im Falle »prominenter Nationalsozialisten« wurde diese Regel zwar außer Kraft gesetzt, aber wer ein prominenter Nazi war, bestimmte

Kapitel 5

der Berliner Innensenator. 1984 forderte die SPD-Fraktion im Berliner Abgeordnetenhaus die sofortige Aufhebung der Zugangsvorschriften für wissenschaftliche Forschungen im Document Center, die aus Sicht der Fraktion »Willkür ermöglichen, die tatsächliche Benutzung verhindern und dem Schutz ehemaliger Nationalsozialisten dienen«.[48] Der Sprecher des Innensenators beschied die Politiker mit dem Hinweis auf das Entnazifizierungsgesetz, das als Rechtsgrundlage diene und kein Privileg für die wissenschaftliche Forschung vorsehe.[49] Zudem seien die Übergabeverhandlungen mit den Amerikanern, man ahnt es bereits, bisher erfolglos geblieben.

Die Hauptkundschaft des Document Center waren deutsche Behörden, die auch in den 1980er Jahren noch jeden Monat zwischen 4000 und 5000 Anfragen an das Archiv stellten. Dazu zählten Versicherungsanstalten, Staatsanwaltschaften und Staatsangehörigkeitsdienststellen, die mit der Klärung von Staatsbürgerschaften bei Aussiedlern befasst waren.

Aber auch Geheimdienste wie der Bundesnachrichtendienst, der Verfassungsschutz sowie Bundesministerien wollten bisweilen im Rahmen von Sicherheitsüberprüfungen einen Blick in die braune Vergangenheit ihrer Mitarbeiter werfen – freilich unter Ausschluss der Öffentlichkeit. »Die Wissenschaftler hängen alles an die große Glocke«, zitiert das *Volksblatt* einen deutschen Amtsrat. »Für uns läuft es prima. Wir bekommen alles.«[50]

1984 meldete die *Welt am Sonntag:* »Bonn greift nach dem ›Berlin Document Center‹«.[51] Die Deutschen hätten den Amerikanern »ein letztes Angebot« gemacht und vorgeschlagen, die auf viereinhalb Millionen DM geschätzten Kosten für die Mikroverfilmung zu übernehmen. Der Autor des Artikels, Mainhardt Graf Nayhauß, erwähnt auch das Gerücht, deutsche Politiker mit NS-Vergangenheit wollten das Material lieber in den Händen der Amerikaner belassen, diese seien »weniger auskunftsbereit als deutsche Instanzen, der Schutz vor Schnüffelei sei daher besser«. Dass nun doch ein Durchbruch bevorstehe, suggerierte der aus interessierten Bonner Kreisen mit gut platzierten Hintergrundinformationen versorgte Nayhauß, sei allein Bundesaußenminister Hans-Dietrich Genscher zu verdanken, der mit handschriftlichen Aktenvermerken »unverzüglich, mit Nachdruck und Dringlichkeit« (Januar 1983) auf eine »umgehende Lösung« (Juli 1984) drängte.[52] Dass Nayhauß ausgerechnet Genscher zur treibenden Kraft hinter den Rückgabeverhandlungen erklärte, mag an einem kleinen Irrtum des erfahrenen Hauptstadtkorrespondenten liegen: Genscher sei »als Mitglied des Jahrganges 1927 zu jung für die NSDAP und im Krieg nur Pionier« gewesen. Tatsächlich sollte sich die Rückgabe der NSDAP-Mitgliederkartei noch ein weiteres Jahrzehnt hinauszögern. Als sie im Sommer 1994 vollzogen wurde, war die NSDAP-Mitgliedskarte von Hans-Dietrich Genscher eine der ersten, die dort entdeckt und publik gemacht wurden. Der ehemalige Bundesaußenminister hatte sich bereits zwei Jahre zuvor aus der Regierung zurückgezogen.

»Nationale Peinlichkeiten vermeiden«: der Fall Periot

Einer, der es immer wieder darauf ankommen ließ und die Hüter der Naziakten ein Jahrzehnt lang mit seinen ständigen Anfragen fast zur Verzweiflung trieb, war der französische Journalist Gerard Periot.

Er hatte es vor allem auf die Viten westdeutscher Politiker abgesehen, deren Namen er auf langen Listen unter diejenigen der DDR-Prominenz schmuggelte, zu denen er Informationen beim BDC anfragte. Doch im Document Center fiel man darauf nicht herein und verweigerte zu den entsprechenden Personen sogar die Auskunft, ob überhaupt Material vorhanden sei.[53] Aber der umtriebige Periot verstand es, französische Regierungsstellen für seine Sache zu gewinnen.[54]

Bei seinen Anfragen ging Periot nach dem Gießkannenprinzip vor. 1972 schickte er eine Liste mit folgenden Namen an die Amerikaner: Rainer Barzel, Heinrich von Brentano, Rolf Dahlgruen, Thomas Dehler, Werner Dollinger, Horst Ehmke, Ludwig Erhard, Franz Etzel, Egon Franke, Bruno Heck, Theodor Heuss, Jakob Kaiser, Hans Katzer, Heinrich Krone, Paul Luecke, Hans Lukaschek, Erich Mende, Wolfgang Mischnick, Theodor Oberländer, Hermann Rudolf Schäfer, Werner Schwarz, Franz Josef Strauß, Herbert Wehner, Hans-Jürgen Wischnewski und Franz-Josef Wuermeling.

Der stellvertretende BDC-Direktor Richard Bauer leitete die Liste umgehend an den amerikanischen Gesandten Klein weiter und warnte ihn, dass sich darauf die Namen zahlreicher führender Persönlichkeiten der Nachkriegszeit fänden, die jedoch in keinerlei Beziehung zur NSDAP stünden. Es sei deshalb davon auszugehen, »dass Herr Periot das Berlin Document Center zur Erlangung politischer Vorteile nutze«.[55] Dabei kann es Bauer nicht entgangen sein, dass Periot in vielen Fällen wie Ehmke und Oberländer durchaus richtig lag, deren Namen tatsächlich in der NSDAP-Kartei auftauchten.

Als Periot im Frühjahr 1972 dank französischer Fürsprache persönlich im BDC empfangen wurde, spitzte sich die diplomatische Lage zu. Innerhalb weniger Tage hatte er bereits mehr als 300 Personenakten bestellt, von denen ein Drittel führende Persönlichkeiten der Bundesrepublik betrafen. Die BDC-Mitarbeiter informierten die US-Mission umgehend in einem als »sensibel« gekennzeichneten Schreiben, dass jede einzelne Anfrage sorgfältig geprüft werden müsse, »um mögliche nationale Peinlichkeiten zu vermeiden«.[56]

Periot hatte unter anderem auch die Unterlagen von Emil und Marta Kuhlmann angefordert, den Stiefeltern von Bundeskanzler Willy Brandt.[57] Außerdem wollte er die Personalakten eines gewissen »Herbert Ernst Karl Frahm« einsehen. Die Amerikaner wussten, dass sich dahinter der Geburtsname Willy Brandts verbarg. Auf Periots Liste stand auch eine ganze Reihe von Brandts Kabinettskollegen: Außenminister Walter Scheel, Wirtschaftsminister Schiller, Innenminister Genscher, Justizminister Jahn, Verteidigungsminister Helmut Schmidt.[58] Hinzu kamen Oppositionsführer Rainer Barzel und Kiesinger sowie Stoltenberg, Hans Katzer (Bundesarbeitsminister unter Erhard und Kiesinger) und viele andere. »Diese Akten wurden Herrn Periot nicht vorgelegt«, heißt es in den Unterlagen. Falls nicht jeder einzelne Name, über den Periot Informationen wünschte, vorher überprüft würde, bestünde die Gefahr, dass »die deutsch-amerikanischen Beziehungen beschädigt würden«.

Nun steckten die Amerikaner in einer politischen Zwickmühle: Einerseits wollten sie möglichen Missbrauch der Akten verhindern und dem deutschen Bündnispartner peinliche Enthüllungen ersparen. Andererseits machten die Franzosen Druck, und Periot selbst drohte immer wieder damit, den USA öffentlich vorzuwerfen, sie verhinderten die Aufklärung der deutschen NS-Vergangenheit. Wie interne Schriftwechsel aus dem Document Center zeigen, waren sich die Amerikaner dieses Risikos bewusst. Periot behauptete sogar, der US-Gesandte Klein habe ihm gegenüber verlauten lassen, dass die Nazis »sehr nette Leute« seien und dass einige seiner besten Freunde wie Bundesminister Karl Schiller ehemalige Parteimitglieder seien. Beim BDC hielt man solche Äußerungen des

Kapitel 5

US-Gesandten für undenkbar, warnte aber davor, dass Periot jeden Brief Kleins in der Öffentlichkeit gegen die USA verwenden könnte: »Herr Periot sagte, dass die Veröffentlichung seines Buches, in dem er Leute wie Bundesaußenminister Scheel entlarven wird, in Deutschland einen Skandal verursachen wird, und dass aus diesem Skandal angesichts der Weigerung der Amerikaner, mit ihm zu kooperieren und ihm die Akten zur Verfügung zu stellen, dann eben auch ein amerikanischer Skandal werde.«[59]

Doch Periot ging zu weit, als er auch noch in einer Eingabe an den damaligen US-Außenminister William Rogers seine Unterstellung wiederholte, die Amerikaner schützten im BDC ehemalige Nazis. Auf einer Kopie des Schreibens notierte ein sichtbar empörter US-Diplomat mit rotem Stift: »Das ist eine Beleidigung der USA. Frage an Herr Periot: Wer hat Frankreich gerettet? Wie viele Amerikaner kollaborierten mit den Nazis verglichen mit den Franzosen, z. B. Laval, Deat, Petain etc. etc. Wer hat Herrn Periot zum obersten Richter über die Deutschen bestimmt? Welche Kriterien legt er an, um ›Nazi-Kriminelle‹ zu bestimmen? Was ist ein Nazi-Krimineller? Will Herr Periot im Jahr 1972 eine neue Entnazifizierungsprozedur haben? Welche politischen Interessen vertritt er?«[60] Zwischenzeitlich wandte sich Periot sogar an einen Berater von US-Präsident Carter. Doch bei den Amerikanern biss er fortan auf Granit. Zwar sei es wichtig, heißt es in einem internen BDC-Vermerk, höflich zu bleiben, doch »müssen und werden wir keinen Nonsens vonseiten Herrn Periots dulden – ob er sich nun beschwert oder nicht«.[61]

Faktisch wurden die Amerikaner damit zur Zensurbehörde, die entschied, welche Informationen aus Naziakten aus politischen Gründen geheim gehalten werden sollten und welche nicht.[62] Das BDC bearbeitete zwar weiterhin Periots Anfragen, weigerte sich aber standhaft, »sensible« Informationen über deutsche Politiker herauszugeben oder ihm auch nur mitzuteilen, ob Informationen vorhanden waren. So wollten die Amerikaner vermeiden, dass der Antragsteller indirekt Schlüsse über mögliche Parteimitgliedschaften ziehen konnte. Zwar habe man keine NS-Unterlagen über Bundesminister Hans-Jochen Vogel gefunden, heißt es in einem BDC-Vermerk von 1975. Das solle Periot aber nicht mitgeteilt werden, um ihm keine Rückschlüsse zu ermöglichen, falls er einmal nach Genscher frage.[63]

Das Beispiel Periot zeigt: Die Amerikaner regelten die Zugangspolitik der Naziakten im Document Center nach restriktiven, aber nachvollziehbaren und weitgehend konsequent angewandten Kriterien. Die eng beschränkte Zugangspraxis für einzelne Antragsteller machte es so gut wie unmöglich, dass Informationen direkt über Journalisten an die deutsche Öffentlichkeit gelangen konnten. Dafür bedurfte es schon der Mithilfe einflussreicher Personen.

»Stets um Rückgabe bemüht«: die Verzögerungstaktik der Mächtigen

Der einzige Missbrauch, der tatsächlich immer wieder mit Informationen aus dem Document Center getrieben wurde, war machtpolitischer Art und ging auf interessierte Personen in der deutschen Politik zurück. Nur Insider aus Parlament oder Bundesregierung konnten schließlich über die Amerikaner an Informationen aus dem Document Center gelangen – und mancher scheute sich offensichtlich nicht davor, diese Informationen mit politischem Kalkül entweder als Druckmittel zu verwenden oder sie in opportunen Momenten an die Öffentlichkeit zu lancieren.

Kapitel 5

Die NS-Enthüllung über Karl Carstens etwa, der im November 1978 noch nicht offiziell zum Bundespräsidentschaftskandidaten der CDU gekürt worden war, verdankte sich einem damaligen Pressebericht zufolge einer gezielten politischen Intrige: »Carstens ist das Opfer politischer Gegner geworden«, meldete im November 1978 die *Zeit*, »vermutlich aus der eigenen Partei, die einen Stein in den Teich warfen, um seine Präsidentschaftskandidatur zunichte zu machen, noch ehe sie beschlossen wird.«[64]

Als Ende der 1980er Jahre publik wurde, dass jahrelang wertvolle Dokumente aus dem BDC gestohlen worden waren, erhöhte sich der politische Druck, endlich eine abschließende Lösung zu finden. Ein deutscher Mitarbeiter des Document Center hatte zahlreiche Akten – vornehmlich Autografen prominenter Nationalsozialisten und SS-Führerakten – aus dem Archiv entwendet und über mehrere Mittelsmänner auf dem Schwarzmarkt für Militaria verhökert. Es kam zu einem aufsehenerregenden Prozess gegen die Täter, ein politischer Hintergrund ließ sich für den Aktendiebstahl jedoch nicht nachweisen.[65]

Nach dem Skandal um die Diebstähle ersetzte das State Department den langjährigen BDC-Direktor Daniel Simon durch den jungen Historiker David Marwell, der sich im Office of Special Investigations bei der Verfolgung des Lyoner Gestapo-Chefs Klaus Barbie einen Namen gemacht hatte. Als Marwell 1988 sein Amt als Direktor des Document Center antrat, arbeiteten die Mitarbeiter praktisch immer noch wie seit Kriegsende. Der junge Chef verschärfte zuerst die Sicherheitsvorkehrungen und sorgte dafür, dass die Verfilmung der verbleibenden NS-Dokumente mit Hochdruck vorangetrieben wurde. Am Ende hatten die Amerikaner mehr als 40 000 Rollen Mikrofilm produziert.

Marwell erstellte außerdem einen »BDC-Plan«, der den durch das Verwaltungschaos und die Diebstähle beschädigten Ruf des amerikanischen Archivs und seiner Kustoden aufpolieren sollte. Marwell hoffte, dass die »jahrzehntelange Vernachlässigung des BDC und die unglücklichen Ereignisse der späten achtziger Jahre« eher in Vergessenheit gerieten, wenn man den Deutschen ein sorgfältig organisiertes und straff geführtes Archiv übergab.[66]

Er führte Computer ein und vereinheitlichte das System für Anfragen und Checks. 1992 wurden die Akten der SS, der Reichskulturkammer, des Rasse- und Siedlungshauptamts sowie die Parteikorrespondenz und diverse weitere Sammlungen im internen Computersystem erschlossen. Die Erschließungsmethoden und das Training der Mitarbeiter sollten so gestaltet werden, dass diese problemlos vom Bundesarchiv übernommen werden konnten. 30 000 Archivboxen und 85 000 säurefreie Archivmappen wurden gekauft und 690 Regalmeter erneuert. Außerdem wurden jetzt täglich Temperatur und Feuchtigkeit gemessen.

1988 forderten die Grünen im Bundestag die sofortige Rückgabe des Document Center, die Aufhebung der personenschutzrechtlichen Sperrfristen für die NS-Akten und die Einrichtung eines Instituts zur Erforschung des Nationalsozialismus nach dem Muster des Münchner Instituts für Zeitgeschichte.[67] Die Grünen-Abgeordnete Ellen Olms nahm die Argumente des SPD-Außenseiters Hansen erneut auf und warf dessen Parteigenossen Brandt, Schmidt und Vogel vor, die Verhandlungen jahrelang verschleppt zu haben. Es habe ein »stillschweigender und dumpfer Konsens« geherrscht, die Unterlagen geheim zu halten, kritisierte Olms die »jahrzehntelange deutsch-amerikanische Komplizenschaft« bei der Verdrängung persönlicher Verantwortung im Nationalsozialismus. Die Grünen-Abgeordnete Antje Vollmer vermutete dahinter den Versuch, die »Befriedung der bundesrepublikanischen Nachkriegsgesellschaft« zu ermöglichen.[68]

Daraufhin beschloss der Innenausschuss, die Bundesregierung zur sofortigen Wiederaufnahme der Verhandlungen mit den USA aufzufordern mit dem Ziel, eine Rückgabe des BDC noch vor Abschluss der Verfilmung zu erreichen. Der Antrag zur Aufhebung des Persönlichkeitsschutzes für NS-Täter allerdings scheiterte krachend, da selbst die sozialdemokratische Opposition nicht bereit war, die Schutzfristen aufzuheben. Der FDP-Abgeordnete Wolfgang Lüder warnte davor, die Akten zur »Ermittlungsgrundlage für eine Neuauflage der Entnazifizierung« zu machen. Die Sprecher der Regierungsparteien versicherten demgegenüber, die jeweiligen Bundesregierungen hätten sich stets um die Rückkehr der Akten des Document Center bemüht.[69]

Diese Auskunft war falsch. Tatsächlich staute sich bei den Amerikanern schon seit einiger Zeit der Frust über die Verzögerungstaktik der Bundesregierung. Als deutsche Regierungsvertreter im Sommer 1987 wieder einmal verkündet hatten, wie sehr ihnen die baldige Rückgabe der Akten am Herzen liege, platzte dem BDC-Direktor der Kragen. In einem Memo an den Rechtsberater der US-Gesandtschaft in Berlin machte Daniel Simon seinem Herzen Luft: »Ich habe es langsam satt, dass sie uns immer und immer wieder öffentlich für die Verzögerungen verantwortlich machen. Dabei habe ich keinen Zweifel, dass sie [eine Rückgabe der Akten] ablehnen würden, wenn wir ihnen das BDC morgen ohne jegliche Bedingungen anbieten würden.«[70]

Wenig später sollte sich zeigen, wie richtig Simon mit seiner Einschätzung der deutschen Verhandlungsposition lag. Wie amerikanische Akten belegen, setzte die Bundesregierung noch Anfang der 1990er Jahre diplomatische Hebel in Bewegung, um die Verhandlungen hinauszuzögern, und ersuchte dabei die USA um Hilfe.

Der von den Grünen initiierte Parlamentsbeschluss von 1989 hatte die Bundesregierung unter Druck gesetzt. Doch statt die Rückgabe nun endlich mit Nachdruck zu verfolgen, spielte man in Bonn weiterhin auf Zeit.

In einer vertraulichen Depesche vom Oktober 1989 teilte die Bonner US-Botschaft dem Außenministerium in Washington mit, »dass das Auswärtige Amt offensichtlich vor allem deshalb um die Wiederaufnahme der Verhandlungen bittet, um dem politischen Druck derer zu begegnen, die im Bundestag eine raschere Rückgabe des BDC fordern«.[71]

Anfang 1990 fanden informelle Vorgespräche zwischen dem BDC-Direktor und deutschen Abgesandten aus dem Bundesarchiv in Berlin statt. Dabei mussten die Amerikaner feststellen, dass die deutsche Delegation kein Interesse an einer schnellen Rückgabe der Akten hatte. Tatsächlich hatten die Emissäre der Bundesregierung den Auftrag, eine diplomatische Scharade aufzuführen. Im Februar 1990 informierte der Berliner US-Gesandte Harry Gilmore Washington, dass die deutsche Delegation kompromisslos die sofortige Rückgabe des Document Center fordern werde – allerdings nur zum Schein. Tatsächlich erwarte die Delegation des Auswärtigen Amtes, mit einer klaren Absage der USA nach Bonn zurückzukehren und das Parlament entsprechend informieren zu können.[72]

Die auf diplomatische Kooperation bedachten Amerikaner ließen sich auf den Kuhhandel ein und ermöglichten es der Bundesregierung damit, die Schuld wieder einmal auf den Bündnispartner und technische Schwierigkeiten bei der Verfilmung des Archivs zu schieben.[73] Die Strategie ging auf: »Bundesregierung in Washington um Freigabe des Document

Kapitel 5

Center bemüht«, meldeten deutsche Zeitungen schon wenig
später und berichteten, Washington habe das jedoch auf Anra-
ten des US-Justizministeriums abgelehnt, um laufende Ermittlungen gegen Nazi-Kriegsverbrecher nicht zu verhindern.[74]
Die Finte war wasserdicht, denn die Bundesregierung konnte
davon ausgehen, dass amerikanische Kritiker wie der Jüdische
Weltkongress dem zustimmten.

Es sollte noch einmal zwei Jahre dauern, bis die Verhandlungen um die Rückgabe der Naziakten abgeschlossen werden konnten. Der US-Botschafter in Deutschland
Richard Holbrooke ließ sich 1992 von den Historikern Fritz
Stern (Columbia University) und Michael Berenbaum (US
Holocaust Memorial Museum) noch einmal darin bestär-
ken, dass einer Rückgabe aus wissenschaftlicher Sicht nichts
entgegenstand. Im gleichen Jahr trat Hans-Dietrich Genscher nach 18 Jahren überraschend als Außenminister zurück.
Am 18. Oktober 1993 besiegelten die USA und Deutschland
schließlich die Rückgabe des Document Center mit einem
Regierungsabkommen.[75]

Kurz vor der endgültigen Übergabe im Sommer 1994 sorgte
ein Artikel in den USA für Aufsehen, den der Journalist Gerald
Posner im Magazin *New Yorker* veröffentlicht hatte. Darin
suggerierte Posner, das 1988 in Kraft getretene Bundesarchivgesetz ermögliche es, Nazidokumente bis zu 110 Jahre nach der
Geburt der Betroffenen unter Verschluss zu halten.[76]

Der entsprechende Passus war allerdings eine »Kann«-Regel:
Für Personen, die noch nicht länger als 30 Jahre verstorben
waren oder vor weniger als 110 Jahren geboren wurden, können die Schutzfristen auch ohne Einwilligung der betroffenen »verkürzt werden, wenn die Benutzung für ein wissen-
schaftliches Forschungsvorhaben oder zur Wahrnehmung
berechtigter Belange unerlässlich ist«. Auch bei Personen der

200

Zeitgeschichte und »Amtsträgern in Ausübung ihres Amtes« erlaubt das Bundesarchivgesetz eine Verkürzung der Sperrfrist, »wenn die schutzwürdigen Belange des Betroffenen angemessen berücksichtigt werden«.[77]

Wie sich später herausstellen sollte, hatten die Amerikaner die Verhandlungen bereits Ende der 1960er Jahre abgebrochen, weil ihnen die von deutscher Seite vorgeschlagenen Nutzungsbestimmungen für private Wissenschaftler zu restriktiv erschienen.[78] Auch die Verhandlungen von 1980 waren ergebnislos geblieben, weil die USA nicht zu der Zusage an Deutschland bereit waren, im Falle entsprechender Anfragen von Forschern die Tatsache der NSDAP-Mitgliedschaft einzelner, noch lebender Personen zu verheimlichen.[79]

Die Gretchenfrage lautete 1994: Wie würden deutsche Archivare das Gesetz anwenden? Die von Posner ins Feld geführten Kritiker befürchteten das Schlimmste. BDC-Direktor Marwell hingegen berichtete seinen Dienstherren, dass das Bundesarchiv in den letzten Jahren von der Möglichkeit, die Schutzfristen für Wissenschaftler zu verkürzen, freizügig Gebrauch gemacht habe.[80]

Als Reaktion auf die Kritik an der bevorstehenden Übergabe fand am 28. April 1994 ein Hearing im US-Repräsentantenhaus statt. Tom Lantos, Vorsitzender des außenpolitischen Ausschusses und Holocaust-Überlebender, ging auf die »äußerst ernsthaften Bedenken« ein, die hinsichtlich des künftigen Zugangs zu den Akten erhoben worden seien. Er betonte, dass die Genehmigungspraxis der deutschen Regierung – im Gegensatz zur liberalen Zugangspraxis der Amerikaner – vielen Wissenschaftlern die Nutzung des Document Center versperrt oder nur eingeschränkt möglich gemacht habe.[81]

Die Skepsis der Amerikaner wurde aufseiten vieler deutscher Archivare geteilt. Schließlich lag es nicht an ihnen, son-

Kapitel 5

dern war Folge politischer Vorgaben, dass der Zugang zu personenbezogenen Daten aus dem Nationalsozialismus in der Bundesrepublik eingeschränkt war. Archivare sind von ihrem Berufsethos her aber nicht nur für die Bewahrung der ihnen anvertrauten Dokumente zuständig, sie haben auch ein Interesse daran, ihre Schätze zu erschließen und der Forschung zugänglich zu machen. Nach der Übergabe des Document Center an das Bundesarchiv äußerte der zuständige Archivar Dieter Krüger 1997 Verständnis für die frühere amerikanische Skepsis: »Vom deutschen Archivar erwartete man hier in den folgenden Jahrzehnten eher, dass er der Öffentlichkeit die Inhalte der Dokumente vorenthielt, als dass er sie auszuwerten half… Tatsächlich war der Zugang zum BDC vor allem für Deutsche, erst recht für West-Berliner, umständlich.«[82]

Während kritische Stimmen in den USA sich Sorgen über den freien Zugang zu den Akten machten, fürchtete das politische Establishment der Bundesrepublik, mit der Übernahme des Archivs fünfzig Jahre nach Kriegsende die Büchse der Pandora zu öffnen. Schließlich würden die Namen von über acht Millionen Karteigenossen genug Stoff für eine neue Debatte über persönliche Verantwortung im Nationalsozialismus bieten.

Für den Archivar Robert Wolfe, der schon unmittelbar nach Kriegsende als Hauptmann der US-Army in das besiegte Hitler-Deutschland gereist war, stellte die Rückgabe der Naziakten an den ehemaligen Gegner eine Frage demokratischer Souveränität dar. Kein Archivar in einer offenen demokratischen Gesellschaft könne seinen Dienst für die Bewahrung ihres kulturellen Gedächtnisses verrichten, wenn er nicht über die Gesamtheit der materiellen Überlieferung verfügen könne.[83]

Was sollte den Amerikanern auch anderes übrig bleiben, als die Dokumente irgendwann an die Verbündeten zurückzu-

Im Safe von Mr Simon

geben? Schließlich könne man das Archiv, glaubte Wolfe, nach
dem Abzug der alliierten Truppen weder mit aufgepflanzten
Bajonetten beschützen noch die Tonnen an Dokumenten in
den Güterzügen der abziehenden US-Truppen mitnehmen.

In den letzten Wochen vor der Rückgabe arbeiteten BDC-
Direktor David Marwell und seine Mitarbeiter rund um die
Uhr, um die Verfilmung der Akten rechtzeitig abzuschließen.
Ein Teil der Verwaltungsakten wurde vernichtet, der Rest
zusammen mit den Mikrofilmen nach Washington verschifft.

Am 30. Juni 1994 holte die amerikanische Militärpolizei
zum letzten Mal das Sternenbanner über dem Document Center ein und übergab es feierlich an Marwell. Neben ihm stand
der 88 Jahre alte Kurt Rosenow, der fast ein halbes Jahrhundert
zuvor der erste Direktor des Document Center gewesen war.
Marwell reichte die Flagge an den alten Herrn weiter. »Ich
kann mir keinen würdigeren Besitzer dieser Flagge vorstellen
als den Mann, der dabei war, als sie das erste Mal über dem
Document Center gehisst wurde.«[84]

Anschließend feierten die Amerikaner mit der deutschen
Belegschaft bis Mitternacht, ehe Marwell auf eine Leiter klet-
terte und persönlich das Behördenschild am Wasserkäfersteig
abschraubte. Fast ein halbes Jahrhundert nach Kriegsende schloss
die letzte alliierte Besatzungsstelle in Deutschland ihre Tore.

Eine Viertelstunde Vergangenheitsbewältigung

Spät kam sie, doch sie kam, die Antwort der Bundesregierung auf
eine Anfrage der Bundestagsfraktion DIE LINKE. Die Antragsteller um den Abgeordneten Jan Korte hatten im Dezember
2010 einen umfangreichen Fragenkatalog zum Umgang von
Institutionen der Bundesrepublik mit der NS-Vergangenheit

203

Kapitel 5

vorgelegt. Es ging um personelle Kontinuitäten in Ministerien und Behörden von Bund und Ländern, um die Verfolgung nationalsozialistischer Verbrechen, um Wiedergutmachungsleistungen und um die Finanzierung von Gedenkstätten.

Das Aufgabenpensum glich dem eines historischen Seminars zum Thema Vergangenheitsbewältigung, und die Bundesregierung wollte sich offensichtlich als Musterschülerin erweisen. Zweimal bat das federführende Innenministerium um eine Verlängerung der Frist und legte im Dezember 2011 schließlich einen 85-seitigen Bericht vor.[85]

Darin wurden unter anderen 26 Bundesminister und ein Bundeskanzler genannt, die vor 1945 Mitglied der NSDAP oder anderer NS-Organisationen wie SA, SS oder Gestapo gewesen seien, darunter Horst Ehmke, Walter Scheel, Friedrich Zimmermann und Hans-Dietrich Genscher.

Deren NSDAP-Mitgliedschaft war zwar bereits durch Recherchen von Wissenschaftlern oder Journalisten öffentlich geworden. Aber sie war – auch unter Historikern – oft umstritten. Die Betroffenen behaupteten, nie einen Antrag unterschrieben zu haben und ohne eigenes Wissen Mitglied in Hitlers Partei geworden zu sein.

Nun bezog die Bundesregierung Position, indem sie ehemalige Minister wie Genscher und Ehmke trotzdem in der Liste aufführte: Deren NSDAP-Mitgliedschaft ist seitdem, ungeachtet ihrer individuellen Bewertung, gewissermaßen regierungsamtlich, auch wenn die Bundesregierung ausdrücklich darauf hinwies, »dass eine bloße Mitgliedschaft in der NSDAP noch keine sicheren Rückschlüsse auf eine tiefere nationalsozialistische Grundeinstellung zulässt«.[86]

In ihrem Bericht verwies die Bundesregierung auf historische Forschungen, denen zufolge »die alleinige Tatsache der Parteimitgliedschaft für das Verhalten von Beamten in der

204

NS-Diktatur wenig Aussagekraft hat – abgesehen davon, dass es bereits einen erheblichen Unterschied macht, zu welchem Zeitpunkt jemand in die NSDAP eintrat«.[87] Die Täterforschung habe zudem gezeigt, dass nicht alle an NS-Verbrechen beteiligten Personen NS-Organisationen angehört hatten und umgekehrt nicht alle Mitglieder der NSDAP oder anderer NS-Organisationen an Verbrechen beteiligt waren. Der schwierig zu bestimmende Tatbestand der »NS-Belastung« könne deshalb immer nur durch Prüfung des Einzelfalls geklärt werden.

Der Rechercheaufwand war beträchtlich: Die im Bericht aufgelisteten Bestände umfassen Hunderttausende Personalakten ehemaliger Beamter. Eine Recherche im Bundesarchiv dauere pro Person durchschnittlich 30 bis 60 Minuten, rechneten die Berichterstatter der Bundesregierung vor. Selbst ein bloßer Namensabgleich mit der NSDAP-Mitgliederkartei erfordere 15 Minuten.

Eine Viertelstunde Vergangenheitsbewältigung scheint nicht viel, aber es summiert sich. Deshalb ist es nachvollziehbar, dass die Bundesregierung nur Stichproben lieferte und darüber hinaus auf zukünftige Forschungen verwies.

Warum sich die Rapporteure aber offensichtlich nicht einmal in einem prominenten Fall wie Genscher die Mühe machten, die Daten zu überprüfen, bleibt ein Rätsel. Als NSDAP-Aufnahmedatum wurde hier, wie bei Wikipedia, 1945 angegeben, während auf der Karteikarte im Bundesarchiv das Jahr 1944 steht.

Zur Frage ehemaliger NSDAP-Mitglieder im Bundestag der 1950er und 1960er Jahre wollte sich die Bundesregierung überhaupt nicht äußern. Man habe keinen Anlass, Forschungen über andere Verfassungsorgane anzustellen, hieß es dazu schmallippig.

Kapitel 5

Besonders aufschlussreich war dagegen die Auflistung der Kündigungen, die aufgrund von NS-Belastung vorgenommen wurden. Im Auswärtigen Amt, in dessen höherem Dienst 1952 noch rund 34 Prozent ehemalige NSDAP-Mitglieder tätig waren, wurden ganze drei Beamte aufgrund ihrer Vergangenheit im »Dritten Reich« wieder entlassen. Im Bundesjustizministerium war es gerade mal einer.

Dagegen nahm man in den 1950er Jahren fleißig Beamte wieder in den Öffentlichen Dienst auf, die zuvor aufgrund ihrer Tätigkeit im NS-Staat entlassen worden waren. Grundlage für die Wiedereinstellung der sogenannten »131er« war ein 1951 beschlossenes Ergänzungsgesetz zu Artikel 131 des Grundgesetzes, dem zufolge Minderbelastete wieder beamtet werden durften. Die Zahlen sind verblüffend: Bis zum 31. März 1955 waren 77,4 Prozent der Besetzungen im Verteidigungsministerium »131er«, im Wirtschaftsministerium 68,3 Prozent und beim Presse- und Informationsamt der Bundesregierung 58,1 Prozent.

Die zwölf Jahre des »Dritten Reichs« mögen inzwischen zu den besterforschten Epochen der deutschen Geschichte gehören, wie der mit Hunderten von Literaturhinweisen angereicherte Bericht suggeriert. Das gilt allerdings nicht für den Umgang mit der NS-Zeit nach 1945, der allzu lange nur von einzelnen Interessenorganisationen, Wissenschaftlern und den Medien ausging. Nicht umsonst sind erst in jüngster Zeit Kommissionen zur Erforschung der Geschichte einzelner Behörden wie des Auswärtigen Amtes, des Bundesnachrichtendienstes oder des Verfassungsschutzes auf den Weg gebracht worden.

Angesichts der ernüchternden Ergebnisse solcher Forschungen klingt die in dem Regierungsbericht immer wiederkehrende Feststellung fast wie eine Beschwörungsformel: Man dürfe trotz aller personellen Kontinuitäten nicht vergessen, »dass die unbedingte staatlich-normative Abkehr vom Nationalsozialismus den Aufbau aller staatlichen Institutionen der Bundesrepublik Deutschland prägte«.[88]

Eine NS-Vergangenheit von Institutionen der Bundesrepublik, argumentierte die Bundesregierung, könne es gar nicht geben, da diese Institutionen erst seit 1949 existierten. Formal wie staatspolitisch mag das zutreffen, aber die Argumentation wirkt doch ein wenig gewollt angesichts der Tatsache, dass auch in den neuen Institutionen durch die Wiederverwendung alter Kräfte eine geistige Kontinuität existieren konnte.

Dieser Erkenntnis konnten sich beispielsweise der Bundesnachrichtendienst und das Kanzleramt schon 1963 nicht mehr verschließen, als den Doppelagenten Heinz Felfe und Johannes Clemens der Prozess wegen Spionage für Moskau gemacht wurde. Die beiden hauptamtlichen BND-Mitarbeiter kannten sich bereits aus gemeinsamer Tätigkeit für Himmlers Reichssicherheitshauptamt und gehörten zu einem Netzwerk ehemaliger Gestapo-Leute im Geheimdienst der Bundesrepublik, wie ein streng geheimer Regierungsbericht vom August 1963 deutlich macht. Darin heißt es, »daß die ehemaligen Angehörigen des SD auch heute noch ihre Zusammengehörigkeit und gegenseitige Verpflichtung sehr stark empfänden« und »die Gleichheit der Methoden des Bolschewismus und des Nationalsozialismus und die Affinität der beiden Systeme offenbar bewirkten, daß Leute mit SD- und unter Umständen anderer betonter Nazivergangenheit zusammenhielten und für Werbeversuche der Sowjets zugänglich seien«.[89] Dass die Organisation unter ihrem erster Leiter Reinhard Gehlen nach 1945 zahlreiche ehemalige Gestapo-Leute nicht nur wegen ihres Fachwissens, sondern auch aufgrund ihres schon in der NS-Zeit betonten Antikommunismus eingestellt hatte, spielte bei dieser um Entlastung bemühten Argumentation offensichtlich keine Rolle.

Es ist nicht alles in den Akten

Trotz solcher Fälle ist die Entwicklung der Bundesrepublik Deutschland eine demokratische Erfolgsgeschichte geworden. Der Bericht der Bundesregierung über den Umgang mit der staatlichen NS-Vergangenheit aber rückt die Kardinalfrage wieder in den Fokus: Wie gelang es, mit undemokratischem Personal demokratische Institutionen aufzubauen? Wie konnte aus einer durch die Zwänge und Versuchungen zwölfjähriger Diktatur kompromittierten Volksgemeinschaft schließlich eine offene, demokratische Gesellschaft werden, wie es sie noch nie in einem deutschen Staatswesen gegeben hatte?

Sicherlich spielte dabei nicht nur die *re-education* der westlichen Alliierten eine Rolle. Auch der schnelle wirtschaftliche Erfolg war geeignet, selbst Ewiggestrige für die materiellen Erfolgsversprechen der jungen Republik einzunehmen.

Für eine Generation aber bedeutete *re-education* auch *self-education*: Die »Jungen, die übrig blieben« (Erich Loest), mussten sich vor der Spruchkammer des eigenen Gewissens selbst entnazifizieren. Immer und immer wieder.

Die Unnachgiebigkeit, mit der wir Deutschen moralische Urteile fällen, sucht Ihresgleichen. Das Gleiche gilt für die Härte, mit der ebendiese moralischen Urteile wiederum verurteilt werden.

Vielleicht auch deshalb stellen viele prominente Deutsche ihren Parteieintritt noch heute wie einen Zufall dar, wenn sie mit ihren NSDAP-Mitgliedskarten konfrontiert werden. Dieter Wellershoff und Martin Walser behaupteten, ohne ihr Wissen in Hitlers Partei aufgenommen worden zu sein – als »Geburtstagsgeschenk für den Führer«. Horst Ehmke, Dieter Wellershoff, Siegfried Lenz, Walter Jens – keiner konnte sich erinnern, jemals einen Antrag unterschrieben zu haben. Der Komponist Hans Werner Henze bezeichnete seine Mitgliedskarte gar als »Fälschung«.

Was als Tragödie begann, wiederholt sich so als Farce. Jüngster Höhepunkt war ein bizarrer Auftritt des ehemaligen RAF-Terroristen Stefan Wisniewski im Buback-Prozess. Bei seiner Vernehmung vor dem Stuttgarter Landgericht trug der 57-Jährige einen schwarzen Kapuzenpullover mit dem polnischen Schriftzug »Folgen Sie dieser Spur« und der Zahlenfolge »8 179 469« – der NSDAP-Mitgliedsnummer Siegfried Bubacks.

Die NSDAP-Mitgliedschaft des ehemaligen Generalbundesanwalts ist heute längst bekannt. Allerdings konnten seine Mörder davon zum Zeitpunkt des Attentats 1977 ebenso wenig gewusst haben wie von der NSDAP-Mitgliedschaft seines Nachfolgers Kurt Rebmann. Der spätere Generalbundesanwalt war am 1. September 1942 der Hitlerpartei beigetreten.

Neuere Forschungsergebnisse deuten auf eine hohe Dunkelziffer an ehemaligen NSDAP-Mitgliedern auch in deutschen Parlamenten hin, und das bis in die 1980er und 1990er Jahre hinein. Während das offizielle *Biografische Handbuch des hessischen Landtags* nur drei Parlamentarier mit brauner Vergangenheit verzeichnet, kommt die im Februar 2013 im Auftrag des hessischen Landtagspräsidenten veröffentlichte Studie zu dem Ergebnis, dass zeitweise ein Drittel aller Abgeordneten ehemalige NSDAP-Mitglieder waren. Bis auf die KPD hatten alle nach 1945 im Wiesbadener Parlament vertretenen Parteien frühere NS-Parteigenossen in ihren Reihen.[90] Insgesamt fanden die Historiker 92 ehemalige Abgeordnete mit NSDAP-Parteibuch. Dazu kamen 12 frühere SS-Angehörige und 26 ehemalige Mitglieder der SA. Allein die FDP-Landtagsfraktion bestand zwischen 1954 und 1970 stets zu rund 60 Prozent aus früheren Parteigängern Hitlers.

Kapitel 5

Für den Bundestag und die Bundesministerien liegen bis heute keine verlässlichen Zahlen vor, doch auch hier rechnen Parteienforscher mit einer erheblichen Dunkelziffer. Auch in Zukunft werden die Karteikarten lang gehütete Geheimnisse preisgeben: über das Leben im »Dritten Reich« und das Damit-Leben in der Bundesrepublik. Aber über Schuld und Verstrickung Jugendlicher werden sie nichts aussagen.

»Auch Akten können lügen, wenn sie Lügen wiedergeben«, sagte Hans-Dietrich Genscher zum Abschluss unseres Treffens in Bad Godesberg und fügte hinzu: »Es ist nicht alles in den Akten.« Genscher weiß, wovon er spricht. In den langen Jahren an der Macht hat er sich immer an die Lektion gehalten, die er einst als Schüler in Halle lernte: Wissen ist Macht, Nichtwissen manchmal auch. Ich sagte: Ihr Schulaufsatz ist ja auch nicht in den Akten. Und Genscher antwortete: »Notabene, nicht? Notabene.«

Kapitel 6

Letzte Tänze, letzte Tinte: Günter Grass

Es war eine ungewöhnliche Geburtstagsfeier, nicht nur wegen der Gäste. Am Abend des 14. Oktober 2012 versammelten sich ein amtierender Ministerpräsident, ein nicht mehr amtierender Bundeskanzler, Schriftsteller, Wissenschaftler, Künstler und Publikum aus Stadt und Land im Lübecker Grass-Haus. Man wollte, kurz vor seinem 85. Geburtstag, den Namensgeber des Museums feiern – zwar kein Sohn der Stadt wie Thomas Mann, aber wie dieser ein Nobelpreisträger und heute ihr berühmtester lebender Wahlbürger.

Kein Staatsakt sollte es werden, sondern ein fröhliches Fest, mit dem zugleich nach zehn Jahren eine neue Dauerausstellung im Grass-Haus eröffnet wurde. Denn im Schaffensjahrzehnt von seinem 75. bis zum 85. Lebensjahr hatte der ruhelose Grass nicht nur ein gutes halbes Dutzend neue Bücher veröffentlicht. Er hatte wieder Wahlkampf für die SPD geführt, hatte gegen Atomstrom und für Europa demonstriert, seine ehemalige Mitgliedschaft in der Waffen-SS enthüllt und ganz wie in alten Zeiten für eine Menge Wirbel gesorgt.

So viel war klar: Auch mit 85 war Grass noch immer der einflussreichste, unvermeidlichste sich einmischende Schriftsteller deutscher Zunge, der mit einer wohlplatzierten Äußerung jederzeit für Schlagzeilen auf der ganzen Welt sorgen konnte und von dieser Möglichkeit ab und zu noch immer gerne Gebrauch machte.

An diesem kalten Herbstabend zwängte sich die Menge in den Hinterhof des Grass-Hauses, auf der einen Seite die

Kapitel 6

Bühne, wo Helge Schneider mit seiner Band für den Jubilar jazzte, auf der anderen in einen dicken Mantel gehüllt Günter Grass, der wie ein Feldherr vor das Zelt am anderen Ende getreten war und von dem kleinen Hügel herab schweigend die Gefechtslage überblickte.

Die entwickelte sich zunächst positiv. Rede, Rede, Tusch, Applaus. Ministerpräsident, Bürgermeister und Museumsleiter lobten den Mann, dessen Einwürfe, so der schleswig-holsteinische Regierungschef, selbst an einem so kühlen Abend niemanden kaltlassen könnten. Für alle Fälle hatten die Veranstalter dennoch Heizpilze aufstellen lassen. Helge Schneider und Band spielten »Willow weep for me«, eine leichte Swing-Ballade und keine schlechte Wahl, hatte Grass doch seinen neuen Gedichtband *Eintagsfliegen* mitgebracht, in dem er mit elegischer Nüchternheit die Trauerweide am Teich vor seinem Gut in Behlendorf besingt: Sie »ist nicht mehr, / starb, ohne lange zu kränkeln, / mußte gefällt werden / und war ab dann nur Leerfläche, / groß genug für die Niederschrift vager Erinnerungen«.[1]

Grass und Schröder gaben ein paar Interviews und zogen dann in den oberen Saal weiter, wo vor ausgewähltem Publikum der zweite, wirklich interessante Teil der Veranstaltung begann. Dann geschah etwas Ungewöhnliches. Ein anderes Gedicht aus den *Eintagsfliegen* warf seinen Schatten auf die Veranstaltung. Die Raumtemperatur sank schlagartig, als die Laudatorin Eva Menasse ihre Rede mit der Feststellung begann, sie stehe hier trotz des Israel-Gedichts von Günter Grass, und ebendieses Gedicht im nächsten Satz unumwunden zu einer »Torheit« erklärte.

Schließlich hatte Grass sich mit seinem wenige Monate zuvor in der *Süddeutschen Zeitung* abgedruckten Text »Was gesagt werden muss« nicht nur weltweite Kritik eingehandelt, sondern auch ein offizielles Einreiseverbot der israelischen Regierung. Grass hatte darin »gealtert und mit letzter Tinte«[2] die deutschen U-Boot-Lieferungen an Israel kritisiert und der Regierung der Atommacht Israel unterstellt, sie bedrohe durch »das behauptete Recht auf den Erstschlag« den brüchigen Weltfrieden.

Mehr noch als mit der Enthüllung seiner Mitgliedschaft in der Waffen-SS – jedoch in deren Windschatten – hatte sich Grass damit selbst ins Abseits der öffentlichen Meinung gestellt, und nicht wenige ergriffen die Gelegenheit, dem Dichter zu unterstellen, aus seiner Israel-Kritik spreche immer noch der tiefsitzende Antisemitismus eines ehemaligen Angehörigen von Himmlers Horden.

Auch besonnene Kommentatoren warfen dem Schriftsteller vor, mit der Kritik an Israel die Tatsachen auf den Kopf gestellt zu haben. Schließlich sei es der iranische Präsident Mahmud Ahmadinedschad, der dem jüdischen Volk immer wieder mit Auslöschung drohe, nicht umgekehrt. Aber Grass blieb stur bei seiner Auffassung und berief sich – wie Martin Walser in der Debatte um seine Paulskirchenrede – auf die zahlreichen unterstützenden Stimmen von Privatleuten, Vereinen, Organisationen und Internetforen, die ihn nach der Veröffentlichung aus dem In- und Ausland erreicht hätten.

Doch diesmal müssen die Angriffe ihn, der selbst immer bereitwillig austeilte, härter getroffen haben. In einem privaten Rundschreiben vom Mai 2012 erklärte Grass seinen Korrespondenten in aller Welt, »die Wucht der Beleidigungen und bewusst kränkender Unterstellungen« habe seine Erwartungen weit übertroffen.[3]

Auch der Germanist Heinrich Detering gestand in seiner Laudatio, das Grass-Gedicht bereite ihm Schwierigkeiten. Zugleich nahm der Göttinger Literaturwissenschaftler Grass

Kapitel 6

gegen »skandalös verfremdende« Versuche in Schutz, ausgerechnet ihn »zu einer Art lebenslänglichem SS-Mann zu erklären, ihn mit dem Stigma des Hakenkreuzes zu versehen und sein Lebenswerk als durchzogen von unterschwelligem Antisemitismus zu denunzieren«. Grass habe sich schließlich nie als antifaschistischer Kämpfer von Kindesbeinen an stilisiert und als Chronist der bundesdeutschen Mentalitätsgeschichte ein Lebenswerk von »bewundernswertem moralischen Ernst« geschaffen.[4] Man muss Detering zustimmen und noch ergänzen: kein moralischer Ernst ohne Betroffenheit – im wahrsten Sinne des Wortes.

Und doch: Hat es das schon einmal gegeben, dass einem Nobelpreisträger auf seiner eigenen Ehrenfeier von den Laudatoren vorgehalten wird, eine Torheit begangen zu haben? Man konnte sich des Eindrucks nicht erwehren: Hier und heute ging eine Epoche der Literaturgeschichte zu Ende, und wir konnten sagen, wir seien dabei gewesen.

Also blickten die Laudatoren zurück und würdigten lieber diese Epoche des moralischen Wiederaufbaus Deutschlands und mit ihr den Beitrag, den Grass dazu geleistet hatte.

Es sei eben so, stellte Eva Menasse fest, dass die Deutschen ihre moralischen Fackelträger umso härter bestraften, wenn diese mal einen Fehler machten. Überhaupt: die moralische Autorität. »Heute wird das gern mit von Ekel geschürztem Mund ausgesprochen, aber damals hat man es so gewollt, man hat ihn gebraucht, so dringend wie den sprichwörtlichen Bissen Brot. Damals hat ein schuldstarres, halbiertes, ein intellektuell gelähmtes und politisch sicherheitshalber verzopftes Land aufgeschaut zu Künstlern wie ihm, die mit ebenjenem Furor, mit dem sie ihrem Volk die Leviten lasen, etwas Neues, Unerhörtes schufen, das als deutsche Kultur neu und ganz anders hinausgehen konnte in die Welt.«[5]

214

Der so zwiespältig Geehrte verzog bei all dem keine Miene, stampfte schließlich hinter das Pult und wünschte Menasse, sie möge recht behalten damit, dass sein Gedicht eine Torheit sei. Dann las er andere.

So ist er: ein unbelehrbarer Lehrer. Deutschland der Klotz und er der Keil. Manchmal auch umgekehrt. Man kann die Sturheit dieses Günter Grass, das vitale Sich-selbst-so-wichtig-Nehmen für eine persönliche Charaktereigenschaft halten. Ich habe diese Vitalität, diesen Ehrgeiz und die Kraft, sich selbst in den Mittelpunkt zu stellen, immer wieder bei meinen Begegnungen mit ehemaligen Flakhelfern beobachtet.

Die Vertreibung aus dem Paradies

Wie Martin Walser gehört Grass einer Generation an, deren Vertreter zu den moralischen Autoritäten der Bundesrepublik aufstiegen und bis heute den Nachgeborenen getrotzt haben, die wie jede junge Generation ihr Recht am eigenen Repräsentantentum beanspruchen. Doch diese existentiell geprüfte Generation scheint darauf zu beharren, dass ihr Amt auf Lebenszeit gilt. So stehen sie der vorgesehenen Erbfolge im Weg. Es ist ein bisschen wie mit Prinz Charles und der Queen: Er will endlich auf den Thron, sie bleibt einfach sitzen. Wie die Queen, die 2012 ihr diamantenes Kronjubiläum feierte und zahlreiche Premierminister kommen und gehen gesehen hat, scheinen die Großschriftsteller der Generation Grass schon ewig da zu sein. Seit sechzig Jahren sind auch sie tonangebend. Als die Achtundsechziger die Bundesrepublik umkrempelten, waren sie längst arriviert. Sie brauchten nicht den langen Marsch durch die Institutionen zu gehen, sie waren längst selbst welche und blieben es bis heute: Institutio-

Kapitel 6

nen der Verunsicherung, und während die Jüngeren keinem über dreißig trauten, trauten sie nicht einmal sich selbst.

Wie Walser kämpfte auch Grass schon früh gegen das Unkraut des deutschen Idealismus und schüttelte drohend die Faust in Richtung der in den 1960er Jahren wieder politisch bewegten Bürgersöhne, die die Welt mit Hilfe eines Mikrofons erlösen wollten. »Wenn ich den deutschen Idealismus, der dem Spitzwegerich gleicht, missmutig jäte; doch unentwegt wächst der nach. Wie sie immerfort eine Sache – und sei es die Sache des Sozialismus – um ihrer selbst willen betreiben ...«[6] Daraus spricht der für die Flakhelfer typische Pragmatismus, die Abneigung gegen totale Ideologien, gegen die Vorherrschaft von »Ideen« und Idealismus. Diese Verführten lassen sich nicht noch einmal verführen, auf dieser Erde wollen sie nicht noch einmal ein Paradies versprochen bekommen. »Das Wort Paradies ängstigt meine Schnecke. Sie fürchtet sich geradezu vor den Wegbereitern paradiesischer Zustände«, schreibt Grass in *Aus dem Tagebuch einer Schnecke*. Warum fürchtet die Schnecke das Paradies? »Sie weiß, wie total nach unparadiesischem Verhalten die Austreibung ist.«[7]

Einer, der dem Absoluten verfallen war und ihm nicht mehr entkam, war Augst. So nennt Grass in seinem Roman den Mann, der 1969 auf einer Lesung in Stuttgart auftauchte. Der Schriftsteller meinte, den Mann wie dessen Sohn schon lange zu kennen: »Beide sind Zeugen des Absoluten. Beide sind süchtig nach Untergang und Erlösung.« So beschreibt Grass den erschütternden Auftritt des Mannes bei einer Lesung auf dem Kirchentag aus einer doppelten Optik: »Beide wollen die Wahrheit und nichts als die Wahrheit dringlich durch Hervorpressen zum Ausdruck bringen: ein mühevoller, ein ausbleibender Stuhlgang. Es fehlt ihnen die gleichmäßig zirkulierende Wärme verschworener Gemeinschaften, die der

216

ältere Augst bei Kriegsende verloren hatte, die der jüngere Augst im Sog einer, wie er meinte, bevorstehenden Revolution zu finden hofft. Zweistimmig hörte ich sie vom Endziel und vom Aufgehen in der gemeinsamen Sache singen …«[8]

Augst spricht wirr, verfängt sich im Unterholz seiner Formeln von selbstlosen Opfern und unbedingter Treue und rafft sich erst am Schluss seines »gestammelten Ausverkaufs« zu einem Satz auf, dem ein Fanal folgen soll: »Ich werde jetzt provokativ und grüße meine Kameraden von der SS!« Dann nimmt er aus einem mitgebrachten Fläschchen einen Schluck Zyankali und bricht zusammen. Er stirbt auf dem Weg ins Krankenhaus, die Zeitungen titeln tags darauf: »Ritualisierter Protest«.

Grass unterstreicht den rituellen Charakter des Auftritts in seinem Bericht, indem er Rede und Selbstmord des ehemaligen SS-Mannes mit einem Passionsspiel vergleicht, »wo Kenntnis der Handlung vorausgesetzt wird« und das Unbewusste »als Schweißtüchlein reihum gereicht« wird.[9] Ihm selbst dürften die eingedroschenen Phrasen des SS-Kameraden in den Ohren geklingelt haben, kannte er sie doch aus leidiger Erfahrung selbst nur zu gut.

Doch im *Tagebuch einer Schnecke* verschwindet das Schweißtüchlein des Unbewussten so schnell, als sei ein Windstoß durch die Erzählung gegangen. Souverän lenkt der Chronist Grass von dem präzisen Todesdatum des ehemaligen Kameraden – 19. Juli 1969 – auf die zur gleichen Zeit auf dem Weg zum Mond befindliche Weltraumrakete Apollo 11 über. Bei unliebsamen Erinnerungen schaltet die Schnecke den Raketenantrieb zu und – zisch – ist fort. Schneller kann man sich nicht von der eigenen Vergangenheit distanzieren, als sie ins All zu schießen.

Stattdessen haben andere den Faden der Erzählung aufgenommen, wo Grass ihn abreißen ließ, nachdem er lapidar

Kapitel 6

mitteilte, der Apotheker Manfred Augst habe Frau und vier Kinder hinterlassen. Eines dieser Kinder ist Schriftstellerin geworden und heißt Ute Scheub. Jahrzehnte später schrieb sie ein Buch über ihren Vater: *Das falsche Leben*. Sie kannte Grass, der die Familie nach dem Selbstmord des Vaters in Tübingen besucht und den Hinterbliebenen kundgetan hatte, er wolle ihm ein »kleines literarisches Denkmal« setzen.[10] Ihr Vater sei »buchstäblich an seinem Schweigen erstickt«, schrieb Ute Scheub, die zur Zeit des Selbstmords gerade mal 13 Jahre alt war und sich in ihrem Buch auf eine so schonungslose wie mitreißende Spurensuche nach der Vorgeschichte des Vaters begibt.[11] Einer von vielen eindringlichen, klaren Sätzen in diesem Buch: »Die Folgen des Schweigens sind schlimmer als die Folgen der Wahrheit.«[12] Das ist aus der Perspektive der Tochter des SS-Manns Augst (die Autorin leiht sich das Vater-Pseudonym von Grass) geschrieben, die erst Jahrzehnte nach dem öffentlichen Freitod des Vaters einen Abschiedsbrief auf dem Dachboden findet. Die Mutter hatte ihn ebenso vor den Kindern verheimlicht wie die Ehekrise, Depressionen und einen Suizidversuch.

Kein Wunder, dass die Kinder 1968 rebellierten. Unter der tonnenschweren Last des Schweigens in den Familien wären sie sonst erstickt. Noch so ein Satz: »Es war eine Rebellion gegen eine Welt der Bunker. Gegen die Väter mit ihren Bunkerseelen. Gegen die verbunkerte Vergangenheit.«[13]

Auch unter den Weltkriegstrümmern in Grass' Romanen und Novellen war etwas eingebunkert, von dem selbst seine Kinder nichts wussten. Selbst ihnen erzählte der Schriftsteller nur die halbe Wahrheit, glaubt man seinem 1979 veröffentlichten Text »Wie sagen wir es den Kindern?«. Darin berichtet Grass, wie ihn seine Kinder gegen Ende der 1960er Jahre mit Fragen über Konzentrationslager, Kiesinger und das »Dritte

Reich« konfrontierten. Auch mit der entscheidenden Frage: »Und was hast du damals gemacht?«[14]

In seiner Antwort lässt Grass die Kriegserfahrungen kindgerecht in einem Satz zusammenschnurren: »Relativ leicht fiel es, meine Biografie, die eines Hitlerjungen, der bei Kriegsende 17 Jahre alt war und mit letztem Aufgebot noch Soldat wurde, deutlich zu machen: Ich war zu jung, um schuldig zu werden.«[15] Etwas aber behielt Grass für sich. Dass er, wenn auch kurz, in der Waffen-SS gedient hatte, wusste nur seine Ehefrau.[16] Er war unschuldig, das musste reichen. Aber er wusste, dass diese Unschuld auch ein Zufall sein mochte. Was, fragten ihn die Kinder, wenn er älter gewesen wäre? Die ernüchternde Antwort: »Ich konnte für mich nicht garantieren.«

Die Unschuld lässt sich berechnen: Wäre er »lächerliche fünf oder sieben Jahre älter« gewesen, meint Grass, hätte er sich nicht ausschließen können von der Teilnahme am großen Verbrechen. Er will den billigen, nachgeholten Antinazismus seiner Generation nicht teilen und bekennt sich als einer, der schuldig hätte werden können, wenn er nicht so jung gewesen wäre. Als ich ihn 2011 in seinem Atelier in Behlendorf besuchte, berief sich Grass erneut auf die Gnade der späten Geburt.

Doch konnten die Angehörigen der Jahrgänge 1926 oder 1927 ihre relativ späte Geburt wirklich als Gnade ansehen, ohne all das zu verdrängen, was an ihrem Schicksal nach jedem Maßstab gnadenlos war? Die Verführung von Kindertagen an? Das Gift der Nazi-Ideologie, dem sie ob ihrer Jugend kaum etwas entgegenzusetzen hatten? Krieg statt Kinderspiele? Den völligen Zusammenbruch einer Welt, den sie mit 17 oder 18 Jahren erleben mussten?

In Nachhinein klingen seine Worte wie eine Beschwörung der verratenen Unschuld seiner Generation. Wenigstens

Kapitel 6

diese Unschuld will hier einer zurückbekommen, indem er seine jungen Jahre an den Fingern abzählt und so Distanz schafft.

Für die Unschuld der Jugend ist er bereit, die nie erfolgte Reue der Älteren stellvertretend ein Leben lang zu zeigen als Mahner und Warner. Es ist das verdrängte Stigma seiner Schuld – die SS-Streifen auf der Uniform des 17-Jährigen –, das Grass zum Repräsentanten deutscher Schuld werden lässt. Aus dem Gefühl, doch mit dabei gewesen zu sein, speist sich sein Furor, seine immense Schreibwut, seine polternde Autorität.

Von der Kanzel predigt Grass der Gesellschaft von der Schuld, im Bett aber holen ihn nachts die eigenen Angstträume ein, »in denen ich mich versagend, schuldig erlebte«. Wie es mit der Verdrängung so ist: Alles kommt irgendwann wieder hoch. Bei Grass offensichtlich schon damals, als ihn seine Kinder nach seinen eigenen Taten fragten. Dann verschwimmt ihm die »Grenze zwischen tatsächlicher und möglicher Tat oder Untat«. Im Wahlkampf 1969 spürt er die »an Vergangenheit kränkelnde Gegenwart«. Und Grass wusste, dass nicht nur der damalige Wirtschaftsminister Karl Schiller von dieser Vergangenheit infiziert war. Den hatte er in einem Brief gedrängt, über seine NSDAP-Mitgliedschaft öffentlich Rechenschaft abzulegen. Über sich selbst schwieg Grass, nur in privaten Aufzeichnungen verhedderte er sich in den eigenen Rollen: »Das fragwürdige Glück, dem ›richtigen Jahrgang‹ anzugehören, äußerte sich in Stottersätzen, die hinter den Fragen der Kinder mein Tagebuch füllten.«[17]

Anders als der SS-Mann Augst erstickte Grass nicht an seinem Schweigen. Er schrieb und presste und presste. Das quälerische »Hervorpressen der Wahrheit«, das Grass auf jenem Kirchentag im Sommer 1969 an dem SS-Mann Augst beob-

220

achtet haben wollte, sollte sich bei ihm selbst noch über viele Jahrzehnte und Bücher hinziehen, bis es 2006 schließlich aus ihm herausplatzte.

Die Metapher stammt natürlich von Freud, und man muss gar keine küchenpsychologischen Deutungen über anale Geheimnisse anstellen, um sie immer wieder aus Grass' eigener Feder fließen zu sehen. Die ganze Geschichte zu erzählen ist auch für ihn lange wie ein »mühevoller, ein ausbleibender Stuhlgang«.

Die Reinigung findet nicht statt, das Geschäft bleibt unerledigt, aber es wird mit der Zeit immer dringlicher. In der Novelle *Im Krebsgang* löst Grass, auch wenn er immer noch um das Geheimnis kreist, die derbe Metapher auf: »Die Geschichte, genauer, die von uns angerührte Geschichte, ist ein verstopftes Klo. Wir spülen und spülen, die Scheiße kommt dennoch hoch.«[18]

Als er 2006 endlich offen über seine Geschichte sprach, erklärte er sein jahrzehntelanges Schweigen damit, »dass ich glaubte, mit dem, was ich schreibend tat, genug getan zu haben. Ich habe ja meinen Lernprozess durchgemacht und daraus meine Konsequenzen gezogen. Aber es blieb dieser restliche Makel.«[19]

Grass hatte ja nie einen Hehl daraus gemacht, als Jugendlicher verführt worden zu sein. Aber er hatte es lange vorgezogen, allgemein über das Schicksal seiner Generation, seines Jahrgangs zu sprechen. Während einer Israelreise gab Grass 1967 bei einem Vortrag in Tel Aviv folgende Auskunft über sich: »Mein Geburtsjahr sagt: ich war zu jung, um ein Nazi gewesen zu sein, aber alt genug, um von einem System, das von 1933 bis 1945 die Welt zuerst in Staunen, dann in Schrecken versetzte, mitgeprägt zu werden. Es spricht also zu Ihnen weder ein bewährter Antifaschist noch ein ehema-

Kapitel 6

liger Nationalsozialist, eher das Zufallsprodukt eines halbwegs zu früh geborenen und halbwegs zu spät infizierten
Jahrgangs.«[20]

Tatsächlich hat Grass, auch wenn er andere kritisierte,
immer von sich geschrieben. Nachdem er seine Mitgliedschaft
in der Waffen-SS 2006 bekannt gemacht hatte, hielten ihm Kritiker Inkonsequenz vor. Aber sein Werk wusste schon immer
von der eigenen Schande, dem hundertmal verarbeiteten, aber
nie vergessenen Stigma.

Mitgetrommelt

Zu dem Mythen der Flakhelfer gehört auch, dass alle im Mai
1945 mit einem Schlag zur Demokratie erlöst wurden. Tatsächlich dauerte der Lernprozess länger, war die Entgiftung ein
zäher Prozess: »Wie viele andere meiner Generation ging ich
ja fast in einer Art von Verblödung aus der Nazizeit hervor.«[21]

Erst als Baldur von Schirach bei den Nürnberger Prozessen
über die deutschen Verbrechen aussagte, erkannte der junge
Grass, dass die Verbrechen der Deutschen keine Erfindung
der alliierten Propaganda waren. Das war 1946.

Auch Hilmar Hoffmann, der bereits 1943 in amerikanische
Kriegsgefangenschaft kam und die letzten Kriegsjahre in
einem Gefangenenlager in den Rocky Mountains verbrachte,
feiert dort noch am 20. April 1945 gemeinsam mit anderen
deutschen Kriegsgefangenen den Geburtstag des »Führers«
mit einer selbstgemachten Hakenkreuzfahne: »Das auf deutscher Seite von einem ehemaligen Kretakämpfer und Rit-
terkreuzträger geleitete Lager wurde unverzüglich aufgelöst.
Dieser befohlene Ausstieg aus dem ideologischen Anachro-
nismus verschworener Eliteeinheiten hinter Stacheldraht, aus

dem Geisterlager ideologischer Verblendung, war für mich ein weiterer wichtiger, bewußtmachender Zwischenschritt hin zum Ende des Krieges.«[22]

Sie hatten überlebt, im Mai 1945 schien die Sonne so warm wie noch nie. Aber damit war es nicht getan. Fortan blieb den 17- und 18-Jährigen nichts anderes übrig, als sich am eigenen Schopf aus dem ideologischen Sumpf ihrer Jugend zu ziehen. Wie viele von ihnen war auch Grass mit Begeisterung dabei gewesen. Je mehr man erfuhr, wobei, desto dringlicher harrte die Schuld nach 1945 der Aufarbeitung. »Ich habe anfangs mit meinen verschiedenen Begabungen und Möglichkeiten zwar immer wieder versucht, drum herumzutanzen«, erklärte er 2006 die Anfänge der *Blechtrommel*, »aber die Stoffmasse des Themas war immer da, wartete sozusagen auf mich, und ich musste mich dem stellen.«[23]

Grass hatte zunächst eine Lehre als Steinmetz begonnen und dann an der Düsseldorfer Kunstakademie studiert, wandte sich in den 1950er Jahren der Literatur zu. Sie bot ihm die Ausdrucksformen für den Andrang von Figuren und Dingen, die sich in ihm gesammelt hatten: »So etwas kann man nicht wollen, das war keine freie Entscheidung, das war unumgänglich.«[24]

Die berühmteste dieser Figuren ist bis heute der Held des Romans *Die Blechtrommel*, jener Oskar Matzerath, der bereits mit dem Verstand eines Erwachsenen geboren wird, sich aber seit seinem dritten Lebensjahr standhaft weigert zu wachsen. Das Datum ist nicht zufällig gewählt: Im Roman wird Oskar 1924 in Danzig geboren, seine körperliche Entwicklung stockt also in dem Jahr, als sein Autor ebendort auf die Welt kommt.

Ebenfalls 1927 bekommt Oskar die Blechtrommel geschenkt, die es ihm fortan erlaubt, von Ereignissen zu erzählen, an denen er selbst nicht unmittelbar beteiligt ist. Die rot-weiß

Kapitel 6

gestreifte Trommel, die auch auf dem Buchumschlag des Romans zu sehen ist, gleicht nicht von ungefähr der Trommel der Hitlerjugend. Sie ist *die* Chiffre einer Generation, die von Staat und Krieg ihrer Kindheit beraubt und in einen Schuldzusammenhang gezwungen wurde, dem sie nur schwer entrinnen konnte.

Ungeachtet ihrer Leistungen als Erwachsene trugen die Angehörigen der Flakhelfer-Generation zeitlebens an der moralischen Last, als Kinder mitgetrommelt zu haben – eine Last, deren ganze Tragweite ihnen erst nach dem Zusammenbruch des »Dritten Reichs« im Rückblick aufgehen konnte, als das Ausmaß der deutschen Verbrechen offenbar wurde, die auch in ihrem Namen verübt worden waren.

»Ich habe als Kind miterlebt, wie alles am hellen Tage passierte«, erinnerte sich Grass 2006. »Und zwar mit Begeisterung und mit Zuspruch. Natürlich auch durch Verführung, auch das, ganz gewiss. Was die Jugend betrifft: Viele, viele waren begeistert dabei. Und dieser Begeisterung und ihren Ursachen wollte ich nachgehen, schon beim Schreiben der *Blechtrommel* und auch jetzt wieder, ein halbes Jahrhundert später, bei meinem neuen Buch.«[25]

Nicht umsonst sitzt Oskar 1954 in einer Heil- und Pflegeanstalt, während er seine Geschichte und die des »Dritten Reichs« erzählt. Doch Oskar ist nicht nur ein Opfer seiner Zeit. Er ist auch ein Täter, der sich gegenüber Meister Bebra offenbart, Jan Bronski, Alfred Matzerath und Roswitha umgebracht zu haben. Doch Oskars trommelnde Bekenntnisse zeugen nicht von echter Reue und Umkehr, wie der Germanist Hermann Kurzke gezeigt hat. Kurzke zufolge ist der Roman »um ein Schuldbewusstsein herum geschrieben, das er sich spielerisch einbekennt, vor dessen moralischem Ernst er sich aber verschließt«. Kurzke sieht in Oskar Matzerath die Perso-

224

nifizierung des schlechten Gewissens, »das sich während der NS-Zeit hinter dem Kindsein versteckt und nach der NS-Zeit als Buckel übrigbleibt«.[26]

Das nimmermüde Trommeln vergegenwärtigt die Vergangenheit und übertönt sie zugleich. Im Trommellärm der Erinnerungsrituale werden selbst »uralte, steinhart gesottene Sünder zu dünn und rührend Adventslieder singenden Kleinkindern«.[27] Als Lohn für seine vermeintliche Buße bekommt Oskar einen Plattenvertrag.

Was sich auf der einen Seite ähnlich wie bei Walser als Kritik an der bußfleißigen Nachkriegsgesellschaft der Wirtschaftswunderzeit liest, mag der Autor auch auf sich selbst bezogen haben. Grass wird bewusst gewesen sein, dass sein literarisches Scherbengericht über die deutsche Vergangenheit auch ihn wohlhabend und berühmt gemacht hat.

Das Hoffen aus Erlösung, das durch allerlei mythologisch-religiöse Aufstiegsmotive im Roman (wie die lange Rolltreppenfahrt aus der Pariser Metro in die Oberwelt) angedeutet wird, bleibt am Ende unerhört. Oskar bleibt trotz allem ein Überlebender mit Makel. Die biblischen Motive, die Versatzstücke des Marienglaubens und die Jesus-Analogien gehen, wie Kurzke zeigt, nicht mehr auf. Indem Grass mit diesen Versatzstücken spielt, offenbart und verbirgt er sich zugleich. Nicht zu Unrecht weist Kurzke darauf hin, dass sich »das persönliche schlechte Gewissen, als ganz junger Mensch ein Mitläufer der Nazis gewesen zu sein, im Scherbenlabyrinth dieses raffinierten Kunstwerks gut verstecken konnte« – ein Hinweis, der auf das Lebenswerk vieler Angehöriger der Flakhelfer-Generation wie Martin Walser, Hans Werner Henze und andere ebenso zutrifft.[28]

Grass' *Blechtrommel* ist wie seine anderen Werke repräsentativ für die Vergangenheitsbewältigung der Flakhelfer. Sie

Kapitel 6

schreiben, komponieren, forschen, engagieren sich unermüdlich und entlasten sich dadurch von dem Bekenntnisdruck, den das teilweise Verdrängte ihnen aufnötigt. Es ist ja alles da, man muss nur genau hinschauen. Was zählt dagegen schon ein profanes Interview-Bekenntnis: Ja, ich war dabei als Mitglied der NSDAP oder der Waffen-SS?

Für Kurzke ist die wahre Moral der *Blechtrommel* eine »mit vielen künstlerischen Mitteln umgangene, ja umtanzte Leerstelle«, die Grass bis zu seinem Bekenntnisbuch *Beim Häuten der Zwiebel* trommelnd verborgen habe. »Was ich mit dem dummen Stolz meiner jungen Jahre hingenommen hatte«, schreibt Grass dort, »wollte ich mir nach dem Krieg aus nachwachsender Scham verschweigen.«[29] Grass offenbarte darin nicht nur seine lange verborgene Mitgliedschaft in der Waffen-SS, sondern auch die anhaltende Scham darüber, »dass ich unwissend oder, genauer, nicht wissen wollend Anteil an einem Verbrechen hatte, das mit den Jahren nicht kleiner wurde, das nicht verjähren will, an dem ich immer noch kranke«.[30] Der Buckel – er sitzt noch heute auf den Schultern des alten Mannes.

Was hätte ihn auch heilen können? Die Kraft zu einem Neuanfang mussten die 17-, 18-Jährigen nach 1945 allein aus sich selbst schöpfen. Der Krieg war aus, das Reich vorbei, mehr und mehr wurde über die deutschen Verbrechen bekannt. Bald nagte die Scham so unablässig an ihnen wie der Hunger der Nachkriegszeit, »aber gehungert habe ich nur zeitweilig«, gesteht Grass 2006, »die Scham jedoch …«.[31] Ist es ein Wunder, dass ein neues Leben auch diesen jungen Menschen nur um den Preis der Verdrängung gewisser Tatsachen möglich schien?

Blessuren und juckende Narben

Dieser Prozess der Verdrängung interessierte mich. Nachdem die Aufregung um seine Mitgliedschaft in der Waffen-SS abgeklungen war, schrieb ich Grass einen Brief, in dem ich ihn danach fragte. Er antwortete umgehend und zeigte sich überrascht, dass jemand meiner Generation sich Gedanken mache »über die Blessuren meiner Altersgenossen und deren nach wie vor juckende Narben«.[32] Diese Narben – so viel schien klar – gingen nicht weg, und Grass meinte damit nicht die »Verletzungen ganz anderer Art«, die ihm das Medienecho auf *Beim Häuten der Zwiebel* beigefügt hatte.

Grass gehört ja einer Generation an, deren Angehörige als Jugendliche keine Instrumente an die Hand bekommen hatten, die ihnen bei einer moralischen Neuorientierung helfen konnten. Ihnen hatte man eine Trommel in die Hand gedrückt, sie exerzieren lassen und in den Krieg geschickt, auf den Lippen keine Kinderlieder, sondern die Hymne der Hitlerjugend: »Die Fahne flattert uns voran«.

Wie sehr ihn diese Vergangenheit nach wie vor beschäftigte, konnte ich bei meinem ersten Besuch im Atelier in Behlendorf sehen. Ich sagte ihm, dass ich schon beim Lesen seiner Novelle *Im Krebsgang* 2002 den Eindruck hatte, hier lauere etwas unter der Oberfläche, das herauswollte – vier Jahre vor den Enthüllungen über seine Mitgliedschaft in der Waffen-SS. Der Ich-Erzähler Paul sei damals schon mitteilsamer als sein Autor gewesen, wenn er bekennt: »Nichts spricht uns frei. Man kann nicht alles auf Mutter oder die borniere Paukermoral schieben.« Stellte der Autor Grass damit auf einmal nicht nur die Selbstauskunft seiner ganzen Generation, sondern auch die eigenen jahrzehntelang eingeübten Erklärungsmuster in Frage? Sein pflichtschuldiges Engagement im Dienst der »guten

Kapitel 6

Sache«? Seinen fleißigen Dienst an der Demokratie? Das gute Gewissen der Nation, das selber kein reines Gewissen hat?

Tatsächlich liest sich *Im Krebsgang* wie das Seelenprotokoll eines Künstlers, der trotz aller Disziplin die Verdrängung nicht länger aufrechterhalten kann. Der Seiltänzer der Erinnerung, der das Spiel mit der Vergangenheit in Werken wie der *Blechtrommel* so virtuos vorgeführt hatte, drohte vom Zeltdach zu stürzen.

Der Blick nach vorn ist alles, nie darf der Seiltänzer nach unten schauen und sich von anderen Gedanken ablenken lassen. Der Erzähler im *Krebsgang* steht schon auf wackligem Gerüst, auch wenn die Zuschauer es noch nicht bemerkt haben. Selbst der eigene Sohn weiß nichts von der Angst des Artisten, der auf dünnem Seil über dem Abgrund der Verdrängung balanciert: »Wie gut, dass er nicht ahnt, welche Gedanken ganz gegen meinen Willen aus linken und rechten Gehirnwindungen kriechen, entsetzlich Sinn machen, ängstlich gehütete Geheimnisse preisgeben, mich bloßstellen, sodass ich erschrocken bin und schnell versuche, anderes zu denken.«[33]

Ich sagte Grass, dass ich aus den Worten seines Erzählers eine Angst vor Bloßstellung vernahm, von der ich glaubte, dass sie ihm selbst nicht unbekannt sein dürfte. Schließlich hatte er im Jahr 2000 bei den litauisch-deutsch-polnischen Gesprächen in Vilnius eine Rede gehalten, in der er ganz ähnliche Töne angeschlagen hatte. »Ich erinnere mich«, hatte Grass dort erklärt, »oder ich werde erinnert durch etwas, das mir quer steht, seinen Geruch hinterlassen hat oder in verjährten Briefen mit tückischen Stichworten darauf wartet, erinnert zu werden«, und er hatte angedeutet, dass es Erinnerungen gab, die er noch nicht in Worte gefasst und verarbeitet hatte: »Sprachlose Gegenstände stoßen uns an; Dinge, die uns seit Jahren, so meinten wir, teilnahmslos umgaben, plaudern Geheimnisse

228

aus: peinlich, peinlich! Dazu Träume, in denen wir uns als Fremde begegnen, unfassbar, endloser Deutung bedürftig.«[34]

Ich las eine weitere Stelle aus *Im Krebsgang* vor, während Grass seine Pfeife stopfte und still zuhörte: »Was tun, wenn der Sohn des Vaters verbotene, seit Jahren unter Hausarrest leidende Gedanken liest, auf einen Schlag in Besitz nimmt und sogar in die Tat umsetzt? Immer bin ich bemüht gewesen, zumindest politisch richtig zu liegen, nur nichts Falsches zu sagen, nach außen hin korrekt zu erscheinen. Selbstdisziplin nennt man das.«[35]

Beschrieb das nicht genau die Situation, in die Grass sich manövriert hatte, indem er seine Mitgliedschaft in der Waffen-SS unter geistigen Hausarrest gestellt, sie selbst vor seinen eigenen Kindern verschwiegen hatte? Indem er eine Gelegenheit nach der anderen hatte verstreichen lassen, sich zu bekennen – und stattdessen mit eiserner Selbstdisziplin seine Rolle als gutes Gewissen der Nation aufrechterhielt, etwa als Kanzler Kohl und US-Präsident Reagan sich 1985 auf dem Soldatenfriedhof Bitburg trafen, auf dem auch Angehörige der Waffen-SS lagen, die Grass' Kameraden hätten sein können? Warum hatte sich die Hoffnung, die vergrabene Schuld durch nimmermüdes, schreibendes Aufarbeiten beiseiteschieben zu können, zuletzt doch als trügerisch erwiesen?

Grass legte die Pfeife ab, fixierte mich mit seinen wachen Augen und sagte leise, ohne die Stentorenstimme der moralischen Autorität, tatsächlich habe ihn die verdrängte Erinnerung nicht losgelassen. Beim Rasieren zum Beispiel habe er sich dabei ertappt, Lieder der Hitlerjugend zu summen, und sei maßlos darüber erschrocken.

Als ich 2012 den neuen Gedichtband *Eintagsfliegen* las, entdeckte ich dort auch die Verse, in denen Grass das Erlebnis nach unserem Gespräch verarbeitet hatte:

Kapitel 6

Beim Rasieren
überfallen mich oft ungerufen Gedanken,
die mit dem Schaum schwinden.
Auch summe ich Lieder,
die – als ich jung war –
lauthals behauptet hatten,
daß die Fahne mehr als der Tod sei.
Nach kurzem Erschrecken und
letztem Blick in den Spiegel,
bemühe ich mich, altersgemäß den Tag zu beginnen.[36]

Das Schreiben erleichtert den Dichter, aber es erlöst ihn nicht.
Auch seine Helden, all die Matzeraths, Materns und Mahlkes,
konnten ihn nicht von dem Widerspruch erlösen. Schließlich
kehrt in ihnen die ganze Geschichte wieder. Die Vergangenheit kann nur verarbeitet werden, aber nie bewältigt. »Hört
das nicht auf? Fängt diese Geschichte immer aufs neue an?«,
fragt der Erzähler im *Krebsgang*, und die Antwort der Novelle
lautet: »Das hört nicht auf. Nie hört das auf.«[37]
   Er hatte ein Lebenswerk geschaffen, das »in munterschwar-
zen Fabeln das vergessene Gesicht der Geschichte« zeichnete, wie die Nobelpreisjury 1999 erklärte. Aber die Scham
darüber, als junger Mensch von den Nazis verführt worden
zu sein, konnte auch Grass bis heute nie verwinden. Hitlers
perfides Versprechen an Grass' Generation, sie sei die Zukunft
Deutschlands, hatte seine Wirkung nicht verfehlt. Nach dem
Prinzip »Jugend führt Jugend« wollten die Nationalsozialisten
aus Kindern opferwillige Soldaten züchten und lockten sie
schon jung mit Spiel und Abenteuer. Es hätte auch »Jugend
verführt Jugend« heißen können. Die Zeit als Luftwaffenhelfer, hat Grass einmal geschrieben, hätten sie als »Freiheit von
Schule missverstanden«.[38] Die Nazis seien »geniale Hunde«

gewesen, erzählte Grass und erinnerte sich grimmig an die staatlich organisierten Abenteuerferien und -feiern, die Jugendlichen wie ihm den Ausbruch aus dem kleinbürgerlichen Mief ermöglichten.

Als ich ihn im November 2011 erneut in Behlendorf besuchte, beschäftigten Grass diese »Hunde« erneut. Wir sprachen in der kleinen Bibliothek ein paar Stunden über den Roman *Hundejahre*, den er vor einem halben Jahrhundert geschrieben hatte. Dann führte mich Grass durch eine Ernte von Hunderten auf dem Boden liegenden Walnüssen im Erdgeschoss die Treppe hinauf unter das Dach seines Ateliers.

Auf dem Fußboden lagen frische Radierungen, die er in den vergangenen Monaten für die Jubiläumsausgabe der *Hundejahre* angefertigt hatte: kopulierende schwarze Köter mit geifernden Lefzen, gewaltige Hunde über den rauchenden Trümmern zerstörter Städte, bleiche Galgengesichter und Skelette, aufgespießte Ratten und immer wieder schaurige Vogelscheuchen, die in SA-Uniformen über das Papier marschierten. All das hatte nichts mehr mit den kulinarischen Illustrationen gehäuteter Zwiebeln und filetierter Fische zu tun, mit denen Grass frühere Werke illustriert hatte. Das hier war ein schauerlicher Geisterzug wie aus einem Albtraum.

Der 1963 erschienene letzte Teil der Danziger Trilogie hatte nie den Publikumserfolg von *Blechtrommel* oder *Katz und Maus* gehabt. Kein Wunder: *Hundejahre* ist ein literarisch hochkomplexer Roman, mythologische, historische und politische Themen werden angeschnitten, die Erzählebenen überkreuzen sich, das Personal wechselt häufig. Wäre *Hundejahre* ein Drama, man würde es unaufführbar nennen. In seiner Komplexität erinnert es an den vielschichtigen zweiten Teil von Goethes *Faust*, der auf Theaterbühnen ebenfalls ein Nischendasein führt.

Kapitel 6

»Ich sehe *Hundejahre* als mein wichtigstes Werk an«, sagte Grass und holte die Kupferplatten hervor, die er mit Kaltnadel- und Ätztechnik bearbeitet hatte. Hunde und Vogelscheuchen sind die allgegenwärtigen Statisten des Romans und zugleich Allegorien des »Dritten Reichs«. In seinem Roman erzählt Grass über mehrere Jahrzehnte die Geschichte von Eddie Amsel und Walter Matern.

Der im »Dritten Reich« als »Halbjude« geltende Amsel nutzt seine angeborene Fähigkeit, Vögel zu verschrecken, und baut kunstvolle Vogelscheuchen. Die Scheuchen dienen ihm als Ausdrucksmittel für die Darstellung der Menschen im Nationalsozialismus: »Gewiß darf man sagen: Aus jedem Menschen lässt sich eine Vogelscheuche entwickeln; denn schließlich wird, das sollten wir nie vergessen, die Vogelscheuche nach dem Bild des Menschen erschaffen. Aber unter allen Völkern, die als Vogelscheuchenarsenale dahinleben, ist es mit Vorzug das deutsche Volk, das, mehr noch als das jüdische, alles Zeug in sich hat, der Welt eines Tages die Urvogelscheuche zu schenken.«[39]

Matern unterstützt Amsel zunächst bei seiner künstlerischen Tätigkeit, aber das ambivalente Verhältnis der beiden schlägt in Hass und Gewalt um, als Matern der SA beitritt und mit Kameraden seinen Freund verprügelt. Zwischendurch treten im Roman mehrere Generationen von Hunden auf, deren Stammbaum als Satire auf die nationalsozialistische Rassenpolitik herauf- und heruntererzählt wird, denn auch Hitlers Hund Prinz wird Teil dieses Stammbaums: »Senta warf Harras; und Harras zeugte Prinz; und Prinz machte Geschichte.«[40]

Dabei stellt Grass die Hauptpersonen nie als eindimensionale Schablonen dar, sondern immer vieldeutig. So ist es Amsel, der Matern auffordert, in die SA einzutreten, weil er für seine Vogelscheuchen-Tableaus Uniformen braucht. Matern arbeitet nach dem Krieg als Rundfunksprecher in kritischen Hörspielen die NS-Vergangenheit der Deutschen auf, schweigt sich aber über seine eigene Schuld aus, bis er selbst im Radio entlarvt wird.

In *Hundejahre* gibt es kein eindeutiges Schwarz oder Weiß, Grass zeichnet die Geschichte in Grautönen, die dem Zeitzeugen als einzig legitime Darstellungsform erschienen: »Es galt, den absoluten Größen, dem ideologischen Weiß oder Schwarz abzuschwören, dem Glauben Platzverweis zu erteilen und nur noch auf Zweifel zu setzen, der alles und selbst den Regenbogen graustichig werden ließ.«[41] Das Grau ist die Farbe des Betroffenen, der weiß, dass Schuld und Unschuld nicht immer sauber voneinander zu trennen sind.

Verfolgt von Hitlers Hund Prinz, den er nach dem griechischen Gott der Unterwelt in Pluto umbenannt hat, trifft Matern schließlich Eddie Amsel in Berlin wieder, der inzwischen unter dem Namen Brauchsel ein erfolgreicher Unternehmer geworden ist und Wunderbrillen verkauft, mit deren Hilfe Kinder im Alter von sieben bis einundzwanzig Jahren die Vergangenheit der Erwachsenen sichtbar machen können. Am Ende führt Brauchsel/Amsel seinen alten Freund Matern in die Stollen seines riesigen Bergwerks hinab, in denen er im industriellen Maßstab Vogelscheuchen fertigen lässt.

Es ist eine Höllenfahrt in den Hades der deutschen Vergangenheit, welche die beiden Freunde am Ende des Romans in das Bergwerk hinabführt. Schamvoll wendet Matern sein Haupt ab, »da die versammelte Scheucheninnung, wie er weiß, ferngesteuert und wie er sagt: ›Seelenlos automatisch…‹ auf die Firma Brauxel & Co. vereidigt wird. Und Vogelscheuchen erkühnen sich, nachzuplappern: ›So wahr mir Gott helfe‹.«[42] Der Bezug zu eigenen Erfahrungen des Autors ist offensichtlich. »Mit Glaubenssätzen dumm gehalten und entspre-

Kapitel 6

chend auf idealistische Zielsetzungen getrimmt«, erinnert sich Grass in *Schreiben nach Auschwitz* (1990), »so hatte das »Dritte Reich« mich und viele meiner Generation aus seinen Treuegelöbnissen entlassen«.[43] Ähnlich wie Martin Walser in *Ein springender Brunnen* vergegenwärtigt Grass in *Hundejahre* die nachgeholte Scham über den Eid auf Hitler, den die Jugendlichen einst seelenlos automatisch mitschworen.

Dem bergfremden Matern werden hier zum ersten Mal die Augen geöffnet, und diesen Augen »ist speiübel«.[44] Er drängt ans Licht, ist übersättigt vom Schrecken. Schneller soll der Förderkorb die beiden wieder an die Oberfläche bringen, »und jedes Gebet fleht das Förderseil an, einig zu bleiben, damit Licht, Tageslicht, noch einmal sonnedurchwirkter Mai …«[45]

Aber das Glück der jungen Überlebenden wird nie wieder so ungetrübt sein wie im Mai 1945, als der Krieg aus war und die Verbrechen noch nicht als Bilder vor ihnen standen. Das große Panorama an Schreckensbildern, das Grass vor einem halben Jahrhundert in seinem Roman aufzog und nun erneut auf Kupferplatten nachschuf – es zeigt, dass die Angehörigen seiner Generation den Blick nie von der eigenen Vergangenheit lassen konnten, in der die Bilder von uniformierten Aufmärschen mit den Bildern aus KZs wie Bergen-Belsen zusammenflossen, mit denen sie bald nach dem Krieg konfrontiert wurden als Ausgeburt einer Hölle, die nur allzu real war und auch mit ihnen zu tun gehabt hatte.

Die Kinder können nicht nur die Vergangenheit der Erwachsenen durch Brauxels Wunderbrillen sehen, sie könnten auch in den Spiegel schauen. Indem sich der Erzähler Grass damals diese Bilder vergegenwärtigte, verlieh er nicht nur der deutschen Schuld ein Angesicht, sondern kroch zugleich tief in die Stollen der eigenen, lange verschwiegenen Scham. Aus

dem Bergwerk ist kein Entkommen, lebenslang. »Der Orkus
ist oben«, erklärt Brauxel, und keiner kann ihm entfliehen:
dieser nicht und jener nicht, »wer mag sie noch Brauxel und
Matern nennen?«

Oben angekommen, legen sie ihre Untertageklamotten ab
und steigen jeder für sich in die Badewannen, um sich zu
reinigen. »Eddi pfeift etwas Unbestimmtes. Ich versuche, ähnliches zu pfeifen. Doch das ist schwer. Beide sind wir nackt.
Jeder badet für sich.«[46] Ende.

Mit gesenktem Kopf betrachtete Grass die Dutzenden von
Radierungen. Da unten auf den Holzdielen, zwischen all
den schwarzen Hunden, Ratten und SA-Vogelscheuchen, lag
das Blatt. Zwei kahlgeschorene Menschen, deren Gesichter
hohl wie der »Schrei« von Edvard Munch aussehen, stehen
nebeneinander. Über ihren Köpfen prasseln Duschen. »Das
Wasser laugt uns ab.« Aber manche Dinge lassen sich nie
abwaschen: »selbst Seife wäscht nicht rein« lautet ein Satz aus
den *Hundejahren*, den Grass viele Jahre später in seiner Rede
Schreiben nach Auschwitz zitierte.[47] Er habe, erklärte er 1990
in dieser Rede, nach jenem Roman vorerst Schluss mit der
Prosa gemacht: »Nicht dass ich erschöpft war, doch glaubte
ich voreilig, mich von etwas freigeschrieben zu haben, das
nun hinter mir zu liegen hatte, zwar nicht abgetan, aber doch
zu Ende gebracht.«[48]

Als ich Grass an jenem Novemberabend verließ, verstand
ich, warum er zunächst geglaubt hatte, mit dem, was er schreibend tat, für sich genug getan zu haben. Im kunstvollen
Labyrinth seiner Romane hatte er die eigene Scham in aller
Öffentlichkeit erkundet und doch deren buchstäbliches Sym-
bol im Dickicht der Lettern versteckt. Nur manchmal machte
er in Reden seltsame Andeutungen, deren Anlass sich erst
im Nachhinein erschließt: »Ist uns die Wiederholungstat in

Kapitel 6

Runenschrift vorgeschrieben?«, lautet so ein Satz, gesprochen 1992 in der »Rede vom Verlust«.[49]

Wie viele seiner Generation, die sich ob ihres Jahrgangs zugleich als Opfer und Täter fühlen konnten, hatte er bußpflichtig Ablasshandel mit der Erinnerung betrieben und sie am Ende doch nie bewältigt. Dafür kann man ihn ebenso wenig schuldig sprechen wie all die anderen.

Schließlich mag es gerade der Stachel des Verdrängten gewesen sein, der ihn antrieb, immer wieder aufs Neue die vergessenen Gesichter der Geschichte in großen Kunstwerken zu zeichnen – Werken, die ungeachtet der erklärten Unzuverlässigkeit ihres Autors alten und jungen Deutschen die Möglichkeit boten, ihr eigenes Gewissen zu erforschen. Er selbst spürte offensichtlich schon 1990, dass seine Werke ihm nicht genug Raum boten, um das Verdrängte dort auch vor sich zu verstecken. Irgendwann, deutete Grass damals an, müsste ein Bekenntnis in klarer Form, als »außerliterarische Dreinrede« erfolgen. Er sprach vom Ungenügen nach 35 Jahren Schriftstellerei und meinte damit nicht mangelnden Erfolg, sondern das Ungenügen des Schweigens: »Etwas, das noch nicht zu Wort kam, muss gesagt werden. Eine alte Geschichte will ganz anders erzählt werden. Vielleicht gelingen noch die zwei Zeilen.«[50]

Und doch glaube ich, Grass hätte sein Gewissen gerne schon früher erleichtert, und dass es nicht nur Eitelkeit und Rechthaberei waren, die ihn davon abhielten. Als die *Frankfurter Allgemeine Zeitung* wenige Wochen nach dem großen Skandal zwei neu entdeckte Briefe nachreichte, die Grass Ende der 1960er Jahre an den damaligen Wirtschaftsminister Karl Schiller geschrieben hatte, war der Hohn groß. Grass forderte den befreundeten Politiker darin auf, sich zu seiner (bereits in der Presse bekannt gewordenen) Vergangenheit als Mitglied der NSDAP und SA zu bekennen.

Die Nachkriegsgeneration, bekräftigte Grass seine Aufforderung an Schiller, kenne nur Beschwichtigungen und Verharmlosungen wie die des damaligen Bundeskanzlers Kiesinger, er sei weder aus Überzeugung noch als Opportunist Mitglied der NSDAP gewesen. Schiller hatte Kiesinger aufgrund seiner Vergangenheit im Wahlkampf 1969 angegriffen. Das nahm Grass nun zum Anlass, den Freund in die Pflicht zu nehmen: »Ich hielte es für gut, wenn Sie sich offen zu Ihrem Irrtum bekennen wollten. Es wäre für Sie eine Erleichterung und gleichfalls für die Öffentlichkeit so etwas wie die Wohltat eines reinigenden Gewitters.«[51]

Im Anschluss an die Offenbarung seiner jahrzehntelang verschwiegenen Waffen-SS-Mitgliedschaft musste Grass die neuerliche Enthüllung fast unweigerlich als Ausdruck einer haarsträubenden Doppelmoral ausgelegt werden. Schließlich hatte er in einem zweiten Brief an Schiller (der seiner Aufforderung nicht nachgekommen war) den »berühmt-berüchtigten Hochmut des Wissenden« getadelt und zugleich verschwurbelt erklärt, diese Materie sei ihm »nicht unvertraut«.[52]

Es ist aber auch eine andere Lesart denkbar. Eine Lesart, die nicht nur das Schweigen von Grass, sondern der vielen anderen Angehörigen seiner Generation erklärt, die ihre Mitgliedschaft in der NSDAP so lange verheimlichten und verdrängten, bis sie von fremder Hand aktenkundig wurde. Nach dieser Lesart suchten Grass und andere eine Möglichkeit, mit der ganzen Wahrheit auf den Tisch zu kommen, ohne mit der Generation der Täterväter in einen Topf geworfen zu werden.

Grass dürfte gehofft haben, dass Schiller als geläuterter Demokrat beispielhaft vorangehen und die folgende Diskussion über formale NS-Mitgliedschaften für das »reinigende Gewitter« sorgen könnte, das es auch seiner Generation ermöglichen würde, sich zu bekennen. Nachdem er bei Schiller auf taube Ohren gestoßen war, erklärte Grass in einem zweiten Brief, wie er sich das vorgestellt hatte: »Ich bat Sie damals dringlich, Ihr eigenes erklärbares Verhältnis zu den Organisationen der NSDAP von sich aus freimütig und rechtzeitig der Öffentlichkeit zu erklären, ohne große Mea-culpa-Geste, vielmehr in der nüchternen und doch nicht nivellierenden Tonlage, die Ihnen eigen ist.«[53]

Dass Schiller sich nicht dazu bereitfand, musste Grass zeigen, dass wohl auch er den richtigen Zeitpunkt verpasst hatte. Die Schweigespirale der Mitglieder und Mitläufer hatte längst begonnen, und je mehr über die Verbrechen des »Dritten Reichs« in der Öffentlichkeit bekannt wurde, desto größer wurde das Stigma, dabei gewesen zu sein. Heute ist dieses Stigma so groß, dass selbst die von der NSDAP nachweislich als Mitglieder Geführten erklären, sie könnten nur unwissentlich Parteigenossen geworden sein.

Eines muss man Grass also lassen: Er hat sich aus eigener Kraft offenbart, anstatt zu warten, bis seine Mitgliedschaft von anderer Seite aktenkundig wurde, und sich dann hinter der Legende von unwissentlichen Mitgliedschaften vor sich selbst zu verstecken. Grass war es auch, der uns erklärte, wie man damals von den eigenen Entscheidungen überrascht werden konnte. Zum Beispiel der freiwillige Eintritt in die Wehrmacht: »Auch das ist ja eine merkwürdige Sache: Ich habe mich gemeldet, mit fünfzehn wohl, und danach den Vorgang als Tatsache vergessen. So ging es vielen meines Jahrgangs: Wir waren im Arbeitsdienst, und auf einmal, ein Jahr später, lag der Einberufungsbefehl auf dem Tisch.«[54]

Man darf denen aus Grass' Jahrgang, die ihre NSDAP-Mitgliedschaft heute vergessen haben, zugutehalten, dass es ihnen ähnlich gegangen sein könnte wie ihm wie mit seiner

Freiwilligenmeldung zur Wehrmacht: die Tatsache vergessen, von der Mitteilung überrascht, später verdrängt. Die Schuld blieb dennoch, auch der Drang zur Rechtfertigung und Wiedergutmachung. Aber den Makel, der scheinbar an einer anderen Person aus einer anderen Zeit klebte, den wollten sie sich nicht wieder anheften lassen. Ihren Lernprozess hatten sie ja durchgemacht und sich fortan dem unbedingten Einsatz für »die gute Sache« verschrieben. 1990 erinnerte sich Grass an Ostermärsche, an denen er teilgenommen hatte: »Immer dabei und dagegen. Das vertrotzte Entsetzen des Siebzehnjährigen, der nicht glauben wollte, hatte sich verflüchtigt und einer prinzipiellen Antihaltung Platz gemacht.«[55]

Wie schwer aber ist es, mit dem Geheimnis zu leben? Mal mehr, mal weniger in Angst, die Fassade des Nachkriegslebens mit all seinen Verdiensten könnte Risse bekommen und einstürzen? Um wie viel schwerer noch, da die Betroffenen sich ja wirklich darauf berufen durften, keiner Verbrechen schuldig und politisch geläutert zu sein? Ihre Fassade war ja nicht die blitzweiß reingewaschene »blühende Fassadenkunst«[56] der Täter und zwinkernden Biedermänner, die bald wieder in ihre alten Karrieren und Geschäfte zurückfanden und so taten, als sei nichts geschehen. Sie aber hatten sich immer betroffen gezeigt durch die auch in ihrem Namen verübten Verbrechen des »Dritten Reichs«, und es war ihnen stets bewusst, so Grass, »dass wir zwar nicht als Täter, doch im Lager der Täter zur Auschwitz-Generation gehörten, dass also unserer Biografie, inmitten der üblichen Daten, das Datum der Wannsee-Konferenz eingeschrieben war«.[57]

Und wie schwer ist das Bekenntnis?

Es ist ein Schicksal, das viele von Grass' Generation teilen. Manchen ersparte der Tod die Antwort auf die Frage, warum sie so lange geschwiegen hatten. Und manche erlebten gleich

Kapitel 6

in zwei Diktaturen die Gefahr, kompromittiert zu werden, weil sie die eine überlebt hatten und in der anderen zu überleben versuchten. Einer, auf den all das zutraf, war der 1927 in Rumänien geborene deutschstämmige Schriftsteller Oskar Pastior. Wenige Jahre nach dem Tod des posthum mit dem Büchner-Preis geehrten Dichters wurde bekannt, dass er über Jahre hinweg für den rumänischen Geheimdienst Securitate als Spitzel tätig gewesen war.[58]

In seinen 2012 veröffentlichten Lyrikband *Eintagsfliegen* hat Grass auch ein Gedicht für Oskar Pastior aufgenommen, aus dem das tief empfundene Gefühl einer Schicksalsgemeinschaft des »verruchten Jahrgangs« spricht.[59] Kein Zweifel, dass Grass in seinem »verspäteten Schutzbrief« für den posthum Entlarvten aus eigener Erfahrung berichtet, wenn er von der »Flucht ins Silbengehege« schreibt, in die Pastior die Angst vor abermaliger Haft getrieben habe. »Verpuppt, verkapselt, von einem Sortiment Tarnkappen / geschützt – und so Dir selbst unsichtbar geworden – / hast Du Dein Leid wie letzten Besitz gehütet.« Die Verdrängung, die allumfassende Angst war der Preis des Überlebens, der selbst in Raten nicht abzustottern war und nur im Kunstwerk versteckt werden konnte. Die Furcht vor dem Aufdunkeln des ängstlich gehüteten Geheimnisses äußert sich als Verfolgungswahn:

> *Nichts durfte kenntlich werden, kein Hinweis*
> *Dir nahekommen, Dich verletzend berühren.*
> *Im Innenfutter des alles verhüllenden Mantels*
> *die Scham versteckt und deren Ursprung:*
> *der immer wache Verdacht*
> *leichthin zu vermutender Schande.*

Ich musste an diese Zeilen denken, als ich Grass bei seiner Geburtstagsfeier in Lübeck vor dem Zelt stehen sah, leise eingehüllt in seinen groben Mantel mit Fischgrätmuster. Nein, das war kein Feldherr mehr, sondern ein Versehrter, ein Überlebender. Und der »Schutzbrief« für Pastior kein erneuter Rechtfertigungsversuch, sondern ein Bekenntnis zum Schicksal seines »verruchten Jahrgangs«. Viele hätten davon gezehrt, schrieb Grass, was Pastior geschrieben habe. Doch niemand konnte die allumfassende Angst vor moralischer Inhaftnahme ahnen, die viele ihrer Generationsgenossen im Griff hielt.

Am Ende bleibt vielleicht nur Trauer. So endet das Gedicht des Nobelpreisträgers, des selbstbewussten Lautsprechers und Einmischers mit einer Geste, die man ausgerechnet von ihm wohl nie erwartet hätte. Er nimmt seinen toten Schicksalsgenossen in den Arm, um »sprachlos zu weinen«.

Kapitel 7

»Das Buchstabierenmüssen unserer Existenz«: Martin Walser

Überlingen am Bodensee, ein warmer Sommernachmittag im August 2012. Der Schriftsteller ist geschwommen. Zehn Minuten warte ich auf der Terrasse, die direkt auf den See zugeht, dann taucht ein bodenseefeuchter Martin Walser auf, das Hemd aus der Hose hängend. Ein zotteliger Meeresgott, freundlich, aber den Dreizack in der Hosentasche, allzeit bereit. Tropft, schmunzelt und entschuldigt sich mit dem walsertypischen alemannischen Singsang: »Ich habe mich in der Distanz verschätzt.«

Hier am Ufer des Bodensees wurde er geboren, hier wuchs er auf, hier wohnt er an seinem Lebensabend. »Um zu schwimmen, natürlich.« Hier ist er verwurzelt und klingt auch so. Aber sein Stil ist von einer seltenen Urbanität und Eleganz. Ein Bodensee-Mann, den es auf die Weltmeere der Sprache getrieben hat.

»Sonnenuntergangsexperte« hat er sich einmal genannt und erklärt, dass die Sonne, »wenn sie am Wasser untergeht, zu Übertreibungen neigt«. Das gehört zu den selten zitierten Passagen einer Rede, die Martin Walser vor fünfzehn Jahren hielt und deren Echo bis heute nicht verhallt ist.

Die Schlagworte »Wegschauen«, »Moralkeule« und »Schlussstrich« (das nie aus seinem Mund gefallen ist) sind das Einzige, was vielen Menschen heute von dieser Rede und der darauf folgenden Walser-Bubis-Debatte in Erinnerung geblieben ist. 1998 hatte Walser in der Frankfurter Paulskirche den Friedenspreis des deutschen Buchhandels entgegengenommen und sich in seiner Dankesrede Gedanken zur Erinnerung an den

243

Kapitel 7

Holocaust in Deutschland gemacht. Kein ernstzunehmender
Mensch leugne den nationalsozialistischen Judenmord und die
Grauenhaftigkeit von Auschwitz, stellte der Preisträger fest:
»Jeder kennt unsere geschichtliche Last, die unvergängliche
Schande, kein Tag, an dem sie uns nicht vorgehalten wird.«[1]
Doch inzwischen gebe es eine Routine des Beschuldigens in
den Medien, sei die Erinnerung längst zum oberflächlichen
Bußritual geworden.

Auschwitz aber eigne sich nicht dafür, erklärte Walser, zur
bloßen Drohroutine zu werden, einem jederzeit einsetzbaren
Einschüchterungsmittel oder zur Moralkeule: »Was durch
solche Ritualisierung zustande kommt, ist von der Qualität
Lippengebet.«[2]

Zugleich warnte er vor einer »Instrumentalisierung unserer
Schande zu gegenwärtigen Zwecken« und meinte damit nicht
die Opfer, sondern die Nachfahren der Täter. Er wehrte sich
gegen die »Meinungssoldaten« der Öffentlichkeit, die ihn als
Schriftsteller »mit vorgehaltener Moralpistole« in den Meinungsdienst nötigten.[3]

Diesen Moralhütern, die sich für das Gewissen von anderen
verantwortlich fühlten, unterstellte Walser, die »unvergängliche Schande« der Deutschen aus nicht ganz uneigennützigen
Motiven zu instrumentalisieren, um sich durch leere Bußrituale mit den Opfern gemein zu machen. »Könnte es sein, dass
die Intellektuellen, die sie uns vorhalten, dadurch, dass sie uns
die Schande vorhalten, eine Sekunde lang der Illusion verfallen,
sie hätten sich, weil sie wieder im grausamen Erinnerungs-
dienst gearbeitet haben, ein wenig entschuldigt, seien für einen
Augenblick sogar näher bei den Opfern als bei den Tätern?«[4]

Anders Walser. »Ich habe es nie für möglich gehalten, die
Seite der Beschuldigten zu verlassen«, bekannte der Schriftsteller in der Paulskirche. Hat in der kurz nach seiner Rede

aufflammenden hitzigen Diskussion irgendjemand diesen Satz gehört? Hat ihn jemand ernst genommen, untersucht, abgeklopft, um dahinter verborgene Geheimfächer zu entdecken? Sprach nicht statt Überdruss sogar ein gewisser Sühnestolz aus Walsers Worten?

Das Publikum applaudierte zuerst – in den Worten Peter Sloterdijks – »sich selber ein paar Minuten lang zehn Jahre voraus«. Doch bald darauf wurden die ersten empörten Stimmen laut. In der lärmenden Debatte um Walsers Paulskirchenrede ging dieses leise, umso bedeutungsvollere Bekenntnis unter. An der stattdessen entbrannten Diskussion um Schlagworte wie »Wegschauen«, »Moralkeule« oder »Schlussstrich« ließ sich erkennen, wie zutreffend Walsers medienkritische Analyse oberflächlicher Bußrituale war.

Zugleich lenkte das Getöse von der eigentlichen Frage ab, die den Schriftsteller zu beschäftigen schien: wohin mit meinem Gewissen? »Gewissen ist nicht delegierbar«, erklärte der Festredner Walser 1998 den vor ihm sitzenden Honoratioren und fügte bestimmt hinzu: »Ein gutes Gewissen ist keins. Mit seinem Gewissen ist jeder allein.«[5]

Wie bringt man es fertig, vor versammeltem Publikum Gewissenserforschung zu betreiben und gleichzeitig die Deutungshoheit zu behalten? Walser tat es, indem er sich auf seine Rolle als Schriftsteller berief, der nur für sich selbst zuständig sei. Er stellt mit Worten die Weichen, er schreibt die Kursbücher und bestimmt, wohin die Geschichte geht. Alles, nur kein Meinungsdienst. Dienst war früher, an der Flak, im Reichsarbeitsdienst, bei den Feldjägern der Wehrmacht. Nach 1945 niemals mehr Dienst außer Dienst an der Sprache. Keine Verführung außer der Verführung durch sie. Das »Buchstabierenmüssen unserer Existenz« wurde für den jungen Martin Walser zur Grundlage eines schreibenden Neubeginns nach 1945.[6]

Kapitel 7

Fortan fühlt er sich nur der Sprache verpflichtet, und manchmal überlässt er sich ihr: »dann liefere ich mich der Sprache aus, überlasse ihr die Zügel, egal, wohin sie mich führe. Letzteres stimmt natürlich nicht. Ich falle ihr in die Zügel, wenn ich fürchten muß, sie gehe zu weit, sie verrate zu viel von mir, sie enthülle meine Unvorzeigbarkeit zu sehr. Da mobilisiere ich furcht- und bedachtsam sprachliche Verbergungsroutinen jeder Art.«[7]

Die Paulskirchenrede ist ein solches Vexierspiel zwischen Entblößung und Verhüllung, wie so oft bei Walsers Schreiben. Die öffentliche Gewissenserforschung des Schriftstellers als Flucht nach vorn, aber im Geheimkittel der Sprache. Als Ziel seiner Sonntagsrede schwebe ihm vor, verkündete Walser in der Paulskirche, »dass die Zuhörer, wenn ich den letzten Satz gesagt habe, weniger von mir wissen als bei meinem ersten Satz«.[8]

»Verbergungsroutinen«

Wie nähert man sich als neutraler Beobachter dem Leben eines solchen Menschen, der sich mit jedem Wort entblößt und zugleich entzieht? Wie redet man mit diesem Meister der Ästhetik und Erinnerungsartisten über ein schnödes Dokument wie seine Mitgliedskarte der Nationalsozialistischen Deutschen Arbeiterpartei, die 2007 in der NSDAP-Mitgliederkartei im Bundesarchiv entdeckt wurde? Bereits damals hatte ich mit Walser telefoniert und ihn gefragt, ob er sich erinnern könne, am 30. Januar 1944 die Aufnahme in die NSDAP beantragt zu haben. Walser erklärte, man habe ihn ohne sein Wissen in die Partei aufgenommen. Der 30. Januar als Tag der Machtübernahme sei ein symbolisches Datum, und er sei »mit der Biographie in den Festkalender des NS-Staates gekommen«.

»Das Buchstabierenmüssen unserer Existenz«: Martin Walser

Eines ist klar: Eine Mitgliedskarte besagt nichts. Außer, dass die NSDAP den am 24. März 1927 in Wasserburg geborenen Walser mit der Nummer 9 742 136 als Mitglied führte. Interessant an Martin Walsers NSDAP-Mitgliedskarte ist der Umstand, wie er damit nach 1945 umgegangen ist. Die Rolle, die seine Mitgliedschaft im Prozess der Erinnerung spielt, der seine Literatur antreibt.

Walser erklärte 2007, nie einen Aufnahmeantrag unterschrieben zu haben. Er habe weder an einer Aufnahmefeier teilgenommen noch das Parteibuch erhalten. »Am 30. Januar 1944 soll ich die Aufnahme beantragt haben. Ich weiß nicht, wo ich am 30. Januar 1944 war, ich war sechzehn. Kein Mensch will mit sechzehn in eine Partei.«[9]

In der Tat scheint der Gedanke heute abwegig, dass ein 16-Jähriger freiwillig Mitglied einer verbrecherischen Partei werden könnte. Aber darf man die damalige Entscheidung einfach aus heutiger Sicht beurteilen? Wird nicht oft genug gerade von den Zeitzeugen betont, man könne die damaligen Verhältnisse nicht mit den heutigen Maßstäben messen? Und hieße es nicht, den damaligen Horizont fanatisierter oder auch nur verführter Jugendlicher zu verkennen, die von früh an mit allen Giften der NS-Propaganda gefüttert wurden?

Walser schüttelt den Kopf, wirft seine Hände in die Luft und winkt ab. »Ein 17-Jähriger, für den war die Partei keine Option. Eine Partei, absurd. Bei der Reiter-SA oder bei dem Motorraddings oder bei der Marine-HJ, verstehen Sie, aber die Partei war doch eine vollkommen gesichtslose Sache, die einen auch nicht als Macht hätte beeindrucken können.«

Aber wäre es, aus heutiger Sicht, nicht ebenso unwahrscheinlich, dass ein 16-Jähriger sich freiwillig meldet, um in einen brutalen, von Deutschland angezettelten Überfallkrieg zu ziehen? Genau das hatte Martin Walser getan, wie er 1998

Kapitel 7

im Gespräch mit Rudolf Augstein verriet, nicht ohne dem *Spiegel*-Herausgeber im gleichen Atemzug jegliche Schlussfolgerungen über die politische Überzeugung des jungen Martin Walser zu untersagen: »Wenn du glaubst, dass die Leute, die sich freiwillig gemeldet haben, automatisch Nazis waren, dann bist du in einer Verblendung. ... Wer sich freiwillig meldete in diesem Krieg, der hatte doch noch nichts mit Politik zu tun. Gerade dadurch, dass Hitler den Krieg angezettelt hat, hat er dafür gesorgt, dass seine billige und miese Ideologie im Gewölk des Patriotismus verschwand.«[10]

Damit liefert Walser selbst das beste Argument, warum ein 16-jähriger Kriegsfreiwilliger sich sehr wohl aus falschem Patriotismus zum Eintritt in die Hitler-Partei verleiten lassen könnte. Dass diese heute zu Recht als Inbegriff des Bösen gilt, diese ebenso wahre wie für die meisten Deutschen späte Erkenntnis musste im Jahr 1943 einem deutschen Jungen, dessen Mutter bereits vor der Machtergreifung in die Partei eingetreten war, nicht zwangsläufig zugänglich sein.

Überhaupt: Was hat ein Schriftsteller in einer Partei zu suchen? Selbst Günter Grass war, jahrzehntelanger Unterstützung im Wahlkampf unbeschadet, lediglich zehn Jahre lang SPD-Mitglied. Parteibücher sind keine Literatur und Schriftsteller zu unsichere Kantonisten, um ihre Sprache nach den Parteistatuten zu ordnen. Auf politische Positionen ließ sich Walser in deutschland- wie in parteipolitischen Fragen selten endgültig festlegen. Er flirtete mit der DKP und bekannte im Gespräch mit Rudolf Augstein später, seine Opposition gegen Franz Josef Strauß sei ein Irrtum gewesen und »ein Beispiel meiner Verführbarkeit oder Nichtzuständigkeit«.[11]

Verpflichtet ist der Schriftsteller nur der Sprache, sie darf nicht zu Propagandazwecken irgendeiner Organisation in Dienst genommen werden. Eine Flucht ins Unpolitisch-Ästhe-

248

»Das Buchstabierenmüssen unserer Existenz«: Martin Walser

tische? Solchen Vorwürfen hat sich Walser schon zu Beginn seiner Karriere erwehren müssen, wie er sich vierzig Jahre später erinnert: Bereits 1957 sei moniert worden, dass in *Ehen in Philippsburg* keiner in der Hitlerjugend gewesen sei, ja: schon in seinem allerersten Buch *Ein Flugzeug über dem Haus* von 1955 sei die deutsche Vergangenheit ausgeklammert gewesen. »Dass das 1955 kafkaeske Parabeln waren, in denen die Hitlerjugend schlecht platzierbar gewesen wäre, gilt nichts. Ästhetik gilt nichts, nur die politische Korrektheitsforderung gilt, und das erlebe ich als ungeheure Bevormundung.«[12] Aus Walsers Antwort spricht kein Desinteresse an Politik, ebenso wenig wie aus seiner Ablehnung von Parteimitgliedschaften.

Als die Zeitung *Der Abend* 1964 Walser fragte, ob er in einer oder keiner Partei sei, antwortete er: »Was soll ich in einer Partei? Die Statuten besser formulieren? Propaganda machen? Kandidat werden? Also politisch handeln? Schriftsteller handeln in der Sprache (versuchen sie sonstwo zu handeln, werden sie Dilettanten). Politiker handeln in Organisationen. Organisationen müssen sich taktisch verhalten. Das ruiniert die Sprache. Sie ist zum Gegenteil da. Sie will nicht den richtigen Eindruck machen, sondern den rechten Ausdruck finden. Gehören Zeitungen oder Schriftsteller einer Partei an, verkommt ihre Sprache zum Jargon. Je ferner ein Schriftsteller einer Partei ist, desto mehr kann er ihr nützen. Distanz berechtigt zur Kritik. Man erwartet ja auch vom Arzt nicht, dass er sich zu dem Kranken, dem er helfen will, ins Bett legt. Es gibt eben ansteckende Krankheiten.«[13]

Klingt da auch die Vorsicht eines Genesenen an, der die Gefährlichkeit ansteckender Krankheiten am eigenen Leib erfahren hat? Die medizinische Metapher ist vielsagend. 1998 griff Walser sie wieder auf, als er im Gespräch mit Rudolf Augstein die Frage erörterte, ob von den Deutschen ein hal-

249

Kapitel 7

bes Jahrhundert nach dem Ende des »Dritten Reichs« noch
eine Gefahr ausgehe. Mit medizinischer Bestimmtheit erklärte
der Schriftsteller, das sei nicht der Fall. Einer Bevölkerung,
die das einmal hinter sich gebracht habe wie die Deutschen,
könne so etwas nie wieder passieren: »Das ist so. Das ist eine
Immunisierung.«

Ein Rückfall? Unmöglich. Wer so apodiktisch urteilt, muss
von sich selbst überzeugt sein. Wer für die Deutschen einen
Rückfall in die nationalsozialistische Barbarei ausschließt,
muss das zuerst und erst recht für sich selbst tun. Nur ein
Geheilter weiß, was die Krankheit bedeutet. In den Worten
des Paulskirchenredners Walser: »Ein gutes Gewissen ist keins.
Mit seinem Gewissen ist jeder allein.«[14]

Christoph und die Fremde

»Später, als auch Christoph, wie alle deutschen Intellektuellen
unserer Jahrgänge, sein Wort zu Auschwitz gesagt hatte, nahm
ich es ihm übel, daß er mich nicht vorher ausgefragt hatte«,
schreibt Ruth Klüger in ihren Memoiren *weiter leben*.[15] Hinter
Christoph verbirgt sich kein anderer als Martin Walser, den
sie während der gemeinsamen Studienzeit in Regensburg 1946
kennenlernte. Schauen Sie in dem Buch nach, hatte Walser mir
geraten, »da komme ich unter dem Namen Christoph vor und
ich komme nicht gut weg«.

In Regensburg begann 1946 eine jahrzehntelange Freund-
schaft zwischen der jüdischen Literaturwissenschaftlerin, die
Auschwitz überlebt hatte, und dem Schriftsteller, der ihr von
Anfang an zum »Inbegriff des Deutschen« wurde.[16] Die Erin-
nerung verbindet die zwei unterschiedlichen Menschen, die
Erinnerung trennt sie. »Ihre Auschwitz-Nummer, die müsse

ich gesehen haben«, sagt Walser, »und ich habe nicht gefragt, was ist das«.

In ihren Memoiren beschreibt Klüger das Übersehen der Vergangenheit als etwas, das den beiden jungen Menschen im Jahr 1946 gemein war. Sie will weg von denen, die ähnliche Erfahrungen wie sie machen mussten. Er schenkt ihr George-Gedichte und eigene Poeme und tut Diskussionen über Luthers Antisemitismus als läppisch ab. »Wir waren alle beteiligt an der Verdrängung der Vergangenheit, die früheren Häftlinge freilich weniger als die Freigebliebenen, und die früheren Täter am meisten.«[17] Nur manchmal werden sie mit der Vergangenheit konfrontiert, etwa als sie bei einem der gemeinsamen Spaziergänge ein Mitgliedsabzeichen der NSDAP am Wegrand finden und er glaubt, sie sei erschrocken: »als wäre ich so leicht zu schrecken gewesen«.[18] Diese kleine Begebenheit liest sich fast wie eine kryptische Andeutung. Es liegt nahe, dass Christoph sie mit dem Bekenntnis, das Parteiabzeichen sei sein eigenes gewesen, zu erschrecken fürchten musste.

Als die beiden einmal am Frühstückstisch über die Ursachen des Holocaust diskutieren, spricht Christoph ausgerechnet ihr, die den Nationalsozialismus als Produkt einer hohen Zivilisation sieht und nicht als Resultat primitiver Fremdenangst wie er, die Urteilsfähigkeit ab. Sie als KZ-Überlebende könne ja kein unabhängiges Urteil über aktuelle Zivilisationsgefahren fällen, denn für sie sei »von Haus aus alles katastrophal«. Sie kontert seine wohlwollende Überlegenheit mit dem nicht ganz unbegründeten Hinweis, dass »vielleicht auch die Urteilsfähigkeit der früheren Hitlerjungen durch ihre Erziehung beeinträchtigt sei«.[19]

Ihre lebenslange Freundschaft kündigte Ruth Klüger auf, als sie sich nach dem Erscheinen von Walser Schlüsselroman *Tod eines Kritikers* öffentlich von ihm distanzierte. In einem

Kapitel 7

offenen Brief warf sie ihm vor, sich bei der Beschreibung des Kritikers als »jüdischem Scheusal« antisemitischer Klischees bedient und damit auch sie gekränkt und beleidigt zu haben. Dabei nimmt sie Walsers Einwand, es gehe doch in seinem Buch gar nicht um Antisemitismus, vorweg und vergleicht sein Buch mit Wilhelm Raabes *Der Hungerpastor* von 1864. Auch Raabe habe sich nicht für einen Antisemiten gehalten und seinem Werk später zum Beweis ein paar »dürftige positive jüdische Frauengestalten« eingeschrieben. Klüger lässt diese Kompensationsversuche ebenso wenig gelten wie die Beteuerungen der Autoren. Deren Texte sprächen schließlich für sich selbst, und der Schaden, den sie in den Köpfen der Leser anrichteten, sei hinterher nicht mehr gutzumachen: »Die Selbsteinschätzung der Dichter und ihre unerforschlichen Seelen stehen auf einem anderen Blatt.«

Wenn Walser heute auf seine zerstörte Freundschaft mit Ruth Klüger zu sprechen kommt, wird sofort klar, wie tief verwundet er ist. »Für mich ist das die entsetzlichste Erfahrung überhaupt bei diesem Thema, das jetzt Ihr Thema ist, weil das so unverständlich bleibt.« Walser schüttelt traurig den Kopf. Mit keinem anderen Menschen, der ihm dann Vorwürfe machte, habe er eine solche Nähe gehabt. Hat er nicht sogar das Manuskript dieses Buchs, in dem er so schlecht wegkommt, seinem Verleger empfohlen? »Siegfried da, ein tolles Buch. Und der Depp hat's nicht gemerkt. Der hat's abgelehnt mit der Begründung, das sei ihm zu privat.« Unverständlich ist ihm die Abkehr seiner alten Freundin, unverständlich auch, dass sie sich öffentlich mit seinem Intimfeind Marcel Reich-Ranicki solidarisiert hat, der in *Tod eines Kritikers* Ziel der Satire wurde. Was unverständlich ist, tut weh. Am unverständlichsten ist ihr Vorwurf, antisemitisches Gedankengut verbreitet zu haben. »Wenn du jemand 30 Jahre lang kennst, dann weißt du doch nachher, ob das ein Antisemit ist oder nicht. Jahreszeitlich da und da und da. Und so kannte die Ruth mich und uns, und dann kommt der Roman …« Allerdings, ganz überraschend konnte Klügers Reaktion auch für Walser nicht gekommen sein. Ihre Memoiren hatte er schon Anfang der 1990er Jahre Kapitel für Kapitel im Manuskript gelesen. Darin wirft die Erzählerin Christoph einmal vor, trotz Beteuerung des Gegenteils stecke auch in ihm ein Antisemit: »Das hat er sich lange gemerkt und wehrte sich dagegen, er habe doch ein starkes Interesse an jüdischem Geistesleben.«[20]

War es möglich, dass Walser diese Stelle, von der er doch wusste, dass sie ihn betraf, geflissentlich überlesen hat und nach dem Erscheinen von *Tod eines Kritikers* aus allen Wolken fallen konnte, als Klüger ihn öffentlich kritisierte? »Wahrscheinlich hätte ich da schon …«, überlegt Walser und hält kurz inne. »Ich weiß, dass ich nicht einverstanden war mit der Art, wie ich da vorkomme. Aber das habe ich halt so für Literatur gehalten.«

Es gilt das geschriebene Wort

Ist es denkbar, dass Walser als Jugendlicher mehr oder weniger freiwillig in die NSDAP eingetreten ist, vielleicht aus den gleichen Opportunitätsgründen wie seine Mutter, die durch ihre Mitgliedschaft den Fortbestand der ständig vom Bankrott bedrohten Walser'schen Gastwirtschaft in Wasserburg zu gewährleisten hoffte? Allerdings spricht das Eintrittsjahr 1932 seiner Mutter weniger für Opportunismus als für frühe Überzeugung – Auguste Walser war keine Märzgefallene.

Kann es sein, dass dies der tatsächliche Kern seiner immer wieder proklamierten »Unvorzeigbarkeit« ist, den Walser in

Kapitel 7

seinem Werk und seinen Reden produktiv umkreist? Der
künstlerische Zündfunken einer neuen Existenz nach 1945,
der zugleich Motor einer unablässigen Selbsterforschung und
Selbstentblößung wurde, die doch im Schutz der Öffentlichkeit durch »sprachliche Verbergungsroutinen« nur angedeutet
war?

Martin Walser hatte mich gewarnt: »Die Flakhelferzeit
hat bei mir längst den Charakter eines Legendenfragments
angenommen«, hatte der 85-jährige Schriftsteller am Telefon
gesagt, als wir uns verabredeten. »Ich weiß da nichts, was ich
einem Historiker noch sagen könnte.«

Mit dem Wissen ist es so eine Sache: Es kann verdrängt werden, verschwiegen oder einfach vergessen. Günter Grass hat
seine Mitgliedschaft in der SS sechzig Jahre lang verschwiegen.
Als ich mit Dieter Wellershoff und Hilmar Hoffmann über ihre
NSDAP-Mitgliedskarten sprach, hatte ich tatsächlich den Eindruck, dass sie sich beim besten Willen nicht daran erinnern
können, einen Antrag unterschrieben zu haben.

Tatsächlich ist es möglich, unangenehme Ereignisse so stark
zu verdrängen, dass die Erinnerung daran abgespalten werden kann. Der Literaturwissenschaftler Hans Dieter Schäfer
hat diesen Prozess in seinem Buch *Das gespaltene Bewußtsein* anhand zahlreicher intellektueller Biografien nach 1945
beschrieben und kommt zu dem Urteil: »Vermutlich kann
man bei einem solchen Umgang mit der Vergangenheit nicht
von einem bewußten Lügen sprechen, es handelt sich eher um
einen psychopathologischen Reflex, mit dem aus Scham die
Fakten mit erstaunlicher Leichtigkeit umgewertet wurden.«[21]

Lügen sind banal, Moralurteile billig zu haben. Verdrängung und Umwertung aber sind ungeheuer aufschlussreiche
Phänomene, noch dazu wenn sie sich geradezu exemplarisch
und nicht einmal undifferenziert zwischen zwei Buchdeckeln

vollziehen. In den Romanen eines Martin Walser oder Günter Grass hat das gespaltene Bewusstsein der frühen Bundesrepublik seinen künstlerischen Ausdruck gefunden. Sie lügen nicht, sie verdrängen nicht einmal, sondern fördern das unterschwellig Vorhandene klarer zutage, als es jede historische Chronik der Bundesrepublik könnte.

Walsers Essay »Die menschliche Wärmelehre« ist eine spielerische Meditation über das Wesen des Geheimnisses. Er erschien 2004 im Magazin *Cicero* – zwei Jahre, nachdem Günter Grass in seiner Novelle *Im Krebsgang* die Schuld und das Verschweigen seiner Generation thematisiert hatte. Liest man Grass' Novelle heute, hat man unweigerlich den Eindruck, dass schon damals zwischen allen Zeilen ein Geständnisdrang hervordringt, für den der Autor wenige Jahre später in *Beim Häuten der Zwiebel* endlich Worte finden wird. Liest man heute Walsers Essay, dann drängt sich das Gefühl auf, dass hier einer schon mal ein hermeneutisches Sicherheitsnetz spannt für den Fall, dass er inmitten seiner Erinnerungsakrobatik doch noch vom Zeltdach abstürzt.

Dabei ahnt Walser, dass kein Geheimnis ewig hält: »Es gibt die Angst, du könntest plötzlich das Verschwiegene nicht mehr zurückhalten, es könnte aus dir herausstürzen. Zu früh. Jetzt schon. Zur Unzeit.«[22] Der Schriftsteller Walser will – wie Grass es tat, indem er sein SS-Bekenntnis selbst publizierte – den Zeitpunkt selbst bestimmen und so lange wie möglich als Schriftsteller von der produktiven Unruhe zehren, die das Verschwiegene in ihm erzeugt. Im Gegensatz zu Grass gelang es ihm nicht, die Mitgliedskarte auf seinen Namen wurde 2007 ohne sein Zutun veröffentlicht – ihm blieb nur ein trotziges Dementi.

Walser stellt in seinem Essay von 2004 das Verschwiegene als das Eigentliche heraus und bekundet, man könne Menschen besser beurteilen nach dem, was sie verschweigen, als nach dem, was sie sagen – um dann den Spieß sofort umzudrehen und zu betonen, dass das Verschwiegene anderen ohnehin nie zugänglich sei, da sie nie wissen, ob sie es nicht hineininterpretieren: »Was sie in dem von mir Gesagten als Verschwiegenes, als Geheimgehaltenes entdecken, erleben sie als ihre Entdeckungsleistung. Und was sie entdecken, das hat immer so viel von ihnen selbst wie von mir. Sie können nie ganz sicher sein, ob in dem, was sie in mir entdecken, mehr sie selbst vorkommen oder mehr ich.«[23]

Was auch immer man in Walsers Texten an Verschwiegenem entdecken mag, der Autor hält sich stets einen hermeneutischen Notausgang frei: Das bist ja du, lieber Leser, der das da hineingeheimnist. Walser jongliert in seinem Essay mit logischen Aporien, er treibt ein hermeneutisches Versteckspiel und kokettiert mit der philosophisch-abstrakten Qualität seiner Überlegungen. Er wolle ja nicht gleich eine Theorie des Verschweigens aufstellen, im Gegensatz zu den »Diskursfürsten« (zählt er sich etwa nicht dazu?) sei er schon damit zufrieden, mit seinen Überlegungen lediglich sich selbst zu entsprechen.

In der Tat, es geht um ihn. Er müsse sich selbst immer mehr verschweigen, bekennt Walser und verkündet scheinbar scherzhaft, das sei die höchste Stufe der Geheimhaltung. Damit ist er beim Thema Verdrängung angekommen. »Das Vergessen, die ideale Form der Geheimhaltung«, so lautet der fünfte Hauptsatz.[24]

Was muss verdrängt werden? Das Schlimme, das Unerträgliche, das er um seinetwillen nicht denken darf. Kurz: Es handelt sich um Erinnerungen, deren Vergegenwärtigung das eigene Ich bedrohen würde. »Schon im Auftauchen solcher Gedanken, die aus als unerträglich bekannten Erfahrungen

»Das Buchstabierenmüssen unserer Existenz«: Martin Walser

stammen, spürt man, daß man, was da kommen will, abblo-
cken muß. Nichts darf deutlich werden.«[25]

In Grass' Novelle *Im Krebsgang* konnte Walser lesen, dass
es seinem Generationsgenossen offensichtlich ähnlich ging.
Grass lässt seinen Erzähler sinnieren: »Wie gut, dass er nicht
ahnt, welche Gedanken ganz gegen meinen Willen aus linken und rechten Gehirnwindungen kriechen, entsetzlich Sinn
machen, ängstlich gehütete Geheimnisse preisgeben, mich
bloßstellen, so daß ich erschrocken bin und schnell versuche,
anderes zu denken.«[26]

Der Erzähler in Grass' Novelle wurde am 30. Januar 1945
geboren, dem Tag, an dem das Passagierschiff Wilhelm Gustloff
unterging. Walser wählt für seine Analyse des Verdrängens eine
nautische Metapher: »Schon beim marginalen Herumgeistern
des Unerträglichen erfolgt von selbst, seemännisch gesprochen,
das Kommando: Schotten dicht. Dermatologisch: Poren dicht.«[27]
Um im Bild zu bleiben: Wenn von außen das Wasser eindringt,
muss sich das Ich abkapseln, um Schiffbruch zu vermeiden. Aber
welche Gedanken könnten so unerträglich sein, dass sie mit
höchster Geheimstufe verdrängt werden müssten? Das zweite
von Walser gewählte Bild gibt Aufschluss. Das Schließen der
Poren bedeutet für ihn eine Abwehr moralischer Ansprüche an
das Gewissen. Er verwendet die gleiche Formulierung bereits
1998 im Gespräch mit Rudolf Augstein: »Wenn mir jemand
Auflagen macht, das soll ich so und so in meinem Gewissen
empfinden, dann sträubt sich in mir etwas. Dann nenne ich
das, obwohl das zum Gewissen nicht passt, Porenverschluss.«[28]

Das Verdrängte, Verschwiegene rührt an Gewissensfragen,
die das eigene Ich zu erschüttern drohen. Das Eingeständnis
der eigenen Schuld wird unmöglich, sie muss umschifft werden. »Jeder Mensch wird zum Dichter dadurch, daß er nicht
sagen darf, was er sagen möchte.«[29]

Kapitel 7

So wird dem Schriftsteller sein gespaltenes Bewusstsein zur Kunst. Das Kunstwerk weiß mehr als sein Autor. Der Autor ist mit seinen öffentlichen Äußerungen (»Ich weiß von nichts«) nicht auf der Höhe seines Werks. Was er in direkten Worten nicht bloßstellen will, das bewahrt das Werk auf.

Martin Walser hat diesen Prozess des Erinnerns im Schreiben immer wieder hervorgehoben. Die Erinnerung sei etwas ganz anderes als das Gedächtnis: »Über ein Gedächtnis kann man verfügen, über Erinnerungen nicht. Von einem Gedächtnis kannst du verlangen, was du willst. Von der Erinnerung kannst du nichts verlangen.«[30]

Walser hat diesen Prozess einmal am Beispiel seines Romans *Ein springender Brunnen* beschrieben. Nachdem er das Manuskript fertiggestellt hatte – das Buch war noch nicht veröffentlicht –, saß er in seinem Geburtsort Wasserburg im Lokal des Bruders mit Einheimischen zusammen. Als einer von ihnen erzählte, wie sein Vater ihn immer mit einem bestimmten Pfiff nach Hause gerufen habe, erklärte Walser ihm, dass genau dieser Pfiff in seinem Roman auf Seite 271 vorkomme. »Ich weiß ganz sicher, dass ich das nicht gewusst habe«, erklärte Walser später. »Man kann auch sagen, ich habe nicht gewusst, dass ich es gewusst habe.« Nehmen wir ihn also bei seinem Wort: Das Werk weiß mehr als sein Autor.

Sittenstrengen Literaturwissenschaftlern gilt es als verpönt, vom Kunstwerk auf den Autor zu schließen. Der Schlüsselroman beansprucht in der Hierarchie der literarischen Gattungen eine der untersten Stufen, gleich neben der Kolportage und dem Kriminalroman. Dass sich das allzu plumpe Suchen nach Entsprechungen verbietet, dürfte auch dem unbedarftesten Interpreten klar sein. Gleichzeitig ist die Frage berechtigt, warum gerade ein Werk wie das Martin Walsers überhaupt nichts mit dem Leben seines Schöpfers zu tun haben soll.

»Das Buchstabierenmüssen unserer Existenz«: Martin Walser

Sein Biograf Jörg Magenau jedenfalls stellt fest, Walser sei »unentwegt damit beschäftigt, Leben in Sprache zu verwandeln. Was ihm zustößt, beantwortet er mit Literatur.« Seine Romane seien eine Chronik seines Empfindens und damit die intimste Quelle seiner Biografie.[31]

Man tut dem Autor Martin Walser also kein Unrecht, wenn man in dem »Legendenfragment« seiner Flakhelferzeit auch zwischen den Zeilen der Erinnerung horcht und der Bewusstseinsspur folgt.

Man muss dabei keine inquisitorische »Hermeneutik des Verdachts«[32] treiben, um die Spuren einer großen Sublimation in Walser Werk zu finden. Man muss einfach nur den Leseanweisungen des Autors selbst folgen. »Erzähler und Erzählter sind eins. Sowieso und immer«, verriet Walser 2002 in einem Interview. »Und wenn der eine sich vermummen muss, um sagen zu können, wie der andere sich schämt, dann ist das nichts als das gewöhnliche Ermöglichungstheater, dessen jede menschliche Äußerung bedarf.«[33]

Martin Walsers Art der Vergangenheitsbewältigung ist seine Sprache, sein Erzählen. Es gilt das geschriebene Wort. Am Wörterbaum wachsen die Früchte der Selbsterkenntnis, ganz wie bei seinem Alter Ego Johann in dem Roman *Ein springender Brunnen*.

Darin beschreibt Walser eine Jugend im »Dritten Reich«. Der 1927 geborene Johann wächst in der Gaststätte seiner Eltern in Wasserburg am Bodensee auf. Von seinem empfindsamen, aber schwachen Vater erbt er die Liebe zur Sprache und Literatur, während die resolute Mutter für das Auskommen der Familie sorgt. Bereits Mitte der 1960er Jahre hatte Walser schon einmal einen Roman über seine Familie im »Dritten Reich« ins Auge gefasst. Das Projekt beschäftigte ihn zur gleichen Zeit, als er den Frankfurter Auschwitz-Prozess besuchte, und trug

259

Kapitel 7

den Arbeitstitel *Matrosenleben*. In Walsers Tagebüchern hat
es Spuren hinterlassen. Im April 1963 skizziert Walser dort
einige Inhalte: In Wasserburg gab es keine Juden-Austreibung
(«Obwohl es Haß gegen die Juden gibt«), der Besuch der Ras-
sekommission von der Uni Tübingen im Dorf soll geschildert
werden und wie die Professoren aus Berlin mitmachen bei
der »Färbung« des Dorfes: »Und die zwei jüdischen Villen,
nun ja, Opfer muß man bringen.«[34] Der Ortsgruppenleiter sei
harmlos, notiert Walser am 18. April 1963 ins Tagebuch, »auch
nur ein Nebenherparteigenosse« – was keine schlechte Formulierung ist für einen, der irgendwie da hineingeraten ist.[35]
Auch von der Exekution eines polnischen Zwangsarbeiters auf
dem Sonnwendfeierplatz soll berichtet werden. »Es ist fast alles
Überlieferung«, notiert Walser einmal. »Ich habe es nicht erlebt,
wie so vieles, was ich da erzählen werde.«[36]

Bereits damals versuchte Walser also, das Dorfleben im
»Dritten Reich« zu rekonstruieren mit Hilfe eigener Erinnerungen und Erzähltem, einer Mischung aus Fakten und Ver-
mutungen: »Fragmente aus dieser Zeit, zugegebene Lücken.
Plötzliche, ganz konkrete Einsätze, dann bricht es wieder ab.
Dann muss man springen.« Doch aus dem Roman wurde – vorerst – nichts. Vielleicht war es der unmittelbare Eindruck des
Auschwitz-Prozesses, der Walser eine Schilderung der Kindheit
im »Dritten Reich« inmitten all der überlieferten Grausamkeiten derselben Zeit unmöglich erscheinen ließ. »Jede Erinnerung an damals ist Samstags-Süße«, vertraut er 1963 seinem
Tagebuch an, »aber jetzt weiß man, das war Mordzeit, also hat
man keine Süße mehr. Das ist das Schlimmste. Und doch siegt
das Süße.«[37] Springen sollte der Brunnen der Erinnerung erst
drei Jahrzehnte später, als Walser die Erzählung der eigenen
Kindheit mit der Geschichte einer anderen »Nebenherpartei-
genossin« verband, seiner Mutter. Der Roman *Ein springender*

260

»Das Buchstabierenmüssen unserer Existenz«: Martin Walser

Brunnen freilich kommt ohne Zwangsarbeiter-Erschießungen auf dem Sonnwendfeierplatz aus. Er schildert die Kindheit ganz aus der damaligen Perspektive des Dorfbuben Johann, was manche Kritiker Walser als Verharmlosung der NS-Zeit auslegten.

In der *Neuen Zürcher Zeitung* warf Andreas Isenschmid dem Autor vor, er habe seine Jugend im »Dritten Reich« »mit Scheuklappen« geschildert. Das Wort Auschwitz komme in diesen Kindheitserinnerungen gar nicht vor, das Wort Dachau vielleicht drei Mal, rechnete Isenschmid nach und monierte: »Ganz bewusst hat er das Wissen, das im Buch dargestellt ist, reduziert auf das Wissen, das er damals gehabt hat, und das ist kläglich wenig, und er weigert sich sozusagen hinzutun so etwas wie Vergangenheitsbewältigung, ja geradezu auch nur Scham zu zeigen über die damalige Zeit.«[38]

In seiner Paulskirchenrede entgegnete Walser, man würde ja auch Goethe nicht vorwerfen, dass in seinem ab 1795 erscheinenden *Wilhelm Meister* die Guillotine nicht vorkommt: »Nie etwas gehört vom Urgesetz des Erzählens: der Perspektivität. Aber selbst wenn, Zeitgeist geht vor Ästhetik.«[39]

Im *Springenden Brunnen* aber zählt von Anfang an die Ästhetik, nicht der Zeitgeist. »Die Samstags-Süße in der Mordzeit«, sagt Walser, als wir auf der Terrasse zusammensitzen, »das ist genau der Punkt«, und versetzt mir einen nachdrücklichen Klaps aufs Knie. Der Roman erzählt aus der Perspektive des Jugendlichen Begebenheiten aus dem Dorfleben und zeichnet dabei seismografisch die Empfindungen Johanns nach. Er erzählt, so annonciert es der Verlag, »von einem, der lernt, sein Leben in die Hand zu nehmen, seinen in Kindertagen gepflanzten Wörterbaum zu pflegen und nur noch sich, ›seinen‹ Büchern und ›seiner‹ Sprache zu vertrauen«.[40]

Kapitel 7

Der erste Teil des Buchs trägt den Titel »Der Eintritt der Mutter in die Partei« und erzählt unter anderem, wie die Hausherrin sich dazu entschloss, der NSDAP beizutreten, um so die Familienwirtschaft vor dem ständig drohenden Bankrott zu retten. Vom Parteieintritt seiner Mutter habe er erst nach 1945 nebenbei erfahren, erklärte Walser 1998: »Das war nicht so, dass man darüber gesprochen hat: ›Ach, arme Mutter. Du warst in der Partei.‹ Das war eine Mitteilung, die ist durchgesickert, ohne dass man sagen könnte, von wem zu wem und ohne Bewertung.«[41] Immerhin kannte der Schriftsteller das Datum des Parteieintritts seiner Mutter so genau, dass er es im Roman auf die Weihnachtszeit 1932 verlegte, »wo dieser Zeitpunkt kompositionell passte«.[42] Tatsächlich war Auguste Walser bereits am 1. April 1932 in die NSDAP eingetreten.

Sechzig Jahre später beschäftigte Walser das Thema immerhin so sehr, dass er dem Roman zuerst den Titel *Der Eintritt meiner Mutter in die Partei* geben wollte. »Ich habe das Buch nur aus Liebe zu meiner Mutter geschrieben.«[43]

Ein Thema dieses gewichtigen Buches ist damit klar, auch wenn Walser die Parteimitgliedschaft seiner Mutter schließlich nicht als Romantitel wählte, sondern als Überschrift des ersten Teils. Darin wird die Mutter von einem örtlichen Parteimitglied zum Eintritt in die NSDAP überredet. Die strenge Katholikin hat zuerst Vorbehalte: »manche sagten, die neue Partei laufe den Gottlosen nach«, woraufhin der protestantische Parteiwerber ihr eine Postkarte gibt. Darauf ist Christus am Kreuz abgebildet, vor dem zwei Braunhemden mit Hakenkreuzfahne stehen. Den darunter stehenden Satz lässt die Mutter ihren Sohn Johann vorlesen: »Herr, segne unsern Kampf. Adolf Hitler«.[44] Tatsächlich konnte es für eine Katholikin im Jahr 1932 keine selbstverständliche Entscheidung sein,

262

der NSDAP beizutreten. Seit Anfang 1931 hatten alle katholischen Ordinariate ihren Gläubigen die Zugehörigkeit zur NSDAP verboten. Es kam sogar vor, dass die örtlichen Pfarrer NS-Parteigenossen die Sakramente verweigerten.[45] Dennoch entschließt sich die Mutter – aus pragmatischen Gründen, wie der Roman suggeriert – für den frühen Parteieintritt. »Noch gebe es Mitgliedsnummern unter einer Million«, verspricht der Parteiwerber, und die Mutter schlägt im Gegenzug vor, dass zukünftig die Parteiversammlungen in der eigenen Restauration abgehalten werden könnten.

Aber ist es tatsächlich denkbar, dass wirtschaftlicher Opportunismus eine so streng religiöse Frau dazu bewegen konnte, ihren Glauben hintanzustellen auf die Gefahr, nicht mehr die Sakramente zu empfangen – und das, noch bevor die NSDAP 1933 die Macht übernahm? »Sie hat uns gerettet«, kommentiert Walser den Eintritt seiner Mutter in die Partei Jahrzehnte später.[46] Tatsächlich bekam Auguste Walser dank ihres frühen Parteieintritts eine Mitgliedsnummer unter einer Million.

Ein weiteres Thema des Romans ist der Prozess der Erinnerung, den der Erzähler gleich zu Beginn in dem programmatischen Satz anspricht: »Wenn etwas vorbei ist, ist man nicht mehr der, dem es passierte.«[47] Dieser simple Satz ist von einer logischen Schlüssigkeit, die den Leser dazu verführen könnte, ihn als philosophische Sentenz zu nehmen. Doch handelt es sich bei Walsers *Springendem Brunnen* um ein Erinnerungsbuch, das die Geschichte nicht platt berichtet, sondern die Erinnerung im Gang der Erzählung hervorlockt. Dabei kommt Vergangenes zutage, das dem Gedächtnis nicht so einfach zugänglich ist: »Die eigene Vergangenheit ist nicht begehbar. Wir haben von ihr nur das, was sie preisgibt.«[48] In einer solchen Formulierung mag man die »sprachlichen Verbergungsroutinen« erkennen, die Walser in seiner Paulskir-

Kapitel 7

chenrede erwähnte als Mittel zum Schutz der eigenen Unvorzeigbarkeit. Aber handelt es sich im gleichen Atemzug der Erzählung nicht ebenso um Enthüllungsroutinen?

Walsers *Springender Brunnen* ist jedenfalls ein Unterfangen von außergewöhnlichen Dimensionen. Der Bodensee-Literat schwimmt auf seiner Suche nach der verlorenen Zeit im Sog von keinem Geringeren als Marcel Proust. Das Buch als Bruchstück einer großen Konfession zu bezeichnen, wie es Goethe einmal mit Blick auf seine Werke tat, hieße, die von Walsers Erzählung hervorgekehrten Erinnerungen mit dem plumpen Offenbarungseid eines polizeilichen Geständnisses gleichzusetzen. Stattdessen hat der Bekenntnisdrang vieler Angehöriger der Flakhelfer-Generation seinen Ausdruck auf künstlerischem Wege gefunden als eine Art Mittelweg zwischen Verdrängen und offenem Geständnis. Gegen den Begriff des »Geständnisses« hatte sich schon Günter Grass verwahrt, als die *Frankfurter Allgemeine Zeitung* seine SS-Mitgliedschaft in einem Interview mit dem Autor publik machte.

Die wahren Offenbarungen der Flakhelfer-Generation finden sich in ihren Werken, deren erzählerische Distanzierungsbewegungen und Doppeldeutigkeiten beredt Auskunft geben von dem Riss, der durch ihre Biografien geht.

Was nach 1945 mit denen geschah, die dem Regime allzu eifrig gedient hatten, kann Johann an Hauptlehrer Heller beobachten: Der sitzt im Schaufenster des örtlichen Cafés mit einem Schild um den Hals am Pranger: »Ich war ein Nazi«.[49] Am Beispiel der Familie Brugger erlebt der Junge den politischen Opportunismus der Mitläufer. Die Mutter seines Freundes Adolf empfängt ihn mit der Nachricht, dass ihr Sohn nun auf seinen zweiten Taufnahmen Stefan höre und es nett wäre, wenn Johann ihn gleich beim ersten Treffen »richtig ansprechen würde«.[50]

264

»Das Buchstabierenmüssen unserer Existenz«: Martin Walser

Bei Walser gerät die Suche nach der verlorenen Vergangenheit zu einem Bekenntnis, dass ein gelungenes, geradliniges Leben ohne den Riss, ohne die große Wunde nicht zu haben ist. Dieser Riss aber muss in der heutigen Zeit geleugnet werden, die den Umgang mit der Vergangenheit immer strenger normiert und eine andere Vergangenheit als die gewünschte nicht zulässt. So entwickelt der Erzähler zu Beginn des dritten Abschnitts im *Springenden Brunnen*, der wieder exemplarischen Überlegungen zum Thema »Vergangenheit als Gegenwart« gewidmet ist, die gleiche Geschichtskritik, die Walser in seiner Paulskirchenrede formulierte. Die Vergangenheit werde heute im Dienste der Wünschbarkeit umgedeutet, heißt es im Roman, daraus entstehe eine »komplett erschlossene, durchleuchtete, gereinigte, genehmigte, total gegenwartsgeeignete Vergangenheit. Ethisch, politisch durchkorrigiert.«[51]

Die sogenannte »Vergangenheitsbewältigung«, die vielbeschworene »Überwindung« vergangener Übel sind gegenwartspolitische Rituale, denen der Erzähler im Roman ebenso skeptisch gegenübersteht wie der Paulskirchenredner Walser. Den Gedanken, vergangene Schuld könne nicht nur vergessen, sondern überwunden werden, hält der Erzähler für eine kollektive Selbsttäuschung, eine gigantische Verdrängung: »Was auch immer unsere Vergangenheit gewesen sein mag, wir haben uns von allem befreit, was in ihr so war, wie wir es jetzt nicht mehr möchten. Vielleicht könnte man sagen: wir haben uns emanzipiert. Dann lebt unsere Vergangenheit in uns als eine überwundene. Als bewältigte. Wir müssen gut wegkommen. Aber nicht so lügen, daß wir es selber merken.«[52]

Kann so viel Zweifel Zufall sein? Eines muss man Martin Walser zugutehalten: Auch wenn er bestreitet, je einen Aufnahmeantrag der NSDAP unterschrieben zu haben, als Erzähler seiner Vergangenheit ist er skeptischer, was die eigene Erin-

Kapitel 7

nerung angeht. Im Schreiben setzt er sich dem Prozess der Erinnerung aus. »Die eigene Vergangenheit ist nicht begehbar.«[53] Sie ist kein Museum, in dem hinter Vitrinenfenstern Parteikarten ausgestellt werden. Erinnerung kann man nicht erzwingen, genauso wenig wie ein Gewissen – das ist die Botschaft, die Walser unablässig in seinen Romanen und Essays mitteilt. Dahinter steht der Wunsch, sich bekennen zu können, ohne zum Bekenntnis gezwungen zu werden. Stattdessen: literarische Selbstoffenbarungen, die nur hinter der Maske der Erzählung möglich sind.

Walser selbst hat dieses Ineinander von Beichte und Geheimnis einmal »Entblößungs-Verbergungs-Spiel«[54] genannt, ein andermal hat er bekannt: »Ich kann nur verbergen. Es muss raus, aber als Verborgenes. Verbergen heißt ja nicht verschweigen.«[55]

Statt eines offenen Bekenntnisses also: ein Rollenspiel! Statt einer Karteikarte die Erzählung vom Eintritt der Mutter in die Partei und der prekären Unschuld des Jungen. Im menschlichen Bewusstsein gebe es wenig, sinniert der Erzähler im *Springenden Brunnen,* was so sehr Rollencharakter habe wie die Vergangenheit. Sie wird verklärt, beschönigt, angeglichen an den herrschenden Zeitgeist: »Manche haben gelernt, ihre Vergangenheit abzulehnen. Sie entwickeln eine Vergangenheit, die jetzt als günstiger gilt. Das tun sie um der Gegenwart willen. Man erfährt nur zu genau, welche Art Vergangenheit man gehabt haben soll, wenn man in der gerade herrschenden Gegenwart gut wegkommen will.«

Wie hellwach und skeptisch der Mensch Martin Walser gegenüber solchen Rollenfiktionen ist, zeigt seine Reaktion im Gespräch mit Rudolf Augstein. Er macht sich darüber lustig, dass Augstein sich alles glaube, was ihm von damals einfalle. Als der *Spiegel*-Herausgeber sich selbst als eine Art Beinahe-

»Das Buchstabierenmüssen unserer Existenz«: Martin Walser

Deserteur darstellt, entgegnet Walser ihm: »Rudolf, du bist wirklich der beste, schönste, liebenswürdigste, ungefährdetste Roman, der zu Herzen gehendste, den ich je gelesen habe.«[56] Der Hitlerjunge Johann im Roman ist kein Widerständler. Sein Leben geht die vorgesehene Bahn eines Jungen im »Dritten Reich«. Man hat Walser vorgeworfen, dass Auschwitz nicht vorkomme. Die Kritik Marcel Reich-Ranickis, dass Walser in einer Fernsehsendung ausgerechnet eine Romanstelle gelesen habe, in der es um Liebe gehe, konterte der Schriftsteller mit dem Hinweis, es müsse in so einem Buch auch eine Variation des Persönlichen geben dürfen.[57]

Wer nicht nur nach Schlagworten liest, der wird in Walsers Roman tatsächlich aufschlussreichere Variationen des Persönlichen finden, die über platte Schuldbekenntnisse hinausgehen. Der *Springende Brunnen* ist ein Paradebeispiel für das, was sein Biograf Jörg Magenau als die »bewußtseinsseismographische Literatur« Martin Walsers bezeichnet.[58] Der Roman versucht die Schilderung eines jugendlichen Bewusstseins im »Dritten Reich« nicht aus der Perspektive nach 1945 zu rekonstruieren, sondern noch im Stand der Unschuld zu zeigen, die den Versuchungen der Zeit ausgesetzt wird.

So lauscht Johann mit einer Mischung aus Mulmigkeit und Faszination dem SS-Scharführer Gottfried Hübschle, der ihm die NS-Propaganda vom neuen Menschen in Worten »wie aus Zarathustrasätzen« nahebringt. Dem streng katholisch erzogenen Jungen, der die SS für einen »Haufen Gottloser« hält, kommen sie dennoch wie »Kirchensätze« vor.[59] Die SS ist dem Jungen unheimlich, er bedauert die unter dem Oberarm mit den Runen »gebrandmarkten« SS-Leute und rät Hübschle, seine bei einem Armdurchschuss zerfetzte Tätowierung nicht zu erneuern. Hübschle, der Johann in die Lyrik Stefan Georges einführt, erscheint ihm nicht als typischer SS-Mann. Dennoch geniert sich der Junge, ihn zu fragen, ob die Gerüchte stimmen, dass die SS im Osten Gefangene erschieße.

Nicht die Schuld der Täter ist es, die hier angedeutet wird, sondern das Schuldgefühl der Untätigen, die mitgemacht haben, ohne zu hinterfragen oder zu rebellieren. Diese Schuld hätte den meisten Deutschen nach 1945 bewusst gewesen sein müssen, doch nur wenige bekannten sich zu ihr. Bei Walser allerdings ist – wie bei vielen Angehörigen der Flakhelfer-Generation – dieses Bewusstsein schon früh zu spüren, etwa wenn er 1965 in seinem Aufsatz »Unser Auschwitz« darauf hinweist, dass die bei den Frankfurter Prozessen angeklagten KZ-Wärter mehr mit den ganz normalen Deutschen gemein hätten, als diese wahrhaben wollten. Walser argumentiert ähnlich wie Hannah Arendt in ihrem aufsehenerregenden Bericht über den Prozess gegen Adolf Eichmann. Er kritisiert die Distanz, mit der die Auschwitz-Mörder in der Öffentlichkeit und den Medien als bestialische Einzeltäter dargestellt werden, deren Taten mit dem Rest der deutschen Bevölkerung nichts zu tun hätten: »In diesem Prozeß ist nicht von uns die Rede … Wer von uns ist schon ein Teufel, ein Henker, ein Raubtier.«[60] Die Deutschen täten so, lautet Walsers sarkastisches Urteil, als hätten sie von 1933 bis 1945 in einem anderen Staat gelebt als die Angeklagten. Die erleichternde Distanz zwischen Tätern und Mitläufern wird aus Walsers Sicht dadurch erzeugt, dass sich die Berichterstattung auf die drastische Schilderung der Grausamkeiten konzentriert: »Da ist die Rede nur von Taten, die wir nicht getan hätten; entweder weil wir überhaupt zu denen gehören, die Taten nur ermöglichen, ohne sie zu tun; oder weil wir, als an der Ermöglichung dieser Taten gearbeitet wurde, noch zu jung waren, oder schlau genug, uns in nutzbringender Entfernung zu halten.«[61] Von dieser selbstverordneten Gewissensamnestie nimmt sich der Schriftsteller Martin Walser schon 1965 aus. Er bekennt sich auch Jahrzehnte später noch ausdrücklich dazu, unwillkürlich Anteil gehabt zu haben an jener Zeit. »Tätermäßig habe ich nie etwas damit zu tun gehabt. Aber dennoch bin ich, warum, weiß ich auch nicht, hineinverwirkt in diesen Dreck. Und ich merke nachträglich, nachdem alles zu spät ist, dass ich nicht herauskomme.«[62]

Der Essayist Walser hat kein weißgewaschenes Gewissen – stattdessen eine schuldhafte Ahnung, dass auch er jenem Staat näher war, als er angesichts der Schrecklichkeiten von Auschwitz wahrhaben will. So schreibt er 1965: »Wer, anstatt sein sauberes Gewissen zu erforschen und sein Schamgefühl zu befragen, nachdächte über den willkürlichen und mehr noch unwillkürlichen Anteil, den man hat an den Wirkungen des Kollektivs, der könnte nicht mehr so leicht sagen: die Taten sind bloß die Sache der Täter.«[63]

Noch bevor Walser 1965 seinen Essay über den Auschwitz-Prozess veröffentlichte, verarbeitete er seine Beobachtungen über Schuld und Mitschuld in dem Drama *Der Schwarze Schwan*. Der Titel steht stellvertretend für die Abkürzung SS, im Zentrum des Stücks steht der junge Rudi Goothein, dessen Vater als KZ-Arzt und Angehöriger der SS für Gefangenentransporte zuständig war. Nachdem er einen inkriminierenden Brief seines Vaters entdeckt hat, versetzt sich der junge Rudi in dessen Rolle als »Schwarzer Schwan« und wird für schizophren erklärt. Sein Vater hingegen, der eine ungleich größere Schuld auf sich geladen hat, hält diese durch eine kurze Haftstrafe für abgebüßt.

Die Täter als Unschuldige – diese verkehrte Welt findet ihren dramatischen Ausdruck in einer Rollenverkehrung: Rudis Vater ist Arzt, die Krankheit wird stellvertretend auf den Sohn übertragen. Rudi kommt in die Behandlung des Psychiaters Liberé, eines Freundes seines Vaters und ebenfalls

Kapitel 7

ehemaligen KZ-Arztes. Auch Liberé, der eigentlich Leibniz heißt, ist unfähig, sich seiner Verantwortung zu stellen. Er hat sich und seiner Familie eine neue Identität verschafft und verdrängt seine Schuld durch Ersatzhandlungen: »Ich habe meine Souvenirs. Ich hatte sie… die Bußattrappen, den Gedächtnisgips.«[64] Von dieser Kritik an oberflächlichen Bußritualen, die Walser hier ausdrückt, führt eine direkte Linie über den Auschwitz-Essay von 1965 bis zur Paulskirchenrede mehr als drei Jahrzehnte später, in der Walser sich gegen die Ritualisierung des Gedenkens als Pflichtübung oder Lippengebet wendet, das dem Einzelnen die Last des eigenen Gewissens durch die kollektiven Bußrituale eines »negativen Nationalismus« (Heinrich August Winkler) abnehme.[65]

Rudi, der das Beschweigen der Schuld nicht mehr aushält, sieht nur den eigenen Tod als Ausweg. Erst will er Liberés Tochter Irm überreden, in einem stellvertretenden Akt für die schuldigen Eltern gemeinsam Selbstmord zu begehen: »Wir rotten wenigstens die Kinder der Mörder aus.«[66] Doch Irm weigert sich, und schließlich folgt Rudi Liberés Adoptivtochter Tinchen, die ihm zu einer Sonnwendfeier vorausmarschiert und dabei die Zeilen des (offiziell in den Bundesrepublik nach § 86a StGB verbotenen) Fahnenlieds der Hitlerjugend singt: »Unsre Fahne flattert uns voran. / Unsre Fahne ist die neue Zeit. / Und die Fahne ist mehr als der Tod.«[67]

Am Ende erschießt sich Rudi, aber sein Selbstopfer bleibt wirkungslos. Liberé weigert sich auch nach Rudis Selbstmord, sich der Justiz zu stellen und seine Taten vor Gericht zu gestehen: »Ich weiß bloß: ich kann mich nicht anderen zuliebe trennen von mir und sagen: der war's. Ich bin mir selbst ein miserabler Richter. Und einen besseren, fürchte ich, gibt es nicht.«[68] Das ist das moralische Paradox der bundesrepublikanischen Nachkriegsgesellschaft: die Eltern, die als gute Menschen weiterleben, als sei nichts geschehen – sie sind die eigentlich Schizophrenen. Indem sie jede öffentliche Verantwortung verweigert, lädt die Elterngeneration ihren Kindern, den moralisch wacheren Angehörigen der Flakhelfer-Generation, die ganze Last der Schuldbewältigung auf. Walser trifft hier schon sehr genau den Kern des sozialpsychologischen Generationenkonflikts der Nachkriegszeit, der sich wenige Jahre nach der Uraufführung des *Schwarzen Schwans* mit Wucht in den Studentenprotesten der Achtundsechziger entladen wird. Spätestens nach den Auschwitz-Prozessen mussten die kollektiven Bußrituale der Elterngeneration den Jüngeren wie blanker Hohn erscheinen.

Den kollektiven Gedächtnis-Exorzismus der Bundesrepublik in den 1950er Jahren inszeniert Walser nebenbei als Stück im Stück: In der Psychiatrie führen Rudi und seine Mitpatienten ein Theaterspiel auf, in dessen Mittelpunkt ein ehemaliger KZ-Arzt steht, der die Rachegöttinnen durch seine rastlose Tätigkeit und Bußbereitschaft zähmt. Nur als wohlhabender und erfolgreicher Mann kann er seine Schuld so umfassend sühnen, wie es ihrer Schwere entspricht. Der dienstfertig büßende KZ-Arzt steht, wie Jörg Magenau gezeigt hat, aus Walsers Sicht für das Produktivitätsprinzip der Bundesrepublik: »Er sah damals, wie die Schuld gewissermaßen ökonomisch nutzbar gemacht wurde. Vergangenheitsbewältigung ging im Wirtschaftswunder auf und Wiedergutmachung im Wiederaufbau.«[69] Buße nicht als individuelle Gewissenserforschung, sondern als betuliches Fleißritual – diese Skepsis sollte Walser noch in seiner Paulskirchenrede beschäftigen.

In seinem Essay über das Verschweigen von 2004 bezieht Walser das Produktivitätsprinzip der Verdrängung sogar explizit auf sich selbst und enthüllt damit den eigentlichen Impetus seiner Generation, aus der so viele moralische Autoritäten

Kapitel 7

der Bundesrepublik hervorgingen. »Wir Geheimhalter«, heißt es da, sind reizbar, rechthaberisch und unduldsam. Warum? »Ohne daß wir das jeweils wissen, fürchten wir andauernd, entlarvt zu werden. Die Umwelt könnte draufkommen, warum wir so fleißig, zielsicher, energisch, mutig, aufrecht demokratisch, herzhaft republikanisch, universalistisch konsensverkündend, überstreng und unduldsam sind. Wir bemühen uns ein Leben lang, unsere Lieblingsmaske zu unserem Gesicht werden zu lassen. Den Unterschied zwischen Maske und Gesicht müssen wir immer mit Argwohn, Hochmut und Biegsamkeit vertuschen. Wir vermuten in jeder Nachfrage eine Verdächtigung oder gar schon Bezichtigung.«[70] Es ist frappierend, wie direkt Walser hier den emotionalen Kern des demokratischen Engagements seiner Generation anspricht. Je rasanter der Aufstieg der Flakhelfer zu den führenden Stimmen der Bundesrepublik vor sich geht, desto größer wird die Angst, ihre Vergangenheit vor 1945 könnte entlarvt werden. Ent-larven bedeutet wörtlich: die Maske (Larve) vom Gesicht reißen. Je größer die Angst, demaskiert zu werden, desto hektischer die Betriebsamkeit, mit der unliebsamen Nachfragen (»Was hast du im letzten Reich getan?«) ausgewichen werden kann: »Jeder Mensch wird zum Dichter dadurch, daß er nicht sagen darf, was er sagen möchte.«[71] Jeder Mensch?

Schon der *Schwarze Schwan* ist nicht nur ein frühes Stück vergangenheitspolitischer Gesellschaftskritik. Es ist, auf einer subtileren Ebene, auch eine Auseinandersetzung mit den Schuldgefühlen der schuldlos-schuldig in die Zeit des »Dritten Reichs« hineingeborenen Generation des Autors.

Walsers Biograf Jörg Magenau hat darauf hingewiesen, wie nah die Figur des Rudi seinem Autor gewesen sei. Er habe sogar am selben Tag wie Walser Geburtstag, nämlich am 24. März. »Allein dein Geburtsdatum macht dich zu einem fabelhaften Kerl«, erklärt Liberé seinem Patienten.[72] Es ist der Tag, an dem sein Vater einen weiteren Häftlingstransport zum KZ organisierte. Die zynische Bemerkung Liberés verdeutlicht, wie unmittelbar die Angehörigen von Walsers Generation sich allein schon durch ihr bloßes Geburtsdatum unweigerlich als verstrickt in den Schuldzusammenhang ihrer Zeit sehen mussten.

Er habe sich in jedem Jahrzehnt neu auf das Thema der deutschen Schuld eingelassen, erklärte Walser 1998 im Gespräch mit Augstein: »Ich war nie entlassen aus dieser Problematik. Ich habe mich aber auch nie aufgehoben oder gar entlastet gefühlt in der Behandlungsart, die das jeweilige Jahrzehnt praktiziert hat.«[73] In diese Reihe gehört auch der Aufsatz »Auschwitz und kein Ende« von 1975. Darin schreibt Walser, es genüge schon ein Blick auf ein Bild aus Auschwitz, um sich einzugestehen, dass man damit nicht fertig sei. »Egal, was du damit machst, du kannst es nicht delegieren. Du kannst nicht bewältigen lassen. Die Gewalt, die in diesen Bildern erscheint, ging von dir aus, jetzt kehrt sie zurück, zu dir. Es genügt nicht, seine Eltern und Großeltern zu fragen: wie war das und das. Frag doch dich, wie es ist.«[74]

Man würde Walser unrecht tun, unterstellte man ihm nur die Kritik am Verdrängen der anderen. Die Erinnyen inszeniert er nicht nur als Stück im Stück. Er hat sich ihnen selbst mit seinen eigenen Dramen, Romanen und Essays immer wieder selbstkritisch gestellt. Insofern gilt das von Magenau erwähnte schuldgetriebene und schuldvertreibende Produktivitätsprinzip der Bundesrepublik auch für ihren rastlos schaffenden Schriftsteller Martin Walser – mit einem wichtigen Unterschied zu den gewissenlosen Verdrängern: Walsers Aufarbeitung der eigenen Schuld im Schreiben ist produktiv, indem sie repräsentativ wird. Sein die Tücken der Erinnerung

Kapitel 7

umkreisendes Befragen und Erzählen der Vergangenheit dient nicht der Verdrängung der eigenen Schuld, sondern ihrer exemplarischen künstlerischen Gestaltung. Wie bei Günter Grass wird man auch seine Schriften noch in hundert Jahren lesen können als Protokoll der Bewusstseinsprozesse einer ganzen Generation, die in einer Diktatur aufwuchs, aber eine Demokratie schuf.

Die Flakhelfer mögen zu jung gewesen sein im »Dritten Reich«, um Täter zu werden. Aber sie sind gebrannte Kinder von schlechten Eltern – so könnte die Formel dieser Generation lauten. Eltern, die ihre Kinder nicht im Sinne der staatsbürgerlichen Aufklärung und Toleranz erzogen, sondern in der Tradition der politikfernen deutschen Innerlichkeit. »Was sich in Auschwitz austobte, stammt schließlich auch aus alter Schule, ist von schlechten Eltern.«[75]

Gebrannt waren sie durch die Verführung eines nationalsozialistisch infizierten Idealismus, wie ihm Johann im *Springenden Brunnen* in der Person des SS-Offiziers Hübschle begegnet. Der ist, ebenso wie dreißig Jahre früher die Ärzte Goothein und Liberé, nicht als durchweg negative Figur gezeichnet. Walser kehrt hier, wie Jörg Magenau gezeigt hat, die Verfremdungstechnik Brechts um und erschwert damit die Distanzierung von den negativen Helden.[76] Dadurch hat der Leser die Möglichkeit, die eigene Verführbarkeit zu überprüfen – ein Moment wahrer Selbsterkenntnis, dessen aufklärerischer Wert über ritualisierte Bußübungen weit hinausgeht, weil er als ethisches Leitmotiv für zukünftige Entscheidungen dienen kann. Verführt durch die nationalsozialistischen Ideen vom neuen Menschen und vom Ideal der Selbstopferung («Und die Fahne ist mehr als der Tod«), wollten die Flakhelfer mit hehren Ideen zeitlebens nichts mehr am Hut haben. Sie wurden Pragmatiker, Moralisten, Mahner. »Am

Ende kommen wir wieder auf Ideen. Und das ist gern der Anfang des Schrecklichen«, lautet Walsers Warnung am Ende des Auschwitz-Essays von 1965.[77]

»Frag doch dich, wie es ist« – dieser Appell an die eigene Erinnerung und Verantwortung steht im Zentrum von Walsers Schreiben. In seinem Bericht über den Auschwitz-Prozess stellt er damit die nach 1945 verbreitete Entlastungsstrategie der ganz normalen Deutschen – die Täter waren Einzeltäter, das Volk war unschuldig – vom Kopf auf die Füße und behauptet das Gegenteil: Wenn Begriffe wie Staat und Volk überhaupt noch einen Sinn haben sollen, dann muss sich jeder Einzelne nach seiner eigenen Mitschuld an den politischen Verbrechen des »Dritten Reichs« fragen, an den Taten, die im Namen dieses Kollektivs begangen wurden. »Man muß leider vermuten, daß wir jenem Staat näher waren als wir seiner Manifestation in Auschwitz gegenüber wahrhaben wollen.«[78] Es ist kein rhetorisches Wir, mit dem Walser hier operiert. Es geht ihm – schon damals – gerade nicht um Kollektivschuld, sondern um individuelle Gewissensprüfung: »Dann gehört jeder zu irgend einem Teil zu der Ursache von Auschwitz. Dann wäre es eines jeden Sache, diesen Anteil aufzufinden. Es muß einer doch nicht in der SS gewesen sein.«[79]

Im *Schwarzen Schwan* nimmt Walser die Analyse aus seinem ein Jahr später erscheinenden Auschwitz-Essay in dramatischer Form vorweg. Anders als sein Vater war Rudi nicht in der SS, aber er muss es auch nicht gewesen sein, um sich schuldig zu fühlen. Dass die SS-Schergen »Teufel, Henker, Raubtiere« waren, wollte schon der Prozessbeobachter Walser in Frankfurt nicht glauben. Ihn interessierte die Erkenntnis, wie leicht aus einfachen Menschen unter bestimmten Umständen Massenmörder werden konnten. In seinem Stück lässt er Rudi einen eindringlichen Monolog über die Funktion des Einzel-

Kapitel 7

nen im Mordapparat des Holocaust halten: »Wahrscheinlich
bring ich gar nichts zustande. Ohne den Apparat. Das ging
doch immer so: sieben Englein um Dich stehn. Der Erste sagt:
Du siehst aus wie ein Opfer. Der Zweite holt Dich. Der Dritte
verlädt Dich. Der Vierte beruhigt Dich. Ich mach den Daumen
krumm. Der Sechste hat schon den Ofen geheizt. Und der
Siebte sagt: so, jetzt geh rein. Da wurde immer in der Kette
gearbeitet. Jeder hat nur ein Wort gerufen. Den Satz, der da
entstand, hat keiner gehört.«[80]

Rudis Monolog erinnert an die Analyse, die Hannah Arendt
im Jahr zuvor über den in Jerusalem vor Gericht stehenden
NS-Bürokraten Adolf Eichmann gefällt hatte. Die reibungs-
los funktionierende Bürokratie des Holocaust betäubte das
Gewissen des Einzelnen, indem es ihn zum scheinbar unwich-
tigen Glied einer langen Kette von Befehlsempfängern machte.
Deren Ergebnis aber war die industrielle Vernichtung von
Millionen Menschen.

Der Glaube Rudis, selbst als winzigstes Glied in dieser Kette
indirekt Anteil am millionenfachen Morden gehabt zu haben,
ist die Ursache seines stellvertretenden Schuldbewusstseins,
das ihn schließlich in den Selbstmord treibt. »Frage dich doch,
wie es ist« – Rudis Identifikation mit den Taten seines Vaters
scheint die dramatische Entsprechung von Walsers Forderung nach der Erforschung der eigenen Verantwortung zu
sein. Aber sie scheint es eben nur zu sein, so weit geht die
Identifikation zwischen Figur und Autor doch wieder nicht.
Der Autor, der dreißig Jahre später von den »Verbergungsroutinen« seines Schreibens sprach, hat seiner Figur zwar den
gleichen Geburtstag gegeben wie sich selbst, aber nicht das
gleiche Geburtsjahr. Rudi ist 1942 geboren und damit 15 Jahre
jünger als sein Autor. Seine Frage nach dem eigenen Anteil
am NS-Staat ist damit hypothetischer als die des Autors, der

»Das Buchstabierenmüssen unserer Existenz«: Martin Walser

Hitlerjunge und Soldat war und von der NSDAP als Mitglied geführt wurde.

Von dem für seine Generation so bestimmenden Lebensgefühl, *dabei gewesen* zu sein und allein dadurch irgendeinen Anteil am Unheil des »Dritten Reichs« auf sich geladen zu haben, erzählt Walser so subtil wie nachdrücklich auch in dem Roman *Ein springender Brunnen*. Man muss die Schilderung der heilen Dorfwelt, die sich dem »Dritten Reich« doch nur bedingt entziehen kann, nicht als Schuldgeständnis lesen. Es ist auch die Erzählung einer Jugend im Kollektiv, die den vorgezeichneten Wegen von Religion, Ausbildung, Staat gefolgt ist.

So erlebt es auch Walsers Held im Roman, als er zur Wehrmacht eingezogen wird und den Führereid schwören muss: »Die Vereidigung hatte sich Johann schwieriger vorgestellt, als sie dann war. Das Nachsprechen der Formel ging ihm von den Lippen wie der *Vorsatz* beim Beichten. Eine Formel mehr. Nachsagen und aufsagen und versprechen, was ihn nichts anging. Er hatte nichts gegen diese Texte, aber ihn gingen sie nichts an.«[81]

Dass die meisten Jugendlichen im »Dritten Reich« diesen Weg mit mehr oder auch weniger Begeisterung zurücklegten, ändert nichts an der Tatsache, dass sie ihn gingen: in die Kirche, in die Armee – und in die Partei? Doch ausgerechnet dass sie in die NSDAP eingetreten seien, bestreiten die meisten Angehörigen der Flakhelfer-Generation mit dem Hinweis, dass es für einen solchen Beitritt kein Motiv gegeben hätte. »Was sollte ich ausgerechnet in der Partei?«, lautet die übliche Formel, mit der Partei habe man doch nichts zu schaffen gehabt. Auch Martin Walser hat sich, nachdem seine Mitgliedskarte in der NSDAP-Kartei aufgetaucht war, ähnlich geäußert. Und doch scheint es, als wisse die Erzählung hier mehr als der Autor. Offensichtlich bedurfte es keiner beson-

Kapitel 7

deren Identifikation mit den staatlichen Institutionen, um an ihnen teilzunehmen. »Eine Formel mehr« – sollte das ausgerechnet für die Mitgliedschaft in der omnipräsenten Partei, der schon die Mutter des Schriftstellers angehörte, nicht gegolten haben? Liegt es nicht näher, dass Walser und viele seiner Generationsgenossen irgendwann eben auch einen Aufnahmeantrag vorgelegt bekamen und der Aufforderung zum Parteieintritt folgten? Dass sie noch etwas anderes unterschrieben und versprachen, das sie nichts anging? Diese Vermutung dürfte der Lebenswirklichkeit intelligenter und ehrgeiziger Jugendlicher im »Dritten Reich« näher kommen als die nachträglich aus dem Wissen um die Verbrechen des »Dritten Reichs« gemachten Versuche, die Existenz der Mitgliedskarten wegzuerklären.

Als wir an jenem Sommernachmittag 2012 noch einmal auf seine Mitgliedskarte zu sprechen kommen, kramt Walser noch einmal in seinem Gedächtnis herum: »Am 30. Januar 1944 war ich 16, und nach aller Wahrscheinlichkeit war ich beim Skifahren um diese Jahreszeit. Und da soll ich beantragt haben, dass ich in die Partei aufgenommen wurde? Da müssen Sie gar nicht die Schultern zucken, das ist ausgeschlossen.« Über sein Gedächtnis kann nur er selbst verfügen, ausgeschlossen heißt ausgeschlossen. Hans Werner Henze bezeichnete seine Karte als »Fälschung«, auch Walser sieht das Aktenstück aus der NS-Bürokratie nicht als seriöse Quelle an und wird nun langsam ungeduldig: »Und *Ihr*, sage ich jetzt, die Ihr da so viel herummacht, Ihr realisiert eine Machenschaft der Nazi-Bürokratie wie eine historisch echte Quelle, und da muss ich Ihnen ehrlich sagen, das ist schon ziemlich schlimm.« Für Walser steht dagegen fest, »dass das nur irgendwelche Leute gemacht haben, die da dem Hitler Namenslisten zum Geschenk gemacht haben«.

Fragt sich nur: Wer sollte so etwas gemacht haben? Der Standortälteste, vermutet Walser und kramt in der Erinnerung: »Der hieß Erwin Kraft.« War dieser Kraft also ein überzeugter Nazi? Walser überlegt kurz: »Der war viel zu jung, der war noch jünger als ich. Das war ein Rang. Siegfried Unseld war Standortältester in Ulm, da war er halt die wichtigste Person in dieser Hierarchie.« Erwin Kraft war also nicht einmal alt genug, um selbst Parteigenosse zu werden. Ich frage Walser, ob Kraft noch lebe, aber er ist an den Folgen eines Motorradunfalls gestorben, schon wenige Jahre nach Kriegsende, Walser hat ihn noch im Krankenhaus besucht. Die Erinnerung kommt, sie meldet sich wieder mit diesen Bildern vom Sterbenden im Hospital, aber die Details verwirren sich. Hat Kraft ihn also gemeldet? »Das steht bei meinem Rechtsanwalt«, sagt Walser, »das müssen Sie lesen, das war generell so, nicht bloß in Wasserburg. Generell konnte die Partei ganze Jahrgänge einreichen, also abliefern. Lesen Sie das bitte bei meinem Anwalt, dem Herrn Groth. Der hat sich wirklich Mühe gegeben. Ich gebe zu, dass ich selbst das nicht mit einer Aufmerksamkeit gelesen hätte, wie wenn es Nietzsche wäre. Aber das hat mir einen Eindruck gemacht, da drin kommt auch vor, wie illegal es ist, da von Mitgliedschaft zu sprechen.«

»Jetzt, jetzt, jetzt, jetzt«

Der Anwalt also habe das Wort. 2012 verklagte Walser vor der Pressekammer des Hamburger Landgerichts einen Autor auf Unterlassung mehrerer Aussagen, die ihm die Verbreitung antisemitischen und nationalsozialistischen Gedankenguts unterstellten.

Kapitel 7

Die Haltlosigkeit dieser Anschuldigungen bedarf keiner weiterer Erörterung, im Gegensatz zu einem anderen Punkt, der ebenfalls verhandelt wurde: Im Rahmen dieses Verfahrens wurde auch die mutmaßliche NSDAP-Mitgliedschaft Walsers verhandelt. Walsers Anwälte verwiesen dabei unter anderem darauf, dass auf seiner NSDAP-Mitgliedskarte das falsche Geburtsdatum stehe (24.5.1927 statt richtig 24.3.1927) und die Wohnanschrift fehle. Da dieser Umstand jedoch nicht ausreicht, um die Mitgliedschaft selbst in Zweifel zu ziehen, bezogen sich Walsers Anwälte auch auf ein »Sachverständigengutachten«, genauer: eine Website des Bundesarchivs über das Mitgliedschaftswesen der NSDAP. Aus der dort gemachten Feststellung, dass eine Parteimitgliedschaft erst mit der Aushändigung der Mitgliedskarte rechtskräftig wurde, sich Walsers »Mitgliedskarte« aber nicht in der NSDAP-Mitgliederkartei des Bundesarchivs befinde, schlossen die Advokaten, der Schriftsteller sei nie rechtskräftiges Mitglied geworden. Doch das ist ein Fehlschluss: Bei der gefundenen Karteikarte und den ausgehändigten Mitgliedskarten handelt es sich um zwei verschiedene Dokumente.[82] Ein zusätzliches »Mitgliederverzeichnis«, dessen Fehlen die Anwälte als Beleg anführen, hat es nie gegeben. Zwar ist tatsächlich nicht mehr belegbar, ob Walser jemals eine Mitgliedskarte ausgehändigt bekam und damit rechtlich zum NSDAP-Mitglied wurde. Doch die formaljuristische Argumentation geht, wie bei den anderen Betroffenen aus Walsers Jahrgang, ohnehin am Kern der Sache vorbei: der Frage, ob der 17-jährige Walser jemals einen Aufnahmeantrag unterschrieben hat oder ob er ohne eigenes Wissen in die Kartei aufgenommen wurde.

Diese unter Historikern bis heute umstrittene Frage musste dank Walsers Klageschrift nun vor Gericht entschieden werden. Seine Anwälte beriefen sich auf die »Anordnung 1/44«

des Reichsschatzmeisters vom 7. Januar 1944, in der die Aufnahme von Angehörigen der Hitlerjugend und des BDM der Geburtsjahrgänge 1926 und 1927 geregelt wurde, die nun schon als 17-Jährige zum 20. April 1944 in die NSDAP aufgenommen werden durften. Diese Anordnung betraf Walser, der am 24. März 1944 siebzehn Jahre alt war und damit wie auf seiner Mitgliedskarte verzeichnet am 20. April aufgenommen werden konnte. Walser Anwälte fügten das Dokument der Klageschrift als Anlage bei, allerdings offenbar, ohne es richtig gelesen zu haben. Aus der Tatsache, dass die damals 17-jährigen Jugendlichen keinen Fragebogen ausfüllen mussten, folgerten sie, dass eine Dienstbescheinigung des zuständigen HJ-Führers für die Aufnahme ausreichend war, »sodass ganz offensichtlich gruppenweise die Mitgliedschaft beantragt werden konnte, ohne dass das einzelne HJ-Mitglied hiervon Kenntnis hatte«.[83]

Genau das widerlegt die besagte Anordnung. Dort ist unter Punkt 2 zwar von einer Dienstzeitbescheinigung die Rede, allerdings heißt es unter Punkt 3: »Der Aufnahmeantrag ist von den aufzunehmenden Jungen und Mädel sorgfältig auszufüllen, eigenhändig zu unterschreiben und dem zuständigen Hitler-Jugend-Führer zu übergeben.«[84] Auch den Kommentar des Bundesarchivs zu dem entsprechenden Dokument, der ihrer Argumentation direkt widersprach, ließen Walsers Anwälte geflissentlich unerwähnt. Dort heißt es: »In den Beständen des Bundesarchivs sind Grundsatzdokumente, aber auch zahlreiche Fallbeispiele überliefert, welche belegen, dass die Parteibürokratie der NSDAP penibel funktionierte, das Aufnahmeverfahren sehr stark reglementiert war und grundsätzlich niemand ohne seine Mitwirkung in die NSDAP aufgenommen werden konnte.«[85]

Die Pressekammer des Hamburger Landgerichts verkündete ihr Urteil am 5. Oktober 2012 und gab Walsers Klage

Kapitel 7

teilweise statt. Da die Behauptung, Walser sei NSDAP-Mitglied gewesen, geeignet sei, den Schriftsteller in seinem sozialen Ansehen herabzuwürdigen, urteilte die Kammer, obliege es dem Beschuldigten, Walsers Mitgliedschaft zu beweisen. Jedoch erkannte das Gericht Walsers Mitgliedskarte in der NSDAP-Zentralkartei nicht als Beweis für seine Mitgliedschaft an und wertete dessen Aussage, er habe nie einen Aufnahmeantrag gestellt, als entscheidend. Ohne unterschriebenen Aufnahmeantrag keine NSDAP-Mitgliedschaft – so lautet die Quintessenz des Urteils. Allerdings haben sich im Bundesarchiv lediglich 600 000 Aufnahmeanträge erhalten, denen 10,7 Millionen Mitgliedskarten gegenüberstehen. Folgt man der Logik der Hamburger Richter, könnte man heute 10,1 Millionen NSDAP-Mitglieder mit einem Federstrich entnazifizieren, da ihre Anträge nicht mehr vorhanden sind.

Tatsächlich deutet vielmehr alles darauf hin, dass die Aufnahme ausgewählter Hitlerjungen aus Walsers Jahrgang auch in seinem zum Kreis Lindau gehörenden Geburtsort Wasserburg entsprechend den Parteiregularien vollzogen wurde. So berichtete das *Südschwäbische Tagblatt* in seiner Ausgabe vom 28. Februar 1944, dass am vorangegangenen Sonntag »in allen Teilen des Reiches die Aufnahme der Besten der Hitler-Jugend in die Kampfgemeinschaft der Nationalsozialistischen Deutschen Arbeiterpartei« stattgefunden habe. Die NS-Propaganda ließ keinen Zweifel daran, dass hier nicht kollektiv ganze Jahrgänge überführt wurden. Das Blatt zitiert aus der Rede des Reichsjugendführers Artur Axmann, nach der nur »die Jungen und Mädel, die sich besonders bewährt hätten«, aufgenommen worden seien.[86] Auf den Lokalseiten berichtet die Zeitung von der Aufnahmezeremonie im Kreis Lindau: »Ein großer Tag war der gestrige Sonntag für diejenigen Hitlerjungen und BDM-Mädel der Geburtsjahrgänge

»Das Buchstabierenmüssen unserer Existenz«: Martin Walser

1926 und 1927, die sich zum freiwilligen Eintritt in die Partei meldeten.«[87]

Wie »freiwillig« der Parteieintritt in der Praxis erfolgte, wer zu den »Besten« auserkoren wurde und weshalb – das mag dahingestellt sein. Allerdings wurde die Freiwilligkeit nicht nur von der Parteipropaganda betont, sie war auch in den Aufnahmeregularien der NSDAP vorgeschrieben. »Anordnung 24/37« schrieb unmissverständlich vor: »Ein Zwang oder Druck, der Partei beizutreten, darf unter keinen Umständen ausgeübt werden, der Grundsatz der Freiwilligkeit als eines der wertvollsten und wesentlichsten Merkmale der Bewegung muss vielmehr voll aufrecht erhalten werden!«[88] Auch die bereits erwähnte, die Jahrgänge 1926 und 1927 betreffende »Anordnung 1/44« legte fest, die Bewerbung habe neben dem eigenhändig ausgefüllten Aufnahmeantrag eine schriftliche Versicherung des zuständigen HJ-Führers zu enthalten, »dass der Aufnehmende freiwillig erklärt hat, der Partei beitreten zu wollen«.[89] Der eigenhändig ausgefüllte Aufnahmeantrag und die Dienstzeitbescheinigung mussten bis zum 12. Februar 1944 dem zuständigen Ortsgruppenleiter zugestellt werden – also rechtzeitig für die Aufnahmezeremonie, die ungeachtet des symbolischen Eintrittsdatums 20. April am 27. Februar durchgeführt wurde.

Das letzte Kapitel von Walsers Roman *Ein springender Brunnen* trägt den schlichten Titel »Prosa«. Es beginnt mit dem programmatischen Satz: »Den ganzen heißen Sommer lang gelesen.«[90] Den *Atta Troll* von Heine habe er gelesen, erzählt Walser, während die Sonne am Bodensee untergeht, Faulkner und Strindberg. »Das kann man sich gar nicht mehr vorstellen heute, was für eine Explosion an Lebensfreude das war, und da hat man sich überhaupt nicht gekümmert um das, was vorher war. Verstehen Sie, da ging es nur: jetzt, jetzt, jetzt, jetzt.«

Kapitel 7

Es ist eine Erlösung, der Ausgang aus der Nazipropaganda in eine neue Welt der offenen Sprache, vom Kommissbrot zur Wortschmeckerei, von den braunen Wurzeln zu den bunten Trieben des Wörterbaums, zum Schreiben nicht nur für einen Sommer, sondern ein langes Leben. Jetztjetztjetztjetzt, was vorher war, verschwindet erst einmal.

Dass er Schriftsteller werden musste, stand für den 18-jährigen Martin Walser schon 1945 fest. Später wird er einmal schreiben: »Jeder Mensch wird zum Dichter dadurch, dass er nicht sagen darf, was er sagen möchte.«[91]

Kapitel 8

Das Ende der Geschichte

»Das Vergangene ist nicht tot; es ist nicht einmal vergangen.«
WILLIAM FAULKNER, REQUIEM FÜR EINE NONNE

Was mich angeht, so kann ich heute mit der Vergangenheit leben. Jahrelang habe ich mein Gewissen geputzt, bis es blank wie ein Kieselstein im Bach der Geschichte lag. Meine Generation wusste von vornherein, welche Lehren wir aus dieser Geschichte zu ziehen hatten, denn nicht nur die Beweislage war unzweideutig, sondern auch die Schlussfolgerungen daraus. »Aber ein reines Gewissen ist kein Gewissen.« Der letzte Satz stammt von Martin Walser, der es wissen muss.

Angesichts der Verbrechen, die zwischen 1933 und 1945 zwar nicht von uns selbst, aber doch im Namen unseres Volkes und unserer Vorfahren begangen wurden, konnte es nur eine Konsequenz geben: Wir mussten dafür sorgen, dass so etwas nie wieder passieren konnte.

So sind wir, die Enkel der Täter, mit Erinnern, Mahnen und Gedenken aufgewachsen. Was geschehen war, betraf uns nicht, aber es musste uns betroffen machen. Wir wurden von Anfang an aufgeklärt über die Abgründe des »Dritten Reichs«, die Gräuel des Holocaust und der deutschen Kriegsverbrechen.

Und nicht nur das. Wir wurden auch darüber aufgeklärt, dass früher ein Mantel des Schweigens und Verdrängens über der Geschichte gelegen hatte und wir die Ersten seien, die von Anfang an in den Genuss vollständiger Aufklärung über jene

Verbrechen kamen, deren Kenntnis sich unsere Lehrer noch mühsam hatten erstreiten müssen.

Wenn wir im Ausland schadenfroh und scheinbar lustig mit »Heil Hitler« begrüßt wurden, waren wir betroffen. Das geschah nicht oft, aber manchmal eben doch, und dann war Fremdschämen angesagt: für unsere Geschichte, aber auch für die Art des Gegenübers, uns so direkt unserer Erbschuld zu versichern. Denn so schuldhaft unsere jüngere deutsche Geschichte war, so rechtschaffen waren wir doch jetzt mit unserer aufgeklärten Gesinnung.

Während frühere Generationen deutscher Schüler mit dem Gift des Nationalismus geimpft wurden, bekamen wir Schuld, Scham und Verantwortung löffelweise verabreicht. Das war befreiend, aber auch verstörend, und wie jede Medizin, so hatte auch diese ihre Nebenwirkungen. Wenn die Betroffenheit zum Ritual wird, droht die Gefahr einer anderen Art von Verdrängung. Dann ersticken ein formelhafter Erinnerungskult und die habituelle Bereitschaft zur Empörung jeden Versuch, selbst Antworten auf die Frage zu finden: Wie konnte das geschehen?

Der Jurist und Schriftsteller Bernhard Schlink hat den zeitgenössischen Gestus moralischer Empörung vor einiger Zeit in einem klugen Essay über die »Kultur des Denunziatorischen« analysiert.[1] Darin berichtete Schlink, der bis 2009 an der Humboldt-Universität Öffentliches Recht und Rechtsphilosophie lehrte, von Diskussionen mit seinen Studenten über die moralische Verpflichtung von Juristen. Schlink bemühte sich, das Wirken von Juristen im Kaiserreich oder im »Dritten Reich« im Kontext ihrer Zeit zu betrachten: Welche Freiräume schöpften sie aus? Wie war ihr Handeln und Denken angesichts der damaligen staatlichen und machtpolitischen Voraussetzungen zu bewerten? »Aber die Studenten waren auf der Höhe heutiger Moral und hielten nichts von moralischer Gestrigkeit«, resümiert Schlink seine Erfahrungen im Hörsaal, um dann auf die tiefere Ursache des Problems zu kommen: Die Studenten würden heute intellektuell in einer Kultur des Denunziatorischen aufwachsen. »In der Schule wird statt des Verständnisses des Verhaltens in der und aus der Lebenswelt des ›Dritten Reichs‹ dessen moralische Bewertung mit ihnen eingeübt.«[2]

Die Verantwortung dafür macht Schlink aufseiten einer Geschichtswissenschaft aus, die sich moralische Kritik, nicht sachliche Erkenntnis auf die Fahnen geschrieben hat. Die Autoren der Studie über das Auswärtige Amt, die das Außenministerium im »Dritten Reich« als »verbrecherische Organisation« bezeichneten und eine »Welle der Empörung« beschworen, dienen ihm als Paradebeispiel für diese Art distanzloser Vergegenwärtigung von Moralurteilen in der Wissenschaft. Doch wenn wir Geschichte aus heutiger Sicht beurteilen, als sei sie Gegenwart, dann hört die Geschichte auf zu sein und wir ersetzen damit bestenfalls eine (historische) Befangenheit durch eine zeitgenössische.

Ein guter Gesprächspartner zu diesem Thema ist Altbundespräsident Richard von Weizsäcker. Seine Rede am 40. Jahrestag des Kriegsendes 1985 ging in die Geschichtsbücher ein, weil er den 8. Mai 1945 nicht als Niederlage, sondern als »Tag der Befreiung« vom menschenverachtenden System der nationalsozialistischen Gewaltherrschaft bezeichnete und dadurch eine Wende in der nationalen Erinnerungskultur der Bundesrepublik einläutete. Die kontrovers aufgenommene Umdeutung der Niederlage als Befreiung markierte einen geschichtspolitischen Epochenwandel, der die leiseren, differenzierten Töne in Weizsäckers Rede schnell in Vergessenheit geraten ließ.

Weizsäckers Haltung wurde damals kontrovers diskutiert, auch in seiner eigenen Partei CDU. »Die Debatten um die Ostpolitik wurden in großer Intensität und teilweise auch mit scharfen Worten geführt. Mit meiner Haltung habe ich mich damals in der Fraktion eher unbeliebt gemacht«, erinnert sich der Altbundespräsident, als ich ihn im Januar 2012 besuche. »Trotz des teilweise verständlichen Ärgers der Kollegen über mich gab es meiner Überzeugung nach keine Alternative zur Anerkennung der Oder-Neiße-Linie. Es war eine schwere Zumutung für die Heimatvertriebenen, aber der einzige, historisch notwendige Weg zur Entspannung und zu nachhaltiger Aussöhnung mit Polen.«[3]

Als Bundespräsident wollte Weizsäcker ein positives Zeichen für die Zukunft setzen. Als ehemaliger Soldat, der schon in den ersten Kriegswochen einen Bruder verloren und später als junger Anwalt seinen Vater im Nürnberger Wilhelmstraßen-Prozess verteidigt hatte, sprach mit Weizsäcker aber auch ein Zeitzeuge, dem die moralischen Nöte des Individuums in der Diktatur bestens vertraut waren. Weizsäcker war nie NSDAP-Mitglied gewesen, aber die Frage nach Schuld und Mitschuld jedes einzelnen Deutschen beschäftigte ihn auch in seiner Rede: »Es gibt entdeckte und verborgen gebliebene Schuld von Menschen. Es gibt Schuld, die sich Menschen eingestanden oder abgeleugnet haben. Jeder, der die Zeit mit vollem Bewußtsein erlebt hat, frage sich heute im Stillen selbst nach seiner Verstrickung.«[4]

Als ich ihn im Januar 2012 traf, bekannte Weizsäcker, mit seinem Vater nie über dessen NSDAP-Mitgliedschaft gesprochen zu haben. Es habe ihn nicht interessiert: »Mitglied der NSDAP geworden zu sein hatte gewiss in vielen Fällen ganz praktische, persönliche Gründe, nicht politische Überzeugungen. Welche schrecklichen Grausamkeiten mit dem Begriff

Das Ende der Geschichte

Auschwitz verbunden waren, erfuhr die überwiegende Mehrheit erst nach Kriegsende.«[5]

Weizsäcker sprach damit genau den Generationenkonflikt zwischen Zeitzeugen und Nachgeborenen an, den Schlink beschreibt. 1985 hatte der Bundespräsident in seiner Rede Jüngere und Ältere aufgefordert, sich gegenseitig dabei zu helfen zu verstehen, »warum es lebenswichtig ist, die Erinnerung wachzuhalten. Es geht nicht darum, Vergangenheit zu bewältigen. Das kann man gar nicht. Sie läßt sich ja nicht nachträglich ändern oder ungeschehen machen.«

Je länger das Geschehene zurückliegt, desto größer wird unser Informationsvorsprung gegenüber den damaligen Zeitgenossen. Wir können uns heute einen Überblick über die Gräuel des Nationalsozialismus verschaffen, der selbst den Haupttätern damals nicht möglich gewesen wäre. In mehr als zehnjähriger Forschung haben Wissenschaftler des Washingtoner Holocaust Memorial Museum ein enzyklopädisches Verzeichnis der nationalsozialistischen Verfolgungsorte im Holocaust aufgelistet. Wie die *New York Times* im März 2013 berichtete, zählten die Forscher rund 42 500 Lager und Ghettos, die ein europaweites Netzwerk des Holocaust bildeten.[6]

Selbst einem Bürokraten der Vernichtung wie Adolf Eichmann dürfte ein derart detaillierter Überblick gefehlt haben. Doch können sich die damaligen Zeitgenossen deswegen kollektiv darauf berufen, von Auschwitz nichts gewusst zu haben? Kam die Schuld erst mit der Scham, als nach 1945 das Ausmaß der von Deutschen verübten Verbrechen deutlich wurde? Schließlich hatte der Bundespräsident noch 1985 in seiner Rede auch das gesagt: »Wer seine Ohren und Augen aufmachte, wer sich informieren wollte, dem konnte nicht entgehen, daß Deportationszüge rollten.«

289

Kapitel 8

Jeder, der die Zeit mit vollem Bewusstsein erlebt habe, hatte er weiter gesagt, frage sich heute im Stillen selbst nach seiner Verstrickung. Bei unserem Gespräch 2012 fragte ich ihn, ob er auch sich selbst darin einschließe. »Natürlich, ja«, nickte Weizsäcker. Jeder sei betroffen, der damals lebte. Ich wollte wissen, ob wir heute besser über die Verantwortung der Zeitgenossen reden können als vor 20 Jahren. Schließlich hatte die Veröffentlichung der Studie über das Auswärtige Amt im Jahr 2010 gezeigt, dass zwischen den dafür verantwortlichen Historikern und Zeitzeugen wie Weizsäcker ein tiefer Dissens über die Bewertung der Rolle des Außenministeriums im »Dritten Reich« bestand. Die unterschiedliche Bewertung desselben Ministeriums macht ebenso deutlich, wie zutreffend Bernhard Schlinks Beobachtung über die moralischen Perspektivunterschiede von Zeitzeugen und Gegenwart ist.

Sicherlich wäre es falsch, die heutige Geschichtswissenschaft in Bausch und Bogen Schlinks vernichtendem Urteil zu unterwerfen. Gerade in den letzten 20 Jahren entstanden zahlreiche vorbildliche Forschungen zum »Dritten Reich«. Die Befangenheit beginnt, wenn ihre Erkenntnisse oder Schlussfolgerungen Gegenstand öffentlicher Erinnerungspolitik werden wie im Fall der Studie zum Auswärtigen Amt. Die Tatsache, dass ein Historiker wie Norbert Frei, Mitherausgeber jener Studie *Das Amt und die Vergangenheit,* sich nicht davor scheut, ohne ausreichende empirische Belege öffentlich über die kollektive Übernahme »halber Jahrgänge« der Hitlerjugend ohne Wissen der Beteiligten zu spekulieren, ist ein weiteres schlagendes Beispiel für die reflexhafte Verfügbarkeit moralischer Urteile – unabhängig davon, ob sie nun der Entlastung oder der Denunziation dienen.

Es ist ein Paradox: Je mehr wir über den Nationalsozialismus gelernt hatten, glaubt Schlink, desto schwieriger sei es, sich in

Das Ende der Geschichte

die damalige Lebenssituation der Menschen – Opfer wie Täter – hineinzuversetzen. »Seit mehr als sechzig Jahren wird über die zwölf Jahre des ›Dritten Reichs‹ geforscht, geschrieben, gelesen, werden neue Befunde erhoben und alte neu entdeckt und neu sortiert, wird analysiert und reflektiert. Es bleibt nicht aus, dass die Ergebnisse dieses Forschungs- und Reflexionsprozesses in die Köpfe der damals handelnden Personen projiziert werden – als hätten diese damals gewusst und bedacht, was sich in mehr als sechzig Jahren herausgestellt hat.«[7]

Das erklärt die Verblüffung und das Unverständnis, mit dem die Nachricht über die urkundlichen Hinweise zur NSDAP-Mitgliedschaft verdienter Demokraten aufgenommen wurde. Sie nötigt uns dazu, uns in die damalige Lebenswelt der Betroffenen hineinzuversetzen, die sich so sehr von unserer heutigen unterscheidet.

Ein heute vielfach beschworenes Klischee engagierter Literatur besagt, dass die Autoren damit »gegen das Vergessen anschreiben«. Damit ist immer das Vergessen der anderen, der dumpfen, nach Unschuld dürstenden Masse gemeint, die durch hellwache Tugendwächter aus dem Schlaf der Unschuld gerissen werden muss. Als solche Tugendwächter galten auch Autoren wie Grass, Walser und Wellershoff lange. Doch die Wahrheit ist komplizierter und ungleich subtiler, als wir dachten. Ja, sie haben gegen das Vergessen angeschrieben – aber nicht nur gegen unseres, sondern auch gegen ihr eigenes. Bei Martin Walser geschieht das, wie dieses Buch gezeigt hat, immer noch zwischen den Zeilen, da der Autor abstreitet, jemals bewusst Mitglied der NSDAP geworden zu sein. In Grass' Fall war es ein Paukenschlag, als er sich 2006 mit den Erinnerungen *Beim Häuten der Zwiebel* der Last der nie vergessenen SS-Mitgliedschaft entledigte, indem er sich öffentlich an sie erinnerte. Grass war der Einzige, der einen

291

Kapitel 8

solchen Befreiungsschlag wagte. Walser, Wellershoff, Jens, Henze, Genscher, Luhmann, Loest und wie sie alle heißen, schrieben, komponierten, forschten und machten Politik auch gegen das eigene Vergessen. Man kann, aber man muss die rastlose Gestaltungskraft dieser Flakhelfer nicht als Bußleistung für jugendliche Verführungserlebnisse sehen. Eine Leistung ist sie in jedem Fall.

Indem wir über die Flakhelfer richten, richten wir über uns selbst und können mit uns zufrieden sein. Nie in Versuchung geführt, haben wir alles richtig gemacht. Der Habitus moralischer Überlegenheit und das rebellische »Gedenken« dienen der Anästhesierung unseres eigenen Gewissens. »Mehr noch, sie scheinen den Makel der deutschen Vergangenheit zu tilgen, den noch die Angehörigen der dritten und vierten Generation spüren, wenn sie sich für Geschichte interessieren und ihre Identität nicht nur aus dem Leben in der Gegenwart, sondern auch aus dem Leben mit der Vergangenheit bestimmen.«[8]

Wie anders ist die Geschichte, die uns die Flakhelfer erzählen können: eine Geschichte von moralischer Not, ethischen Konflikten, menschlicher Schwäche und menschlicher Größe. Sie geht nun ihrem Ende zu, wenn die letzten Angehörigen dieser Generation sterben, aber sie wird wiederkommen in neuer Form, und dann sollte uns die Geschichte der Flakhelfer daran erinnern, dass auch wir Jüngeren nicht als bessere Menschen geboren wurden, sondern es nur dem glücklichen Zufall unserer Geburt zu verdanken haben, dass wir nicht früher in Versuchung geführt wurden.

Die amerikanische Zeitungskorrespondentin Judy Barden kommentierte 1946 die Entnazifizierung in Bayern so: »Es wird 72 Jahre dauern, bis 2018, diese Aufgabe zu vollenden.«[9] Während die Entnazifizierung offiziell bereits 1948 für abge-

292

schlossen erklärt wurde, überrascht und beschäftigt uns die NS-Vergangenheit vieler Flakhelfer noch heute. Doch es wäre falsch, verdiente Demokraten wie Martin Walser, Walter Jens oder Hans-Dietrich Genscher nachträglich entnazifizieren zu wollen, indem man die Existenz ihrer NSDAP-Mitgliedskarten schlicht leugnet.

Im Gegenteil: Das Lebenswerk, das die Flakhelfer als Künstler, Wissenschaftler oder Politiker nach 1945 schufen, verdient umso mehr Anerkennung, als es unter denkbar ungünstigen Voraussetzungen entstand. Verführt und verraten entließ sie das »Dritte Reich« in eine ungewisse Zukunft, die sie meisterten. So trugen sie nicht allein zur demokratischen Erfolgsgeschichte der Bundesrepublik bei. Ihr Schicksal verkörpert geradezu den Wandel vom Schlechten zum Guten.

Einer der Ersten, der sich 1945 Gedanken über die Ursachen für den Untergang Deutschlands in der Nazi-Barbarei machte, war Thomas Mann. Der von den Nazis aus Deutschland vertriebene Schriftsteller nahm sich in seinem Vortrag »Deutschland und die Deutschen« selbst nicht aus von der Schuld, die auf seinen Landsleuten, ja auf der ganzen deutschen Kultur lastete. Schließlich hatte Mann die Versuchungen der deutschen Innerlichkeit am eigenen Leib und Geist erfahren. Und so erklärte er: »Eines mag diese Geschichte uns zu Gemüte führen: daß es nicht zwei Deutschland gibt, ein böses und ein gutes, sondern nur eines, dem sein Bestes durch Teufelslist zum Bösen ausschlug. Das böse Deutschland, das ist das fehlgegangene gute, das gute im Unglück, in Schuld und Untergang. Darum ist es für einen deutsch geborenen Geist auch so unmöglich, das böse, schuldbeladene Deutschland ganz zu verleugnen und zu erklären: ›Ich bin das gute, das edle, das gerechte Deutschland im weißen Kleid, das böse überlasse ich euch zur Ausrottung.‹«[10]

Kapitel 8

Thomas Mann sollte nicht mehr erleben, dass aus dem schuldbeladenen, zerstörten, moralisch korrumpierten Nachkriegsdeutschland eine echte Demokratie wurde. Aber er hätte sich in seiner Einschätzung bestätigt sehen können, dass es keine zwei Deutschland gibt und dass die meisten Deutschen weder das weiße Kleid der Unschuld noch den schwarzen Mantel der Mörder trugen, sondern sich im Graukittel einer kompromittierenden Wirklichkeit nach vorne getastet hatten. Die Flakhelfer haben diese Erfahrung am eigenen Leib gemacht und sich im positiven Sinne daran abgearbeitet.

So nimmt ihre Geschichte ein glückliches Ende, denn sie beweist, dass es auch umkehrt gehen und aus dem Schlechten das Gute wachsen kann.

Anmerkungen

Abkürzungen
- NARA = National Archives and Records Administration (Washington)
- BStU = Der Bundesbeauftragte für die Unterlagen des Staatssicherheitsdienstes der ehemaligen Deutschen Demokratischen Republik (Berlin)
- PA AA = Politisches Archiv des Auswärtigen Amts (Berlin)
- BArch = Bundesarchiv (Berlin/Koblenz)
- BDC = Berlin Document Center

Prolog
1 »Im Westen viel Neues«, *Hessisch Niedersächsische Allgemeine,* 21. Juni 2006.
2 Brief des Staatlichen Wilhelmsgymnasiums Kassel vom 3.3.1938 an Frau Konsul Walter Herwig, Kassel, Skagerrakplatz 30.

Einleitung: Die Engagierten
1 Max Nyffeler, »Mit Schönheit den Schrecken gebannt«, *Neue Zürcher Zeitung,* 29. Oktober 2012.
2 Christian Wildhagen, »War Hans Werner Henze Mitglied der NSDAP?«, *Frankfurter Allgemeine Zeitung,* 13. Februar 2009.
3 »Mehr vom selben«, *Süddeutsche Zeitung,* 17. Mai 2012.
4 Michael Buddrus, »War es möglich, ohne eigenes Zutun Mitglied der NSDAP zu werden?« Gutachten des Instituts für Zeitgeschichte München–Berlin für das *Internationale Germanistenlexikon 1800–1950,* in: *Zeitschrift für Geschichte der Germanistik* 23/24 (2003), 21–26.
5 Dem Historiker Armin Nolzen zufolge sind unter den 18 Millionen Jugendlichen, die seit dem 30. Januar 1933 die HJ bis zum 18. Lebensjahr durchliefen, insgesamt nur rund

Anmerkungen

sieben bis acht Prozent in die Partei aufgenommen worden, wobei die Quoten der einzelnen Jahrgänge teilweise höher waren. Vgl. Armin Nolzen, »Vom ›Jugendgenossen‹ zum ›Parteigenossen‹. Die Aufnahme von Angehörigen der Hitler-Jugend in die NSDAP«, in: Wolfgang Benz (Hrsg.), *Wie wurde man Parteigenosse? Die NSDAP und ihre Mitglieder*, Frankfurt am Main 2009, 123–150; 149f.

6   Gespräch mit Helmut Schmidt, Hamburg, 17. Dezember 2012.

7   Heinz Bude, *Deutsche Karrieren: Lebenskonstruktionen sozialer Aufsteiger aus der Flakhelfer-Generation*, Frankfurt am Main 1987, 182. Schelsky zit. ebd., 69, 179.

8   Bude 1987, 182.

9   Antwort der Bundesregierung vom 14.12.2011 auf die Große Anfrage der Fraktion DIE LINKE. Drucksache 17/8134.

Kapitel 1: Der Scheiterhaufen

1   Katja Iken, »Skizzen des Schreckens«, http://einestages.spiegel. de/static/topicalbumbackground/24248/1/skizzen_des_ schreckens.html. Vgl. auch http://www.ghetto-theresienstadt. de/pages/g/gradowskibericht.htm (beide aufgerufen am 28.1.2012).

2   Joseph Goebbels auf einer Pressekonferenz im März 1945. Zit. in Erich Kuby, »Die Russen in Berlin 1945«, *Der Spiegel*, 5. Mai 1965.

3   Vgl. Josef Henke, »Das Schicksal deutscher zeitgeschichtlicher Quellen in Kriegs- und Nachkriegszeit«, *Vierteljahrshefte für Zeitgeschichte* 4 (1982), 557–620; 564, und Hans-Stephan Brather, »Aktenvernichtung durch deutsche Dienststellen beim Zusammenbruch des Faschismus«, *Archivmitteilungen* 8 (1958), 115–117.

4   Henke 1982, 564.

5   BStU MfS HA IX 21118.

6   Stefan Heym, *Eine wahre Geschichte. Die Kannibalen und andere Erzählungen*, Leipzig 1953, 51–76; 51ff.

7   »NSDAP-Mitgliedsliste aufgefunden«, *Neue Zeitung*, 18. Oktober 1945, und »Gesamtliste der NSDAP gefunden«,

Anmerkungen

Allgemeine Zeitung, 19. Oktober 1945. Gwyn Lewis, »What the Complete Records of the Nazi Party Show — Amazing Story of How They Were Found: The Man Who Held Them Hated the Nazis«, *Sunday Express,* 21. Oktober 1945.

8 Kathleen McLaughlin, »Revenge Spurred Hunt for Nazi List«, *New York Times,* 21. Oktober 1945.

9 Sven-Felix Kellerhoff, »Brisante Papiere aus dem Müllhaufen«, *Die Welt,* 2. November 2005.

10 Christopher Robbins, *The Test of Courage: Michel Thomas: A biography of the Holocaust Survivor and Nazi-Hunter,* 2012.

11 Ebd.

12 Robert Wolfe, »A Short History of the Berlin Document Center«. Ich danke Robert Wolfe für die Einsicht in dieses und andere Dokumente aus seiner jahrzehntelangen Dienstzeit in den National Archives und für unser persönliches Gespräch in Alexandria, Virginia am 11. September 2011.

13 Robbins 2012.

14 »Revenge Spurred Hunt for Nazi List«.

15 Astrid M. Eckert, *Kampf um die Akten. Die Westalliierten und die Rückgabe von deutschem Archivgut nach dem Zweiten Weltkrieg,* Stuttgart 2004, 60.

16 Heym 1953, 71ff. Der Müller Huber heißt in Heyms Version Bachleitner und wird als bayerisches Original vom DDR-Autor Heym propagandistisch geschickt, aber wohl etwas zu Unrecht gegen die angeblich inkompetenten und renommiersüchtigen US-Offiziere ausgespielt. Am Ende der Geschichte vergleicht Heym die US-Soldaten gar indirekt mit den SS-Leuten.

17 »Revenge Spurred Hunt for Nazi List«.

18 Eckert 2004, 60.

19 »Revenge Spurred Hunt for Nazi List«.

20 Wolfe, »A Short History …«.

21 Eckert 2004, 59.

22 Ebd., 72.

23 Ebd., 59.

24 US Group CC Ministerial Collection Center Fürstenhagen, Instructional Memorandum 15 July 1945 (NARA).

25 Ebd.

26 Headquarters, European Theater of Operations United States Army, 29. Juni 1945 (NARA).

27 Ebd.

28 Ministerial Collecting Center, Controll Commission for Germany (British Element), Kassel, 14. September 1945 (NARA).

29 Control Memorandum No. 13, 28. April 1945 (NARA).

30 NND953317, Anweisungen an den rangältesten deutschen Beamten. (NARA).

31 Ebd.

32 2011.09.14-3, 390. USGCC, 12.6.1945 (NARA).

33 Vgl. Lester H. Born, »The Ministerial Collecting Center near Kassel, Germany«, *The American Archivist,* Jg. 13, Heft 3, Juli 1950, 237–258.

34 Eckert 2004, 68.

35 Ebd.

36 Alle Angaben bei Wolfe, »A Short History …«.

37 Heinz Fehlauer, »Deutsch-Amerikanische Archivgeschichte. Die Bestände des Berlin Document Centers: Kriegsbeute im Bundesarchiv«, in: *Datenreich im Verborgenen. Das Berlin Document Center in Berlin-Zehlendorf,* hrsg. von Sabine Weißler und Wolfgang Schäche, Marburg 2010, 27–40; 31.

38 Zit. in Eckert 2004, 72.

39 Eckert 2004, 71.

40 Im Münchner Außenlager der Library of Congress. Eckert 2004, 70.

41 »Volk ohne gestern. Das Schicksal der deutschen Akten – Sammeln, ehe es zu spät ist!«, *Christ und Welt,* 23. März 1949, 12.

42 Eckert 2004, 74.

43 Ebd.

44 Wolfe, »A Short History …«.

45 BSTU MfS HA IX/11 PA 2193: Günther Nollau.

46 30.8.1945 an die Rechtsanwaltskammer Dresden, BSTU MfS
HA IX/11 PA 2193: Günther Nollau.

47 BSTU MfS HA IX/11 PA 2193: Günther Nollau.

48 SMAD 201/47 Bundesarchiv.

49 Ebd.

50 Vgl. Sandra Meenzen, *Konsequenter Antifaschismus?*
Thüringische SED-Sekretäre mit NSDAP-Vergangenheit,
Erfurt 2011, und »Der Fall Hans Bentzien. Hitlerjunge,
NSDAP-Mitglied und 1. Sekretär der SED-Kreisleitung
Jena-Stadt«, *Gerbergasse* 18, 57, II/2010, 9-13.

51 SMAD 201/47 Bundesarchiv. Richtlinien zur Anwendung
der Direktiven Nr. 24 und Nr. 38 des Kontrollrats über die
Entnazifizierung.

52 BSTU MfS HA IX/11 PA 2193: Günther Nollau.

53 30. August 1945 an die Rechtsanwaltskammer Dresden,
BSTU MfS HA IX/11 PA 2193: Günther Nollau.

54 Klaus Marxen, Gerhard Werle, *Strafjustiz und DDR-Unrecht:*
Dokumentation, Band 5,Teil 2, S. 1031.

55 *Die Welt,* 5. Juni 1975.

Kapitel 2: Karteigenossen

1 Mario Wenzel, »Die NSDAP, ihre Gliederungen und
angeschlossenen Verbände. Ein Überblick«, in: Benz 2009,
19–38; 19.

2 Abgedruckt in: *Die tödliche Utopie. Bilder, Texte, Dokumente.*
Daten zum Dritten Reich, hrsg. von Volker Dahm u. a.,
5. Aufl., München 2008, 272.

3 Benz 2009, 16.

4 Ebd., 10.

5 Ebd., 148.

6 Ebd.

7 Ebd., 142.

8 *Internationales Germanistenlexikon 1800–1950,* hrsg. von
Christoph König, 3 Bände, Berlin 2003.

9 »Von Goethe zu Hitler«, *Der Spiegel,* 24. November 2003.

10 »Kommunikatives Beschweigen«, *taz,* 16. August 2006.

Anmerkungen

11 Ebd.

12 »Von Goethe zu Hitler«.

13 Ebd.

14 Ebd.

15 Ebd.

16 Buddrus 2003.

17 Ebd.

18 Ebd.

19 Benz 2009, 148.

20 So zum Beispiel im Eintrag »Walter Höllerer«, *Internationales Germanistenlexikon 1800–1950*, Band 2, 766.

21 Buddrus 2003.

22 Die ersten Seiten entsprechen leicht verändert meinem Artikel »Hoffnungslos dazwischen«, *Der Spiegel*, 16. Juli 2007.

23 »Die unbekannte NSDAP-Mitgliedschaft: Martin Walser, Siegfried Lenz und Dieter Hildebrandt in der Kartei«, *Neue Zürcher Zeitung*, 2. Juli 2007.

24 »Es ist ein Stück von ihnen: Die Dichter, die NSDAP und das Beschweigen danach«, *Die Welt*, 7. Juni 2007.

25 Vgl. »Hoffnungslos dazwischen«.

26 »Neue Parteimitglieder«, *Die Zeit*, 5. Juli 2007.

27 Ebd.

28 Norbert Frei, »Hitler-Junge, Jahrgang 1926«, *Die Zeit*, 11. September 2003.

29 Ebd.

30 Der Rektor der Friedrich-Alexander-Universität Erlangen, im Auftrag: Prof. Grether, 21.11.1947. Maschinenschriftlicher Brief mit Anlage.

31 Ebd.

32 Nolzen 2009.

33 Bude 1987, 68.

Kapitel 3: Jungen, die übrig blieben

1 Gespräch mit Erich Loest, Leipzig, 8. März 2011.

2 Loest, *Durch die Erde ein Riß. Ein Lebenslauf*, Frankfurt am Main 1984, 15.

Anmerkungen

3 Gespräch mit Erich Loest, Leipzig, 8. März 2011.
4 Loest 1984, 22.
5 Ebd., 27.
6 Ebd., 26.
7 Ebd., 29.
8 Ebd.
9 Loest, *Jungen, die übrig blieben,* Frankfurt am Main 1985, 157.
10 Loest 1984, 43.
11 Ebd., 54.
12 Ebd.
13 Ebd., 71.
14 Ebd., 105.
15 Ebd., 44.
16 Ebd.
17 Loest, *Man ist ja keine Achtzig mehr. Tagebuch,* Göttingen 2011, 134f.
18 *Geschichte, die noch qualmt. Erich Loest und sein Werk,* hrsg. von Carsten Gansel und Joachim Jacob, Göttingen 2011, 285.
19 Ebd.
20 Loest 1984, 47.
21 Ebd., 48.
22 Ebd.
23 »Die Schau wird für Rechte nicht ergiebig sein«, *Aachener Zeitung,* 15. Oktober 2010.
24 Loest 1984, 53.
25 Hans Werner Henze, *Reiselieder und böhmische Quinten. Autobiographische Mitteilungen 1926–1995,* Frankfurt am Main 1996, 575f.
26 Ebd., 45.
27 Zitiert in: *Hans Werner Henze. Politisch-humanitäres Engagement als künstlerische Perspektive,* hrsg. von Sabine Giesbrecht und Stefan Hanheide, Osnabrück 1998, 16f.
28 Iring Fetscher, *Neugier und Furcht. Versuch, mein Leben zu verstehen,* Hamburg 1995, 9.
29 Gespräch mit Iring Fetscher, Frankfurt, 15. Februar 2011.
30 Fetscher 1995, 10.

301

Anmerkungen

31 Ebd.
32 Ebd., 11.
33 Ebd., 52.
34 Ebd., 12.
35 Ebd.
36 Ebd., 72.
37 Ebd., 78.
38 Ebd., 115.
39 Ebd., 117.
40 Ebd.
41 Ebd.
42 Iring Fetscher, *Joseph Goebbels im Berliner Sportpalast 1943.*
    »Wollt ihr den totalen Krieg?«, Hamburg 1998, 8.
43 Iring Fetscher, *Die Wirksamkeit der Träume. Literarische*
    Skizzen eines Sozialwissenschaftlers, Frankfurt am Main
    1987.
44 Fetscher 1995, 333.
45 Ebd., 334.
46 Ebd.
47 Ebd.
48 Ebd.
49 »Ich war lange Jahre angepasst«, *Süddeutsche Zeitung*,
    8. Dezember 2003.
50 Ebd.
51 Ebd.
52 Ebd.
53 Götz Aly, »Was wusste Walter Jens? Wahrscheinlich
    geschah seine Aufnahme in die NSDAP ohne eigene
    Kenntnis. Rekonstruktion einer akademischen Jugend«,
    Die Zeit, 7. März 2008.
54 »Ich war lange Jahre angepasst«.
55 Ebd.
56 Ebd.
57 Ebd. Vgl. auch »Von Goethe zu Hitler«.
58 Tilman Jens, *Demenz. Abschied von meinem Vater*, Gütersloh
    2009, 89,

Anmerkungen

59 Mathias Schreiber, »Entschwinden des Partners«, *Der Spiegel*, 13. Juli 2009.

60 Jens 2009, 89.

61 »Entschwinden des Partners«.

62 Ebd.

63 Ebd.

64 »Ich war lange Jahre angepasst«.

65 Der verschiedenen Nazigrößen zugeschriebene Satz stammt ursprünglich aus dem Drama *Schlageter* von Hanns Johst, das 1933 an Hitlers Geburtstag uraufgeführt wurde, und lautet: »Wenn ich Kultur höre ... entsichere ich meinen Browning.« (1. Akt, 1. Szene).

66 Dieter Wellershoff, *Der lange Weg zum Anfang*, Köln 2007, 186.

Kapitel 4: Das Vorleben der Anderen

1 BStU MfS HA IX/11 PA 40.

2 Roger Engelmann, Frank Joestel, *Die Zentrale Auswertungs- und Informationsgruppe* (MfS-Handbuch). Hrsg. BStU. Berlin 2009, 3.

3 Interview am 11. September 2011.

4 BStU MfS AS 2490/67.

5 BStU MfS ZAIG 10608.

6 Richard Evans, »The German Foreign Office and the Nazi Past«, *Neue Politische Literatur* 56 (2011), 179.

7 BStU MfS AS 2490/67.

8 BStU MfS HA 1 17658.

9 Ebd.

10 »Carstens: Ich habe so dunkle Erinnerungen«, *Der Spiegel*, 13. November 1978.

11 Ebd.

12 MfS HA VII 48.

13 Ebd.

14 Ebd.

15 Ebd.

16 Gespräch mit Dieter Skiba, 17. April 2012.

Anmerkungen

17 Vgl. Henry Leide, *NS-Verbrecher und Staatssicherheit: Die geheime Vergangenheitspolitik der DDR*, 2. Aufl., Göttingen 2006, 35 ff.

18 Eine detaillierte Übersicht über die organisatorische Entwicklung vgl. ebd., 96 ff.

19 Claus Christian Malzahn, »Politbüro-Geld bringt Beate Klarsfeld in Bedrängnis«, *Welt Online*, 9. März 2012. [http://www.welt.de/politik/deutschland/article13913556/ Politbuero-Geld-bringt-Beate-Klarsfeld-in-Bedraengnis. html, abgerufen am 1.5.2012.]

20 Nobert Frei, *Karrieren im Zwielicht*, Frankfurt 2001, 228f.

21 BStU MfS HA IX/11 PA 40 Genscher; MfS HA IX/11 PA 41 Achenbach.

22 BStU MfS HA IX 20452.

23 Ebd.

24 »Für ehrliche Zusammenarbeit«, *Der Spiegel*, 19/1994.

25 BStU MfS HA XX/4 2621.

26 BStU MfS HA XX/4 2481: Kirchenmitglieder (Ost).

27 BStU MfS HA XX/4 2618. Analyse über die Konzentration ehemaliger faschistischer Offiziere in der Ev. Kirche in der DDR, 27.11.1962.

28 BStU MfS HA XX/4 2619: Kirchenmitglieder.

29 BStU HA XX/42474.

30 BStU MFS HA XX/4 2617: Fall Willi R., der wegen Beihilfe zur Republikflucht seiner Kinder seit 1964 im Gefängnis saß: »Eventuell kann seine vorherrschende Unsicherheit für eine Werbung genutzt werden.«

31 Zahlreiche Beispiele in Leide 2006, 195 ff.

32 »Für ehrliche Zusammenarbeit«. Vgl. Leide 2006, 61, 209.

33 BStU MfS Rechtsstelle 443.

34 BStU MfS HA IX 20452: Organisation der HA IX/11 und des Dokumentationszentrums Mitte der 1980er Jahre.

35 BStU MfS HA IX 20911.

36 Ebd.

37 BStU MfS HA IX 20604.

38 Meenzen 2011.

Anmerkungen

39 Ebd., 13.

40 Ebd., 12.

41 Olaf Kappelt, »Mein ›Weihnachtsgeschenk‹ an Erich Mielke. Über die Reaktionen des MfS auf ein Buch über Altnazis in der DDR«, *horch und guck* 40 (2002), 6–9.

42 Meenzen 2011, 13.

43 *Neues Deutschland,* 11. Februar 1962.

44 »Bericht des Politbüros an die 2. Tagung des ZK der SED am 12. April 1963«, *Neues Deutschland,* 13. April 1962.

45 MfS ZAIG 11176 Abt. Agitation, 11.2.1969.

46 BStU MfS ZAIG 27507.

47 Ebd., Anlage 3.

48 Ebd.

49 Ebd.

50 Ebd.

51 BStU MfS HA IX 20911.

52 BStU MfS HA VII 2086.

53 Ebd.

54 Vgl. Nolzen 2009, 149.

Kapitel 5: Im Safe von Mr Simon

1 Vgl. Glenn R. Cuomo, »Opening the Director's Safe: An Examination of the Berlin Document Center's Restricted Collection of NSDAP Records«. Unpubliziertes Vortragsmanuskript.

2 Daniel Simon an den US-Gesandten, 17. September 1987, NARA NND953317.

3 Vgl. Cuomo.

4 Angaben bei Cuomo. Vgl. auch ders., »The NSDAP's Enduring Shadow: Putting in Perspective the Recent Outing of Brown Octogenarians«, *German Studies Review* 35.2 (2012), 265–288.

5 Vgl. Cuomo (Anm. 1).

6 US State Dept. to National Archives/BDC, Request for records disposition authority, 4.12.1991, NARA [=NARA 2011.09.12-1,p5]

Anmerkungen

7 NARA RG 242, 190, 20, 05/06, 06/02 BDC directorate files 1945–1994, Stack 190 20/05/06 – 06/02 Box 20 »Personalities«.

8 Auswärtiges Amt (Hrsg.), *100 Jahre Auswärtiges Amt. Begrüßungsworte des Bundesministers des Auswärtigen Walter Scheel und Festvortrag von Professor Golo Mann, Bonn, 9. Januar 1970*, Bonn 1970, 7–8.

9 Vgl. »Carstens: Ich habe so dunkle Erinnerungen«.

10 Kurt Becker, »Die Schatten der Vergangenheit. Scheel, Carstens und das höchste Amt im Staate«, *Die Zeit*, 17. November 1978.

11 »Scheel: Verständnis für Horst Köhler«, *Neue Osnabrücker Zeitung*, 14. Juni 2010.

12 Vgl. »Die Schatten der Vergangenheit«.

13 Ebd.

14 Vgl. Thomas M. T. Niles an Neal M. Sher, o.D. [1985] [NARA 2011.09.14-1, p946].

15 NARA FOIA NND953317 [zus mit Periot, Waldheim etc. vom National Archiv auf meinen Antrag freigegeben].

16 In der Abteilung RG 242, Request files 1982-94 in den National Archives befinden sich drei dicke Mappen mit Anfragen des Wiesenthal-Zentrums zwischen 1986 und 1994. Am 20.5.1986 bat ein Mitarbeiter des Zentrums um Auskunft über den deutschen Diplomaten (und ehemaligen AA-Staatssekretär unter Genscher) [W]. Das Auskunftsbegehren wurde vom BDC unter Hinweis auf die Zugangsvorschriften abgelehnt: »We are aware that [W] is alive and we are unable to find evidence that he was ever tried or accused in court of law; therefore, in accordance with our access policy, we are precluded from checking our files.«

17 NARA, Memo JK to Koblitz, 9.9.1986.

18 Ebd.

19 Vgl. Eckert 2004, 326f.

20 Dieter Krüger, »Archiv im Spannungsfeld von Politik, Wissenschaft und öffentlicher Meinung«, *Vierteljahrshefte für Zeitgeschichte*, 1 (1997), 49–74; 50.

21 Robert Wolfe, »Transfer of the Berlin Document Center«, German Studies Association, Dallas, 30. September 1994 (Manuskript).

306

22 Report to the Conference Group on Central European History, American Historical Association, December 28, 1969, Washington D.C., National Archives Liaison Committee, Professor Gerhard L. Weinberg, Univ. of Michigan, Professor Willard A. Fletcher, University of Delaware, Professor William S. Allen, Wayne State University.

23 Ebd.

24 *Stuttgarter Nachrichten,* 4. Januar 1972 (eine englische Übersetzung dieses Artikels befindet sich in den Verwaltungsakten des BDC in den National Archives, Washington).

25 »Dinarisch mit Einschlag«, *Der Spiegel,* 19. April 1976.

26 Vgl. Krüger 1997, 51 sowie Verhandlungen des Deutschen Bundestages, 7. Wahlperiode, 227. Sitzung, 11.3.1976, 1580f.; 233. Sitzung, 1.4.1976, Anl. 26, 16294.

27 Vgl. *Frankfurter Rundschau,* 4. August 1979.

28 Vgl. Krüger 1997, 51f. sowie Verhandlungen des Deutschen Bundestages, 7. Wahlperiode, 247. Sitzung, 3.6.1976, S. 17549. Vgl. *Der Spiegel,* 19. April 1976, S. 41 f.

29 »Dinarisch mit Einschlag«.

30 »Kragen geplatzt«, *Der Spiegel,* 13. März 1978.

31 »SPD-Fraktion rügte Äußerungen des Abgeordneten Hansen«, *Tagesspiegel,* 7. März 1978.

32 Ebd.

33 »Kragen geplatzt«.

34 Karl-Heinz Hansen, »Die ungeliebten Akten des US-Document-Center«, *Deutsche Volkszeitung,* 19. Februar 1988, zit. in: Krüger 1997, 52.

35 »Schmidt ist beleidigt«, *Der Abend,* 8. März 1978.

36 Bundeskanzler Helmut Schmidt an Außenminister Genscher, Innenminister Maihofer und Justizminister Vogel, 17. März 1978 (PA AA, B86, AZ 553.00/06, Nr. 1589-1591).

37 File List–Security Container. Simon Era Files. Drawer 1. »Information on Government Officials Born in or before 1927«, NARA.

38 NARA Declassified NND953317. Robert D. Johnson an Daniel Simon, 23. Juli 1979.

Anmerkungen

39 Gespräch mit Helmut Schmidt, Hamburg, 17. Dezember 2012.

40 Hans-Peter Klausch, *Braunes Erbe – NS-Vergangenheit hessischer Landtagsabgeordneter der 1.–11. Wahlperiode (1946–1987)*, Hrsg. DIE LINKE. Fraktion im Hessischen Landtag, Wiesbaden 2011.

41 Ebd.

42 Ebd.

43 Der amerikanische Germanist Glenn Cuomo hat sich die Mühe gemacht, in den National Archives die nachträglich produzierten Mikrofilme (»MFKL REFILM«) mit denen der Hauptkartei abzugleichen, um herauszufinden, welche Karteikarten in den Safe kamen und durch Platzhalter (»Stecker«) in der Hauptkartei ersetzt wurden. Cuomo fand die Namen von 74 prominenten deutschen Nachkriegspolitikern auf der Refilm-Rolle. Sie decken sich weitgehend mit der von mir zitierten Liste. Vgl. Glenn R. Cuomo, »Opening the Director's Safe: An Examination of the Berlin Document Center's Restricted Collection of NSDAP Records«. Unpubliziertes Vortragsmanuskript.

44 »Index, Filing Cabinet, Drawer#1«, NARA. Ab Nummer 110 sind Namen – vermutlich in den 1970er Jahren – handschriftlich zur Liste hinzugefügt worden, darunter die bereits erwähnten Genscher, Eppler, Dregger, Carstens und Zimmermann sowie Josef Ertl, Matheus Hagin, Otto Rahn, Alfons Bayerl, Paul Gerhard Flämig, Hermann Höcherl, Linus Memmel, Leo Wagner, Ernst Achenbach, Kurt Jung, Lothar Haase, Walter Becher, Siegfried Zoglmann, Fritz Kempfler, Alfred Biehle, Dionys Jobst, Oskar Schneider, Karl-Heinz Lemmrich, Karl Spilken und Rolf Böger. Diese Namen wurden nach der Bestandsaufnahme im Nationalarchiv Washington durchgestrichen und mit dem Hinweis versehen: »Nicht in den Akten August 1997«. Sie sind entweder in die Kartei einsortiert oder vernichtet worden.

45 Eckert 2004, 156, Anm. 168.

46 Bonn 7. Februar 1986 (PA AA B 86, Bd. 1990).

Anmerkungen

47 »Ein ganz normales Archiv oder eine politische Zeitbombe?«,
Volksblatt, 3. Juli 1983.

48 »SPD bemängelt Zugangsregelung zu Beständen des Document
Center«, *Tagesspiegel,* 13. April 1984.

49 Ebd.

50 »Ein ganz normales Archiv oder eine politische Zeitbombe?«.

51 Mainhardt Graf Nayhauß, »Bonn greift nach dem Berlin
Document Center«, *Welt am Sonntag,* 9. September 1984.

52 Ebd.

53 Die Skepsis der Amerikaner wurde dadurch bestärkt, dass
Periot offensichtlich kein Deutsch verstand, obwohl er
vorgab, eine wissenschaftliche Studie über die Entnazifizierung im Nachkriegsdeutschland schreiben zu wollen. Periot
hatte 1969 darum gebeten, Vincent von Wroblewsky, einen
französisch-stämmigen jüdischen Kommunisten (und Sartre-
Übersetzer), als Dolmetscher ins Archiv mitbringen zu
dürfen. Wroblewsky aber lebte in Ostberlin und promoviert
dort am Institut für Philosophie der Akademie der Wissen-
schaften, was auf amerikanischer Seite bereits für Argwohn
sorgte. Sein Bruder, der Musiker und Pantomime-Künstler
Clement de Wroblewsky (geb. 1943), reiste 1984 offiziell nach
Westberlin aus. Im März 2004 wurde bekannt, daß er als »IM
Ernst« der Stasi Berichte über Udo Lindenberg geliefert hatte.

54 Ende 1971 wandte sich der amerikanische Gesandte in Berlin an
seinen französischen Kollegen und gestand, man habe wegen
Periots Anfrage zunächst Bedenken gehabt, würde diese
jedoch nun aufgrund der Zusicherungen der französischen
Gesandtschaft hintanstellen und Periot Auskünfte erteilen
(NARA FOIA 28. Dez. 1971: Min. Klein an Frz. Min Jean-
Louis Toffin). Wie stark die Bedenken tatsächlich waren, geht
aus vertraulichen Unterlagen hervor. Demnach drängten die
Amerikaner ihren französischen Bündnispartner, die offizielle Unterstützung von Periots Antrag zurückzuziehen. Die
US-Regierung unterstütze die Forschung von Wissenschaftlern, die ordentlichen akademischen Institutionen angehör-
ten und ein überzeugendes Forschungsinteresse nachweisen

309

könnten. Beides sei bei Periot nicht der Fall. Vielmehr habe er bereits 1970 eine Namensliste vorgelegt, auf der praktisch jeder führende Richter und Staatsanwalt der Bundesrepublik auftauchte, und um Auskunft über ihren politischen Hintergrund gebeten. Man könne Periot nur unter der Voraussetzung Zugang gewähren, dass die französische Regierung die volle Verantwortung übernehme, falls es in der Folge zu diplomatischen Konsequenzen in Deutschland komme (NARA FOIA, Briefentwurf Minister Klein an Gouv. Militaire Francais de Berlin, Division Politique. Ref. no 186/POL in ref. to letter of Dec 9 1971).

55 NARA FOIA 20. März 1972 Richard Bauer an US Minister David Klein.

56 »… in an effort to avoid possible national embarrassment«. (NARA FOIA 28. März 1972, Richard Bauer an US-Minister über Mr V. Larson).

57 BDC-Auskunftsbogen zu Emil Kuhlmann und Marta [sic!] (NARA NND 953317, deklassifiziert am 3. Juli 2012).

58 Auf den BDC-Auskunftsbogen zu Helmut Schmidt hat ein Mitarbeiter im März 1972 den Vermerk »No !!« geschrieben (NARA NND 953317, deklassifiziert am 3. Juli 2012).

59 NARA FOIA 14. Februar 1973 Dept. Director BDC Bauer an die BDC Direktorin Matild E. Holomany.

60 Periot versuchte in der Folge alles, um doch noch an die erhofften Informationen zu gelangen. Er unterstellte BDC-Vize Bauer sogar, Deutscher zu sein. Der Amerikaner entgegnete kühl, dass er deutsch-jüdische Wurzeln habe, im Alter von 16 Jahren emigriert sei, während seine Familie im »Dritten Reich« umgekommen sei. Er habe deshalb keinen Grund, ehemalige Nazis zu schützen (NARA FOIA Memo Gespräch Periot & Bauer, 30. März 1972).

61 NARA Memo Don Koblitz, 28.3.72.

62 Die Quittung über NSDAP-Mitgliedsbeiträge eines gewissen Bernhard zur Lippe-Biesterfeld etwa wurde diskret behandelt, denn hinter dem Herrn verbarg sich der deutsche Vater der holländischen Königin Beatrix, Prinz Bernhard zur Lippe--

Anmerkungen

Biesterfeld. Auch den Fund einiger Briefe von Theodor Heuss, die mit »Heil Hitler« unterzeichnet waren, und eines Gestapo-Vermerks, demzufolge sich Heuss »in letzter Zeit wohlverhalten« habe, behielten die Amerikaner für sich. Die Dokumente seien zwar unverfänglich, argumentierte ein politischer Berater der US-Gesandtschaft in Berlin, »aber einige von ihnen könnten dazu genutzt werden, den ersten Präsidenten der Bundesrepublik zu verleumden« (NARA FOIA [201] 10. Juli 1975 Memo des Pol. Beraters Peter Semler an USBER Minister George).

63 Ebd.

64 »Die Schatten der Vergangenheit«.

65 Vgl. Heiner Meyer, *Berlin Document Center. Das Geschäft mit der Vergangenheit,* Frankfurt am Main 1988.

66 RG 242 Marwell Era Box 14.

67 Bundesdrucksache, 11/1926 (zit. in Krüger 1997, 54).

68 Verhandlungen des Deutschen Bundestages, 11. Wahlperiode, 137. Sitzung, 20.4.1989, S. 10136–10141, bes. S. 10136, 10140f. Vgl. Krüger 1997, 56.

69 Bundesdrucksache 11/2024, 16.3.1988, und ebd., 11/2061, 25.3.1988, Pkt.1–4; ebd., 11/2609, 1.7.1988. Verhandlungen des Deutschen Bundestages, 11. Wahlperiode, 68. Sitzung, 10.3.1988, S.4646–4653, bes. S. 4646f., 4651. Zit. in Krüger 1997, 54.

70 Daniel Simon an Don Koblitz, 12. August 1987.

71 US-Botschaft Bonn an RUEFC/Secstate WashDC 8829, 10. Oktober 1989. NARA NND953317.

72 Harry Gilmore an RUEHC/ SECSTATE WASHDC, 21. Februar 1990. NARA NND453317.

73 Statement of Mary Ann Peters, Deputy Assistant Secretary of State for European and Canadian Affairs, Before the Subcommittee on International Security, Inernational Organizations, and Human Rights, Committee on Foreign Affairs, House of Representatives, April 28, 1994. BDC Electronic Mail 23.4.1994.

74 *Tagesspiegel,* 15. März 1990.

Anmerkungen

75 Bekanntmachung des deutsch-amerikanischen Abkommens über die Übertragung der Berliner Dokumentenzentrale, 26. Oktober 1993, BGBl. 1993 II, S.2033–2035. Vgl. Krüger 1997, 57.

76 Gerald Posner, »Letter from Berlin: Secrets of the Files«, *The New Yorker*, 14. März 1994.

77 Bundesarchivgesetz §5, Abs. 5.

78 Statement of Mary Ann Peters, Deputy Assistant Secretary of State for European and Canadian Affairs, Before the Subcommittee on International Security, Inernational Organizations, and Human Rights, Committee on Foreign Affairs, House of Representatives, April 28, 1994.

79 BDC Electronic Mail, 23.4.1994 [NARA 2011.09.14-1, 259].

80 Ebd.

81 Statement of Chairman Tom Lantos, Hearing on »The U.S.-German Agreement on the Transfer to German Control of Nazi Party Records in the Berlin Document Center«, 28. April 1994.

82 Krüger 1997, 53.

83 Vgl. Wolfe 1994.

84 David Marwell an Malte Herwig, 31. Januar 2013.

85 Antwort der Bundesregierung auf die Große Anfrage der Abgeordneten Jan Korte, Sevim Dagdelen, Ulla Jelpke, weiterer Abgeordneter und der Fraktion DIE LINKE. Drucksache 17/8134. 14.12.2011.

86 Drucksache 17/8134, 9.

87 Drucksache 17/8134, 4. Der Bericht verweist beispielhaft auf zwei Arbeiten: Sabine Mecking, »*Immer treu*«. *Kommunalbeamte zwischen Kaiserreich und Bundesrepublik*, Essen 2003 und Bernhard Gotto, *Nationalsozialistische Kommunalpolitik. Administrative Normalität und System-stabilisierung durch die Augsburger Stadtverwaltung 1933–1945*, München 2006.

88 Drucksache 17/8134, 4.

89 Akten Bundeskanzleramt, Referat 5, Vermerk vom 21. August 1963 (freigegeben auf Antrag MH 2012).

90 Albrecht Kirschner, »Abschlussbericht der Arbeitsgruppe
zur Vorstudie ›NS-Vergangenheit ehemaliger hessischer
Landtagsabgeordneter‹ der Kommission des Hessischen
Landtags für das Forschungsvorhaben ›Politische und
parlamentarische Geschichte des Landes Hessen‹«,
Hessischer Landtag (Hrsg.), Wiesbaden 2013.

Kapitel 6: Letzte Tänze, letzte Tinte: Günter Grass

1 *Eintagsfliegen,* Göttingen 2012, 97.
2 Ebd., 89.
3 Brief, Lübeck, 2. Mai 2012.
4 Heinrich Detering, »Mal sehen. Rede zum 85. Geburtstag von
Günter Grass«, gehalten am 14. Oktober 2012. Unpubliziertes
Redemanuskript.
5 http://www.kiwi-verlag.de/news/23102012-eva-menasse-
ueber-guenter-grass, abgerufen am 25. November 2012.
6 *Aus dem Tagebuch einer Schnecke,* GGW 5 [=Günter Grass,
Werke, Göttingen 2007], 315.
7 Ebd., 446f.
8 Ebd., 448.
9 Ebd., 448f.
10 »Fehlbar und verstrickt«, *Der Spiegel,* 21. August 2006, 63.
11 Ute Scheub, *Das falsche Leben. Eine Vatersuche,* München
2006.
12 Ebd., 187.
13 Ebd., 188.
14 »Wie sagen wir es den Kindern?«, GGW 11, 1062.
15 Ebd.
16 Vgl. Frank Schirrmacher, »Das Geständnis«, *Frankfurter
Allgemeine Zeitung,* 12. August 2012.
17 »Wie sagen wir es den Kindern?«, 1063.
18 *Im Krebsgang,* GGW 10, 109.
19 »Warum ich nach sechzig Jahren mein Schweigen breche.
Eine deutsche Jugend: Günter Grass spricht zum ersten Mal
über sein Erinnerungsbuch und seine Mitgliedschaft in der
Waffen-SS«, *Frankfurter Allgemeine Zeitung,* 12. August 2012.

Anmerkungen

20 Zit. in Bude 1987, 69.

21 »Warum ich nach sechzig Jahren mein Schweigen breche«.

22 Hilmar Hoffmann, *Ihr naht Euch wieder, schwankende Gestalten: Erinnerungen*, Hamburg 1999, 18.

23 »Warum ich nach sechzig Jahren mein Schweigen breche«.

24 Ebd.

25 Ebd.

26 Hermann Kurzke: »Der Mythos als Ruine. Die ›Blechtrommel‹, nach dem vierfachen Schriftsinn gedeutet«, in: *Ein Buch schreibt Geschichte. 50 Jahre »Die Blechtrommel«*, hrsg. von Jörg-Philipp Thomsa, Lübeck 2009, 83–91; 90.

27 *Die Blechtrommel*, GGW 3, 736.

28 Kurzke 2009, 89.

29 *Beim Häuten der Zwiebel*, Göttingen 2006, 127.

30 Ebd., 221.

31 Ebd.

32 Günter Grass an Malte Herwig, 16.2.2011.

33 *Im Krebsgang*, 190.

34 Zit. in Michael Jürgs, *Günter Grass. Eine deutsche Biografie*, München 2007, 434. Günter Grass, »Ich erinnere mich«, in: *Die Zukunft der Erinnerung*, hrsg. von Martin Wälde, Göttingen 2001, 27–34; 27.

35 *Im Krebsgang*, 199.

36 *Eintagsfliegen*, 42.

37 *Im Krebsgang*, 205.

38 *Schreiben nach Auschwitz. Frankfurter Poetik-Vorlesung*, Frankfurt 1990, 8.

39 *Hundejahre*, GGW 4, 849.

40 Ebd., 173.

41 *Schreiben nach Auschwitz*, 18.

42 *Hundejahre*, 886.

43 *Schreiben nach Auschwitz*, 7.

44 *Hundejahre*, 886.

45 Ebd., 887.

46 Ebd.

47 *Schreiben nach Auschwitz*, 32.

Anmerkungen

48 Ebd.
49 »Rede vom Verlust«, GGW 12, 371.
50 *Schreiben nach Auschwitz*, 42.
51 »Günter Grass schreibt an Karl Schiller. Beichten Sie, es
   wäre eine Erleichterung!«, *Frankfurter Allgemeine Zeitung*,
   29. September 2006.
52 Ebd.
53 Ebd.
54 »Das Geständnis«.
55 *Schreiben nach Auschwitz*, 13.
56 Ebd., 23.
57 Ebd., 18.
58 Dieter Schlesak, »Oskar Pastiors Spitzelberichte: Die Schule
   der Schizophrenie«, *Frankfurter Allgemeine Zeitung*,
   16. November 2012.
59 »Verspäteter Schutzbrief für Oskar Pastior«, *Eintagsfliegen*,
   50.

Kapitel 7: »Das Buchstabierenmüssen unserer Existenz«: Martin Walser

1 Martin Walser, »Erfahrungen beim Verfassen einer Sonntagsrede«, in: *Die Walser-Bubis-Debatte. Eine Dokumentation*,
  hrsg. von Frank Schirrmacher, Frankfurt am Main 1999,
  7–17; 11.
2 Ebd., 13.
3 Ebd., 15.
4 Ebd., 11.
5 Ebd., 9, 14.
6 Ebd., 16.
7 Ebd., 17.
8 Ebd.
9 »All diese Karteikarten der NSDAP«, *Frankfurter Allgemeine
  Zeitung*, 2. Juli 2007.
10 »Erinnerung kann man nicht befehlen«, *Der Spiegel*, 45/1998.
11 Ebd.
12 Ebd.

315

Anmerkungen

13 »Warum sind sie in einer oder keiner Partei«, *Der Abend,*
   9. Juli 1964.
14 Walser 1999, 9, 14.
15 Ruth Klüger, *weiter leben. Eine Jugend,* Göttingen 1992, 215.
16 Vgl. ebd., 212.
17 Ebd., 213.
18 Ebd., 212.
19 Ebd., 217
20 Ebd., 213.
21 Hans Dieter Schäfer, *Das gespaltene Bewußtsein. Vom Dritten
   Reich bis zu den langen Fünfziger Jahren,* Göttingen 2009,
   324.
22 »Die menschliche Wärmelehre«, in: *Die Verwaltung des Nichts.
   Reden und Aufsätze,* Reinbek 2004, 165.
23 Ebd., 161.
24 Ebd., 167.
25 Ebd., 166.
26 *Im Krebsgang,* 190.
27 Wärmelehre, 166.
28 »Erinnerung kann man nicht befehlen«.
29 Wärmelehre, 164.
30 Ebd.
31 Jörg Magenau, *Martin Walser. Eine Biographie,* Neuausgabe,
   Reinbek 2008, 15.
32 Ebd., 493.
33 *Märkische Allgemeine,* 6. Juli 2002.
34 *Leben und Schreiben. Tagebücher 1963–1973,* Reinbek 2009, 29
   (9.4.1963).
35 Ebd., 34.
36 Ebd., 36.
37 Ebd., 30.
38 Vgl. dazu den interessanten Debattenbeitrag von Tilmann
   Moser: »Erinnerungen an eine Kindheit in der NS-Zeit oder
   Wieviel musste Martin Walser wissen vom damaligen
   Schrecken?«, Deutschlandfunk, 11. Dezember 1998.
39 Walser 1999, 12.

Anmerkungen

40 *Ein springender Brunnen,* Frankfurt am Main
   1998, Klappentext.
41 »Erinnerung kann man nicht befehlen«.
42 Ebd.
43 Interview vom 29. August 2012.
44 *Ein springender Brunnen,* 90.
45 »Protokoll der Fuldaer Bischofskonferenz betr. Stellungnahme
   zur NSDAP« (17.8.1932), in: *Akten deutscher Bischöfe über
   die Lage der Kirche 1933–1945,* Bd. 1: 1933–1934, bearb. v.
   Bernhard Stasiewski, Mainz 1968, S. 843f. Dort auch weitere
   Aktenstücke zur Frage der Sakramentenspendung u. a.
46 »Erinnerung kann man nicht befehlen«.
47 *Ein springender Brunnen,* 9.
48 Ebd.
49 Ebd., 367.
50 Ebd., 370.
51 Ebd., 282.
52 Ebd., 282f.
53 Ebd., 9.
54 Zit. in Magenau 2008, 16.
55 Zit. in Magenau 2008, 16.
56 »Erinnerung kann man nicht befehlen«.
57 *Martin Walser – Ein Leben für Alle und Keinen,* Dokumentation,
   3Sat, gesendet am 24. März um 21.45 Uhr.
58 Magenau 2008, 16.
59 *Ein springender Brunnen,* 344.
60 »Unser Auschwitz«, *Werke in Zwölf Bänden* 11, 159.
61 Ebd., 167.
62 »Erinnerung kann man nicht befehlen«.
63 »Unser Auschwitz«, 169.
64 *Der schwarze Schwan,* Frankfurt 1965, 81.
65 Walser 1999, 13.
66 *Der schwarze Schwan,* 85.
67 Ebd., 87.
68 Ebd., 94.
69 Magenau 2008, 216f.

Anmerkungen

70 Wärmelehre, 165.
71 Ebd., 164.
72 Magenau 2008, 216.
73 »Erinnerung kann man nicht befehlen«.
74 »Auschwitz und kein Ende«, *Werke in Zwölf Bänden* 11, 636.
75 »Unser Auschwitz«, 166.
76 Magenau 2008, 215.
77 »Unser Auschwitz«, 172.
78 Ebd., 168.
79 Ebd., 170.
80 *Der schwarze Schwan,* 81.
81 *Ein springender Brunnen,* 352.
82 Das zeigt schon die Website des Bundesarchivs: http://
www.bundesarchiv.de/oeffentlichkeitsarbeit/bilder_
dokumente/00757/ind ex-6.html.de, abgerufen am 14.1.2013.
83 Groth/Jentzsch, AZ 145/11G09 Gr/EnD865, 29.5.2012. Landgericht Hamburg.
84 Anordnung 1/44 des Reichsschatzmeisters,
http://www.bundesarchiv.de/oeffentlichkeitsarbeit/bilder_
dokumente/00757/index-16.html.de, abgerufen am 1.11.2012.
85 PG – Zum Mitgliedschaftswesen der NSDAP.
http://www.bundesarchiv.de/oeffentlichkeitsarbeit/bilder_
dokumente/00757/index-16.html.de, abgerufen am 1.11.2012.
86 »Die Partei ist die Heimat der Jugend. Reichsjugendführer
Axmann eröffnet die weltanschaulichen Monatsappelle der
Hitler-Jugend«, *Südschwäbisches Tagblatt,* Lindau,
28. Februar 1944.
87 »Das vergangene Wochenende«, *Südschwäbisches Tagblatt,*
Lindau, 28. Februar 1944.
88 http://www.bundesarchiv.de/oeffentlichkeitsarbeit/bilder_
dokumente/00757/index-16.html.de, abgerufen am 1.11.2012.
89 Ebd.
90 *Ein springender Brunnen,* 374.
91 Wärmelehre, 164. Zit. in Magenau 2008, 17.

Kapitel 8: Das Ende der Geschichte

1 Bernhard Schlink, »Die Kultur des Denunziatorischen«, *Merkur* 745 (Juni 2011), 473–486.

2 Ebd., 476.

3 Gespräch mit Richard von Weizsäcker, Berlin, 26. Januar 2012.

4 Zum 40. Jahrestag der Beendigung des Krieges in Europa und der nationalsozialistischen Gewaltherrschaft. Ansprache des Bundespräsidenten Richard von Weizsäcker am 8. Mai 1985 in der Gedenkstunde im Plenarsaal des Deutschen Bundestages.

5 Gespräch mit Richard von Weizsäcker, Berlin, 26. Januar 2012.

6 »The Holocaust Just Got More Shocking«, *New York Times*, 1. März 2013.

7 Schlink 2011, 479.

8 Ebd., 484.

9 Zit. in Cuomo 2012, 283.

10 Thomas Mann, »Deutschland und die Deutschen«, in: *Gesammelte Werke in dreizehn Bänden*, XI, 1146.

Editorische Notiz

In *Die Flakhelfer* zitiert Malte Herwig auch aus seinen bereits in *Der Spiegel, Zeit Magazin, Weltwoche* und *Stern* erschienenen Artikeln zum Thema.